Sarinah Aurelia

Seelenverträge Band 12

Lichtwerdung – Und dann passiert das Leben

Smaragd Verlag

Bitte fordern Sie unser kostenloses Verlagsverzeichnis an:

Smaragd Verlag e.K.
Neuwieder Straße 2
D-56269 Dierdorf
Tel.: 02689-92259-10
Fax: 02689-92259-20
E-Mail: info@smaragd-verlag.de
www.smaragd-verlag.de

Oder besuchen Sie uns im Internet unter der obigen Adresse und melden Sie sich für unseren Newsletter an.

Erste Auflage: November 2017

Umschlaggestaltung: preData
Satz: preData
Printed in Czech Republic
ISBN 978-3-95531-161-2

Inhalt

Schutzengelbegrüßung

Wir haben auf dich gewartet, auf den Moment, in dem du dieses Buch in Händen hältst und es öffnest. Dann beginnt unsere gemeinsame Zeit. Diese ist sehr wertvoll, weil die Nähe, die wir zusammen aufbauen, bleibt.

Also, magst du uns, die sich hier im Buch zu Wort melden, nah sein?

Was für eine Frage, ich weiß, schließlich hast du dich so lange danach gesehnt, Engel in deinem Leben zu haben.

Oh, ich bin dein Schutzengel, und ich freue mich, dass ich es bin, der dich hier als Erster begrüßen darf. Das hat Tradition, war ich doch der Erste, der dich begrüßte, als du geboren warst. Sekunden später kamen deine anderen göttlichen Freunde dazu.

Du hattest im Himmel deine göttlichen Freunde um dich, und du bist mit dieser ganzen Horde zur Erde gereist.

Weißt du, die meisten Menschen denken, wir wären weit weg, das ist aber nicht der Fall, ganz im Gegenteil.

Der Tag, an dem du dich erinnertest, dass der Himmel mit dir ist, war ein großer Freudentag.

Lichtwesen können sich überall aufhalten, sie können im Himmel und auf der Erde gleichzeitig sein.

Du kennst das vielleicht von deinen Träumen. Im Traum bist du oft an einem anderen Ort, oft sogar in der Vergangenheit. Dein Körper liegt im Bett, während die Seele reist.

Diese Träume bleiben noch ein wenig bei dir, wenn du wach bist, damit du dich erinnern kannst. Erinnern an deine göttlichen Fähigkeiten.

Nun wird es Zeit, ich hätte gerne noch ein wenig mit dir geplaudert, aber ich höre Erzengel Uriel heraneilen. So habe ich mich dazwischengeschummelt, um dich in Empfang zu nehmen.

Das letzte Jahr war eine Herausforderung für dich, ich weiß. Diese Transformationszeiten sind auch für uns ein heißes Eisen, weil alles so mächtig ausfällt, so stark. Wir haben nicht damit gerechnet, dass die Lichtträger so schnell sind, was den persönlichen Aufstieg ins Licht betrifft. Sie kamen, sahen und siegten, nichts könnte besser passen als das.

Dabei ahntest du das schon in der Geistigen Welt, denn du sagtest: „Wenn wir dieses Lichtwerdungsgeschenk in Händen halten, dann packen wir es nicht nur aus, sondern leben es sofort!" Und genauso ist es.

Liebe Leserseele, wie sehr ich dich liebe, wie sehr.

Dein Schutzengel

☆☆☆

Erzengel Uriel: Existenzangst – Vom Mangel in die Fülle

Lichtwerdung ist wunderschön, und dann passiert das Leben. Schließlich werdet ihr im Leben zu Licht. Euer Dasein ist zurzeit ein einziges Auf und Ab, aber das treibt euch geradezu in eure wahre Größe.

Nun, das Dasein kann ganz schön hart sein, und aus diesem Grund ist dieses Buch entstanden. Die Lichtträger brauchen Hilfe, Antworten auf ihre inneren Fragen, Unterstützung und Heilung. „Sie brauchen dringend Engelnähe", sagte unsere Autorin im Vorfeld.

Es ist mir eine Ehre, im Namen der Geistigen Welt möchte ich den Leserinnen und Lesern die Hand reichen. Wer mit Engeln durchs Leben geht, fühlt doch sofort sehr viel mehr Zuversicht.

Lasst uns anfangen mit einem Thema, das der Menschheit förmlich aufgezwungen wurde: Die Angst vor dem Verlust der Stabilität, man könnte es auch Existenzangst nennen.

Weit verbreitet, und fast jeder Erdenbürger hatte schon einmal damit zu tun. Manche sogar mehr, als ihnen lieb war.

Aus unserer Sicht ist diese Geldnot, die Sorge um finanziellen Verlust, unbegründet. Ihr seid längst so weit, dass ihr euch über das Bewusstsein Fülle erschaffen könnt. Aber um richtig manifestieren zu können, sollten alle Befürchtungen aufgelöst sein, die mit eurem Wunsch zusammenhängen. Natürlich ist auch das Vertrauen sehr wichtig.

Wer sich Reichtum über das Bewusstsein erschaffen will, wird diesen nur schwer erhalten, so lange noch etwas hakt. Solange noch Befürchtungen des Mangels vorhanden sind.

Um besser auflösen zu können, werdet ihr auf Menschen treffen, die euch unbewusst dahinein schubsen, wo es hakt. Das dient der Transformation, und ihr solltet diesen Menschen dankbar sein.

Sie stürzen euch womöglich in das Desaster, in die Existenzangst. Das tun sie mit ihrem Verhalten, da bleibt kein Auge trocken, und ihr könnt nicht ausweichen. Und das ist auch gut so. Die Angst vor Siechtum und dem Verlust des Geldes hängt übrigens zusammen. Wer das eine transformiert, transformiert auch das andere.

Ich weiß, dass gerade jene hart geprüft werden, die viel Licht in sich tragen. Ihr seid energetische Vorbilder für andere, darum geht ihr euren Weg so intensiv. Auflösungen kommen intensiv daher, aber ebenso das Glück.

Es wird jedoch Zeit für Klarheit. Wie erschaffe ich mir Fülle, und wie komme ich aus meinen Sorgen heraus? Das fragt sich sicher so mancher Leser/manche Leserin.

Ihr Lieben, wenn ihr Sorgen habt, dann heißt es: umdenken, umfühlen. Das ist nicht so leicht, ich weiß. Stellt euch bitte das positive Endergebnis vor, verweilt nicht im Sumpf und im Strudel der Bedenken.

Auf dem Weg der Bewusstwerdung lernt ihr auch, eure Vorstellungskraft gezielt einzusetzen. Ihr werdet zum eigenen Motivator. Zum eigenen Coach, denn für den inneren Kern bist du selbst zuständig. Kein Mentor, und sei er noch so gut, kann in deinen Kopf schlüpfen und dir das Denken abnehmen. Kein Mentor kann für dich leben. Das ist doch fair. Denn so ist die Bewusstwerdung etwas, was nicht vom Geld abhängig ist. Hier hat jeder Mensch, egal, ob arm oder reich, dieselbe Chance.

Um ehrlich zu sein, finde ich, Erzengel Uriel, dass die armen Leute sogar mehr Zugang zu uns haben als die reichen. Die Menschen, die im Mangel leben, sind nicht so abgelenkt von elitären Mainstream Dingen.

Den Mangel zu erlösen ist eine wichtige Seelenabsprache. Mangel erlöst man in dieser Zeit über das Bewusstsein.

Wir sprachen von Ängsten, Siechtum im Zusammenhang mit Mangel. Und in der Tat, hier besteht ein Zusammenhang. Denn wenn die lebendige Lichtwerdung bevorsteht, gilt es, alles abzuwerfen, was der Fülle im Weg steht.

Wie werft ihr den schweren Rucksack ab? Indem ihr das lebt, was euch in den Rucksack greifen lässt. Um das herauszuholen, was schließlich irgendwann den Rucksack leichter macht. Das ist nachvollziehbar und der herkömmliche Weg, so habt ihr es gelernt.

Viele Menschen leiden an Verlustangst und leben diese auch. Dann greifen sie selbst in den schweren Rucksack und holen die dazugehörige Angst heraus. Die Erinnerung an das Ereignis, das mit der Angst in Verbindung steht, kommt so zum Vorschein. Unsere Aufgabe ist es dann, euch daran zu hindern, wieder einzustecken, was den Rucksack erneut beschweren würde.

Trotzdem, manche Lichtträger sind sehr beharrlich. Sie holen sich die Auflösungen über den freien Willen immer wieder zurück und leben diese Ängste wieder und wieder. Und wir Erzengel müssen diese Beharrlichkeit zulassen, auch wenn wir wissen, dass ihr euch damit schadet. Weil ihr sonst nicht lernen würdet? Nein, das ist nicht der wahre Grund. Wir unterbrechen niemals einen Prozess, der euch in eure lichtvolle Kraft katapultiert.

Beharrlichkeit und Unbeirrbarkeit haben eine ordentliche Kraft. Lichtvoll umgesetzt könnt ihr euch damit immer wieder selbst am Licht aufrichten.

Wer Fülle leben will, sollte diese erst im Inneren erschaffen. Wer sich aber dem Mangel unterwirft, wird diesen auch erleiden. Die Lebensformen von Mangel sind vielfältig, dazu gehört auch der Verlust des Lebensmutes. Sich selbst an den Rand des Abgrunds zu stellen, aus welchem Grund auch immer, ist ein Zeichen für Unterwerfung. Das ist keinesfalls bewertend gemeint. Ihr unterwerft euch dem Mangel ja erst, wenn ihr keinen Ausweg mehr seht. Dem ist meistens ein langer Kampf ums Überleben vorausgegangen. Oh ja, das Leben kann so hart sein, das Leben ist der härteste Lehrmeister. Bitte bleibt in der Zuversicht. Ihr könnt stolz auf euch sein. Ihr seid selbst Meister, das harte Dasein hat euch dazu gemacht.

Wer wirklich kaum Geld zum Leben hat, wird sicher einen langen Kampf um die Existenz hinter sich haben. Die Existenz ist das Leben. Dieses verliert ihr aber erst, wenn die Unterwerfung ins Spiel kommt.

Um das zu haben, was du brauchst, um gut zu leben, brauchst du nur eins zu tun: Sei selbst die Fülle. Was du innerlich bist, erlebst du im Außen. So kann zum Beispiel kraft deiner Ausrichtung auf die Fülle ein neues Jobangebot kommen oder eine zündende Idee für deine Selbstständigkeit. Was du daraus machst, liegt bei dir.

Die Menschen wünschen sich Fülle und senden aus, dass sie zu wenig davon haben. Sie lenken also ihre Aufmerksamkeit auf „zu wenig" und bekommen immer weniger statt mehr. Das Gesetz der Resonanz bringt euch das, was eurer Energie entspricht.

Nicht so einfach, wenn man erst einmal tief in der Befürchtung steckt und diese schon als Realität erschaffen hat? Ja, ich weiß. Doch was in die eine Richtung geht, geht auch in die andere.

Selbst die Realität kann dich nicht zwingen, dich zu unterwerfen, denn du bist ein Teil des Lichts. Das Licht ist die Fülle und die Liebe selbst.

Wenn wenig Geld in der Tasche ist, eine wichtige Zahlung ausbleibt, du krank bist oder warst und befürchtest, dass die Krankheit wieder zurückkommt. Wenn du fürchtest, ganz abzurutschen, dann möchte ich dir sagen: „Deine Engel haben dich zu diesen Büchern geführt. Nicht nur, weil du dadurch Antworten erhältst, sie möchten das Allerbeste für dich, nämlich die allumfassende Heilung."

Schau ins Licht und blicke nicht den Schatten entgegen. Du bist ein hohes Wesen, und es ist Zeit, dich ganz aufzurichten. So richte dich auf, wirf alles ab, was so belastend ist. Mag sein, dass die Realität dich immer noch unterdrücken will, doch umso mehr gilt es jetzt, deine Bewusstseinsfähigkeiten einzusetzen.

Wer nie arm oder krank war, wird diese lichtvolle Wandlung zur Gesundheit, zur Fülle, kaum als Gnade empfinden. Wer ein Leben ohne Entbehrung hat, ohne Steine, die im Weg liegen, kann auch nicht über die eigene Stärke stolpern. Meinst du nicht auch?

Die Erde ist ein Erfahrungsplanet, der Himmel ist ein Bewusstseinsort.

Du wärst nicht auf die Erde gekommen, wenn du immerzu durchs Leben schweben könntest. Dann wärst du nicht hier. Dann wärst du sicher in der Geistigen Welt geblieben und hättest irgendwann völlig durchgeistert ausgerufen: „Inkarnation, wie langweilig!"

Nun komm, mein Engel, ich richte dich auf. Ich, Erzengel Uriel, streiche dir die Flügel glatt und heile in diesem Moment deine Ängste. Die Ängste sind zu vergleichen mit einer Mauer.

Durch jahrelange Befürchtungen baut ihr diese Mauer auf, um euch vor der bösen Welt zu schützen. Das ist ein Schutzverhalten, das verständlich ist, aber nun brauchst du diese Mauer nicht mehr. Lass deine Ängste, Befürchtungen und Sorgen ruhig los. Ich, Erzengel Uriel, bin immer für dich da, ich beschütze dich allezeit.

Natürlich darfst du dir deine Befürchtungen wieder zurückholen. Du darfst destruktiv sprechen, wieder Angst haben, wieder zweifeln. Aber nur, wenn du die schweren Gegebenheiten auch wirklich leben willst. Dann kommt dein Erzengel wieder herangeeilt, und ich sorge dafür, dass du das sorgenvolle Gedankenkarussell verlassen kannst. Und dann lösen wir alles wieder in Licht auf.

Wer niemals Mangel erlebt hat, der kann auch nicht zum Selbst-Meister werden.

Liebe Leserseele, gib mir deine Hand, lass uns das nächste Kapitel aufschlagen. Du hast uns, deine göttlichen Freunde, an deiner Seite, du musst vor nichts Angst haben. Wir führen dich anhand dieses Buches in die Liebe und in die Fülle.

So sei mit dem Licht der Schöpfung gesegnet. Möge die Fülle in allen Bereichen in dein Leben treten.

In Liebe,
dein Erzengel Uriel.

☆☆☆

Erzengel Raphael: Die Heilung der Geistigen Welt wirkt allumfassend

Diese Zeit, in der euer Körper langsam zu Licht wird, kann wundervoll heilend sein, aber auch ermüdend. Da wir, die sich hier zu Wort melden, euch sehr nahe sind, wissen wir, wie hart das Leben sein kann. Wir wissen es nicht nur, wir fühlen euren Kummer, eure Schmerzen. Und wir können nachempfinden, wie es euch geht, wenn ihr erkrankt seid.

Wobei Heilung ein sehr empfindliches Thema ist, bei dem sich die irdischen Geister scheiden. Es würde in der Tat eine große Resonanzflut auslösen, wenn ich, Erzengel Raphael, euch nun mitteilen könnte, dass eigentlich niemand mehr leiden oder gar an einer Krankheit sterben muss. Ja, eigentlich, denn die Menschheit leidet immer noch. Die Leute leben ihren Seelenplan oder gehen mit etwas in Resonanz, machen auf Unzulänglichkeiten aufmerksam. Seelenpläne darf selbst Gott nicht außer Kraft setzen, und der freie Wille ist heilig. So sind selbst uns Erzengel manchmal die Hände gebunden, was Heilung betrifft.

Wenn es die vielen Patienten nicht gäbe, die Krebs haben und Chemo bekommen. Wenn es die vielen Menschen nicht gäbe, die an Krebs sterben. Was wäre dann?

Würde sich dann das Gesundheitssystem weiterentwickeln? Wären die Eltern eines krebskranken Kindes bereit, ohne dieses Schicksal eine Selbsthilfegruppe zu gründen? Ihre gesamte Freizeit für die zu opfern, die wegen einer Krebsdiagnose nicht mehr weiter wissen?

Wäre die Schulmedizin bereit, das alte Verfahren zu modernisieren und endlich das Heilmittel freizugeben? Wäre die

Menschheit bereit, umzudenken, bewusst zu werden, ohne das Leid? Würde das alles passieren ohne die vielen Schicksale, die es auf der Erde gibt?

Ein Heilmittel gegen Krebs gibt es bereits. Die Lösung liegt darin, den eigenen Körper so zu unterstützen und das Immunsystem zu fördern, dass der Körper sich selbst heilt.

Das klingt wenig einträglich, oder? Bringt das den Kassen auch so viel Geld wie die herkömmliche Chemie?

Leider hat bislang auf der Erde der Profit gesiegt. Es wurde das angeboten, was gut war, um Geld zu machen. Alles andere verschwand in irgendeiner Schublade.

Nun, ich bin nicht gekommen, um mit dem Finger auf jemanden zu zeigen. Ich, Erzengel Raphael, rate auch niemandem ab, zum Arzt zu gehen oder sich einer herkömmlichen Therapie zu unterziehen. Die Ärzte sind dazu da, euer Leben zu retten, davon leben sie auch. Aber für eure Gesundheit seid ihr selbst zuständig, davon lebt ihr.

Die Menschheit ist gerade dabei, das alte Gesundheitssystem zu revolutionieren. Da wird das Unterste nach oben gekehrt, und kein Stein bleibt auf dem anderen. So werdet ihr langsam mit der Wahrheit vertraut gemacht. Nicht von mir, denn ich bin es nicht, der euch etwas vorenthalten hat. Nein, es outen sich diejenigen, die euch im Glauben gelassen haben, dass es Krankheiten gibt, die unheilbar sind.

Aus Sicht der Geistigen Welt ist jede Unausgewogenheit heilbar, und jede Krankheit beginnt mit einer Unausgewogenheit. Was hält uns Erzengel dann davon ab, einfach drauflos zu heilen? Nun, wir tun, was wir dürfen, und so mancher Glücksfall ist eigentlich keiner, weil wir es waren, die geheilt haben.

Was wäre, wenn wir alles heilen dürften? Was wäre dann?

Wenn wir Erzengel alles heilen würden, immer, dann gäbe es keinen Fortschritt. Die Menschen würden nicht dazulernen. So mancher Lichtträger hat nur in seine Berufung gefunden, weil er erleben musste, was er erlebt hat.

Doch möchte ich betonen: Wir greifen ein, schützen, bewahren und heilen, wo wir dürfen, sogar mehr, als ihr denkt.

Es ist wichtig, dass all die geplagten Seelen nicht umsonst das Siechtum ihres Körpers auf sich genommen haben. Es ist sehr wichtig, dass das zutage gefördert wird, was lange Zeit unter einer tiefen Schicht der Profitgier der Konzerne verborgen war. Und zwar die Verbesserungen in der Medizin und auch die Freigabe der jeweiligen Heilmittel.

Sehr bald schon werdet ihr den Ruf aus den Rängen der Mediziner wahrnehmen, dass man den ganzen Menschen heilen muss, nicht nur den Körper.

Längst überfällig? Ja, richtig, ihr habt Recht. Aber sind die Menschen auch bereit, sich ganzheitlich heilen zu lassen? Nehmen sie sich Zeit dafür? Oder, besser gefragt, sind die Menschen bereit für einen Wandel, indem sie sich der Eigenverantwortung bewusst werden und ihr Leben ändern? Der gewohnte Tagesablauf scheint eine Sogkraft zu haben. Manche kehren zu dem Verhalten zurück, das sie krank gemacht hat. Sobald sie können, stürzen sie sich wieder in die Arbeit und erledigen ihre Pflichten.

Oh, daran ist nichts falsch. Pflichterfüllung kann Sicherheit geben, und schließlich arbeitet ihr ja, um Geld zu verdienen. Aber die Balance ist sehr wichtig. Wer sich auspowert, um anderen zu dienen, braucht dringend Zeit für sich und benötigt auch eine Komfortzone für das eigene Wohlbefinden.

Hier ist ein Umdenken dringend notwendig. Denn so, wie manche Lichtträger ihren Körper behandeln, fällt mir nur ein

Wort ein, und zwar: Stiefkind! Und die Seele schreit um Hilfe, indem sie durch Zipperlein, Krankheiten und seelische Erkrankungen auf sich aufmerksam macht.

Das sind Textstellen, die aufrütteln sollen. Wenn ich, Erzengel Raphael, aufrütteln will, dann gehe ich in meine ganze Würde und Kraft.

Genau das wünsche ich mir von euch. Unterwerft euch nicht dem Mangel. Lebt bitte Nächstenliebe, Eigenliebe und Akzeptanz. Geht in eure ganze Würde und Kraft. Macht es mir nach, nutzt die Energie in diesen Zeilen und nehmt eure lichtvolle Macht an! Bedenkt, dass euer eigenes Heilerpotenzial immer stärker wird. Außerdem, mit uns an eurer Seite, wovor habt ihr da noch Angst? Nehmt bitte eure Bewusstseinstalente an und lebt sie!

Liebe Leserseele, das ist alles, was ich mir in diesem Moment von dir wünsche. Dein Leben, der Lebensrhythmus und die Angewohnheiten, das alles ändert sich von allein, wenn du in deine lichtvolle Größe gehst. Du darfst dich in deiner wahren Größe leben. Lebe und genieße, sei ganz bei dir selbst. Möge dieses Buch eine private Komfortzone für dich sein, sodass du dich jederzeit wohlig zurücklehnen, genießen und auftanken kannst.

Ich, Erzengel Raphael, helfe dir dabei. Du bist nicht allein, ich bin immer für dich da. Allein das Flüstern meines Namens genügt schon, und ich bin an deiner Seite. Du bist unermesslich geliebt und beschützt.

In Liebe, es segnet dich
dein Erzengel Raphael

Was wäre die Welt ohne euch?

Wir, die Geistige Welt, möchten uns bei euch, den Boten des Lichts, bedanken.

Der Wandel ist da, sichtbar, sogar in den Quoten-Medien könnt ihr den Wandel hin zum Licht sehen.

Unsere gemeinsame Arbeit ist zwar noch lange nicht beendet, trotzdem schreiben wir euch heute diesen Brief, weil wir möchten, dass ihr erkennt, wie wertvoll euer Wirken ist.

Manchmal haben die Lichtträger das Gefühl, sie wirken gar nicht oder nur wenig. Das stimmt aber nicht, denn so viele weise, hohe Seelen kamen vollkommen inkognito auf die Erde. Aus gutem Grund, denn so könnt ihr einfach nur sein. Die Geistige Welt unterscheidet niemals. Wir sind von jemandem, der einfach lichtvoll lebt, genauso entzückt wie von jemandem, der beruflich viel für das Licht tut.

Wir kennen eure Seelenpläne und wissen von der Tragik der vergangenen Leben. Lichtvolles Wirken ohne die große Öffentlichkeit kann wie eine Schutzwand sein, die man aufstellt. Verständlich, wenn man bedenkt, wie oft ihr in früheren Leben für eure lichtvollen Talente angefeindet wurdet.

Die Angst vor Zurückweisung hält sich ganz schön zäh im Energiefeld der Menschen. Jeder Mensch will geliebt werden, und jeder Mensch braucht auch mal Lob.

In früheren Leben war die Erfahrung der Zurückweisung oft verbunden mit dem Tod. Warum? Nun, wer aus dem Raster rausfiel, wer auffällig wurde, wem spirituelle Fähigkeiten nachgesagt wurden, kurz, wer anders war als andere, der überlebte nur, wenn jemand, der einflussreich war, gutes Zeugnis über ihn sprach. Klar, war das auch abhängig von der Epoche, dem

Land und der eigenen Familie, in die man hineingeboren wurde.

Und nun bist du hier und liest diese Zeilen. Liebe Leserseele, wir, die Geistige Welt, möchten dir danken, weil du so viel für das Licht getan hast. Das Tun für das Licht, damit meinen wir das Leben. Manche Lichtträger wirken, ohne dass sie sich selbst auf das Treppchen stellen.

Und genau damit hast du einen sehr weiten Wirkungskreis. Nicht minder weit als jemand, der sich als Profi in der spirituellen Szene sieht.

Jeder darf so sein, wie er ist, und jeder Lichtträger, und davon gibt es Millionen, jeder Mensch ist vom Schöpfer geliebt.

Und heute schreiben wir dir diesen Brief, um dir zu sagen, wie dankbar wir dir sind.

Dankbar, weil du das, was du liest, umsetzt. Nun, es gelingt nicht immer, ja. Und manchmal braucht es ein wenig, um etwas lichtvoll umzusetzen. Schließlich hat jeder von euch sein eigenes Leben, und die täglichen Aufgaben möchten auch erledigt werden. Da ist es nicht immer leicht, sich genau an die Seelenabsprache zu halten.

Das Leben ist manchmal wie ein Hürdenlauf. Daher gilt dir unsere ganze Aufmerksamkeit und Liebe. Weißt du, ein Meister braucht schließlich eine Aufgabe, die ihn dann zum Meister macht. Das ist der Grund, warum deine Mitmenschen dich oftmals so fordern.

Was macht einen guten Meister aus? Ja, genau, die heftigen Herausforderungen, die dir begegnet sind, die du gemeistert hast, einfach, indem du nicht aufgegeben hast.

Darum sind wir heute hier, um dir zu danken und dir zu sagen, dass du kein kleines Licht unter vielen bist. Du bist das Licht der Welt! Genauso wie all die anderen Lichtträger, und zusammen bildet ihr dieses Lichtnetzwerk. Das Lichtnetzwerk, das die Erde zu einem besseren Ort macht. So wirken wir alle Hand in Hand.

Deine Seele ist längst innig mit uns verschmolzen, sodass du angekommen bist im Energiefeld deiner göttlichen Heimat.

Kannst du das annehmen?

Unsere Worte kommen aus tiefstem Herzen, du darfst ruhig wohlgemut darin baden. Schließlich hast du diese Wertschätzung längst verdient.

Jeder Mensch braucht Anerkennung. Sogar ein Erzengel freut sich, wenn er ein Dankeschön erhält.

So lass dich mit der Liebe der göttlichen Heimat berühren. Sei dir gewiss, du bist unermesslich geliebt und beschützt.

In tiefer Liebe,
deine geistige Heimat

☆☆☆

Ratssitzung: Aufbruch

Die Seele von James Dean:

Sie trafen sich, um über Problemlösungen zu sprechen, sie redeten und redeten – und so ganz nebenbei verbesserten sie die Welt.

Wem ist das gelungen? Um ehrlich zu sein, haben die berühmten Räte des Lichts dabei ordentlich ihre Hände beziehungsweise ihre Energie im Spiel, wenn es darum geht, die Erde zu einer besseren Welt zu machen, denn an dem Punkt sind wir jetzt. Dann ist es von Bedeutung, dass es auf allen Ebenen geschehen darf. Wenn es darum geht, die Bedingungen für alle Menschen zu verbessern, ist es immens wichtig, dass der Wandel, der überall bereits sichtbar ist, nicht in falsche Hände gerät.

Die Präsidentenwahl im Jahre 2016 in Amerika ist ein gutes Beispiel dafür. Jedoch ist der neue Präsident der Spiegel, den das amerikanische Volk sowie die Welt dringend brauchen. Zufälle gibt es nicht, bitte bleibt im Vertrauen. Schickt den Machthabern euer Licht. Lasst euch nicht davon abbringen, es zu tun. Das ist die Masche der Schattenspieler. Sie zeigen mit dem Finger auf jemanden und suggerieren euch, dass ihr dieser Person kein Vertrauen schenken sollt. Im Grunde geht es um euer Licht, um eure Macht, die man so dimmen will.

Die Schattenspieler versuchen immer noch, Angst und Schrecken zu verbreiten. Sie sprechen nicht vom lichtvollen Wandel, sondern vom Verlust der Menschenrechte, von Kriegsgefahr und Untergang. So versuchen sie immer noch, euch in den Bann zu ziehen. Vergesst nicht, dass auf diese Weise seit jeher Realität erschaffen wurde.

In Wahrheit ist es jedoch so, dass das Gedankenfeld der Menschheit Realität erschafft, nicht umgekehrt. Da steckt eine Menge Kraft und Magie drin, ist es nicht so? Der Fortschritt ist da, nun gilt es, daran zu arbeiten.

Wem ist der Fortschritt zu verdanken? Nun, es wäre vermessen zu behaupten, dass die Geistige Welt das alleine zustande gebracht hat. Wenn es um das Wohlergehen der Erde und der Menschheit geht, braucht es dazu vor allem den irdischen Einsatz und Erfahrungsschatz.

Darum ist es so wichtig, dass ihr, die Boten des Lichts, beim Lesen auf die Kollegen trefft, die den gleichen Job tun, nur halt auf der himmlischen Seite.

Oh, verzeiht mir meine flapsige Ausdrucksweise. Ich war schon zu Lebzeiten dafür bekannt, das Herz auf der Zunge zu tragen. Reden zu halten war für mich ein Graus. Darum tue ich es auch jetzt nicht. Wer ich bin? Ich gehöre zu den berühmten Räten des Lichts, ich bin die Seele von James Dean.

Ich bin gekommen, um dich daran zu erinnern, dass gleich eine Ratssitzung stattfindet, und du bist ein Mitglied. Also, kommst du?

Schau, es sind schon einige der berühmten Räte versammelt. Die Erzengel Michael, Uriel und Raphael sind dabei, die Sitzung einzuleiten. Doch eine fehlt! Ich weiß nicht, wie es dir geht, aber ich finde, dass sie unbedingt dabei sein sollte.

Also sehen wir nach, wo Sarinah bleibt…

Als ich sie erblicke, fällt mir ein Stein vom Herzen, es geht ihr gut. Aber sie ist keineswegs in Aufbruchsstimmung…

Sarinah:

Ich habe die Ratssitzung nicht vergessen. Aber tatsächlich fällt mir das mediale Reisen heute schwer, weil ich mich nicht konzentrieren kann. Meine Gedanken schweifen dauernd ab, so kann ich nur schwer teleportieren.

Also mache ich aus der Not eine Tugend und lasse meine Seele baumeln. Nach dem ganzen Stress tut das gut. Eilig habe ich es gerade nicht, irgendetwas hält mich zurück. Sicherlich wird Erzengel Michael einen Weg finden und mich zur Ratssitzung begleiten.

Wenn die geistigen Mentoren nach uns rufen, dann ist plötzlich alles leicht. Ich für meinen Teil finde es kolossal, wenn zu sehen ist, wie auf der Erde das in Kraft tritt, was in der Geistigen Welt ein Punkt auf der Tagesordnung einer Ratssitzung war.

Wieder schweifen meine Gedanken ab, und plötzlich weiß ich, warum ich mich nicht konzentrieren kann. Er hält mich zurück, weil er dauernd nach mir ruft.

Gerade plärrt er sogar ziemlich laut. Um ehrlich zu sein, ich finde es etwas übertrieben, denn er drückt immer gleich den roten Knopf.

Ein wenig genervt richte ich meine Aufmerksamkeit in seine Richtung, genau das ist es, was er wollte.

So lehne ich mich zurück und lasse den Erdenengel noch ein wenig zappeln. Schließlich beherrscht er das mediale Reisen, er kann also jederzeit…

Und plötzlich taucht Harry bei mir auf, ich kann ihn riechen, er riecht nach herbem Männerparfum und Gras.

Wortlos rutsche ich auf der Bank ein wenig zur Seite, damit er sich setzen kann. Dann erst blicke ich mich um und bin überrascht – Harry ist nicht alleine gekommen.

Du bist bei ihm. Bist du durch das Lesen hierher gelangt, oder hat er dich ebenfalls gerufen?

Liebe Leserseele, herzlich willkommen, nimm doch Platz. Na komm, setz dich ruhig zu mir und lass uns herausfinden, was der Erdenengel vorhat. Genüsslich strecke ich meine Beine aus, und du tust es mir gleich. Liebe Leserseele, schön dass du wieder dabei bist, mein Herz pocht vor Freude. Ich beuge mich ein wenig zu dir und flüstere dir ins Ohr: „Weißt du, wie sehr ich dich vermisst habe?“ Endlich bist du da, es kann weitergehen, komm lass uns das nächste Kapitel aufschlagen. Unser Freund hier wirkt so unschlüssig. Ich denke, er wird durch den Fluss der Sätze, die nun folgen, den nötigen Schwung bekommen, um uns in das einzuweihen, was er auf dem Herzen hat....

Das nächste Kapitel aufzuschlagen ist gut, denn diese Seite ist noch vollkommen leer. Du sprichst vom roten Buch, und mir scheint, wir sind das Buch der Liebe.

Wir sind mittendrin, es lebt durch uns. Ja, liebe Leserseele, das ist eine Riesenchance, da hast du Recht. Also, was möchtest du in die Heilung bringen? Was möchtest du erkennen, loslassen und wandeln?

Während ich dir in die Augen sehe, weiß ich es. Ich blicke in deine Augen und ahne, was du brauchst. Also öffnen wir das nächste Kapitel, damit es weitergeht, komm bitte mit, gib mir deine Hand...

☆☆☆

C‘est la vie: Das ist das Leben

Sarinah:

Erzengel Michael hat alle Mitglieder der Ratssitzung um sich versammelt, also fast alle, einige fehlen noch. Und so läutet er die Glocke, so, wie er es immer tut, um eine Sitzung einzuleiten.

„Die Nachzügler sind auf dem Weg, also lasst uns anfangen“, sagt der Erzengel gerade. Erzengel wissen übrigens immer, wo der Schuh drückt. Und sie erfüllen sehr gerne Wünsche, falls das unser Seelenplan zulässt.

Unser Seelenplan bestimmt aber nicht allein unser Leben. Mehr denn je sind wir in der Lage, mit unserem Verhalten und der inneren Ausrichtung Realität zu erschaffen!

Während jemand unsere Namen flüstert, vernehme ich: „Sie sind endlich angekommen.“ Die meinen uns, liebe Leserseele, wir sind aktive Mitglieder dieser Ratssitzung.

Angekommen, ok, das sind wir. Ich für meinen Teil möchte diese Ratssitzung zu einem Erfahrungsaustausch machen, persönlich und, vor allem, sehr lebendig.

Wie das geht? Während ich noch darüber nachdenke, drückt er schon wieder den roten Knopf. Laut und deutlich vernehme ich sein Rufen: „Sarinah, wo bist du?“

Du liebe Güte, bevor er noch einmal meinen Namen brüllt, richte ich meine Aufmerksamkeit auf ihn, so findet er mich.

Und einen Augenblick später steht er vor uns.

Der Erdenengel Harry zieht wie immer sofort alle Blicke auf sich. Er stellt sich mitten hinein in diese Sitzung, und so beginnt es…

Erzengel Michael:

„Schön, dass wir nun alle versammelt sind. Ich möchte als Erstes dir danken, ja, dir, der/die du dieses Buch gerade liest. Sarinah gab dir den Namen „Leserseele". Nun, eigentlich hast du ganz viele Namen, denn jeder Name aus deinen früheren Leben schwingt noch in dir. Ich, Erzengel Michael, möchte dir dafür danken, dass du das Licht, das in den Seelenverträgen verankert ist, weiterträgst, einfach indem du lichtvoll bist. Oh, nun sehe ich, unser Erdenengel Harry möchte sich zu Wort melden, er scheint mir sehr aufgeregt zu sein."

Harry:

„Wir sollten darüber reden, wie das Leben auf der Erde sein kann, vor allem dann, wenn man in eine Katastrophe gerät. Es wird Zeit, dass wir etwas für die Menschen tun, die dauernd um ihre Existenz kämpfen müssen. Mir tut das Herz weh, wenn ich sehe, wie diejenigen unterdrückt werden, die sich kaum wehren können. Lasst uns den Gerechtigkeitshebel dort ansetzen, wo das Ächzen derer, die so viel erdulden müssen, am lautesten ist."

Sarinah:

Was ist denn heute los? Ich frage mich gerade, warum die Mitglieder der Ratssitzung so still sind? Kein Mucks ist von den Anwesenden zu hören. Betretenes Schweigen, so könnte man die Stimmung nennen. Kommt, lasst uns das Fenster zum Erdengeschehen öffnen, ich will wissen, warum die hohen Räte heute so nachdenklich sind.

Erzengel Michael öffnet den Durchblick für uns, und schon höre ich dieses Tosen. Was ist da bloß los? Was ist das für ein

Geräusch? Oh je, der Ton kommt von Gaia selbst. Sie reinigt sich gerade, und das tut sie in diesem Fall mit einer Überschwemmung. Die Erde transformiert mit einer solchen Wucht, dass es scheint, als würde jeder, der zufällig reingerät, zu Tode kommen. Aber dem ist nicht so. Das weiß ich von Erzengel Michael, der sagte, dass es keinen zufälligen Tod auf der Welt gibt.

Wenn jemand sein Leben lassen muss, dann obliegt das immer seiner Seelenplanung. Ich weiß, dieser Satz tut weh, vor allem, wenn junge Menschen gehen. Vielleicht tröstet es ein wenig zu wissen, dass der Seelenplantod nicht verhindert werden kann.

Während ich noch überlege, was zu tun ist, höre ich, dass der Erdenengel schon wieder den roten Knopf drückt. Diesen Alarmknopf betätigen wir Menschen übrigens immer, wenn wir die Geistige Welt um Hilfe bitten oder ein Stoßgebet losschicken.

Aber was hat er denn heute? Wir sind doch alle bei ihm. Der braucht heute scheinbar viel Aufmerksamkeit. Liebe Leserseele, genervt blicke ich in deine Augen, um deine Zustimmung zu finden. Aber du siehst mich mit weisen Augen an und flüsterst: „Er tut es nicht für sich, Sarinah, du tust ihm unrecht. Harry drückt den Alarmknopf für die Menschen, die das selbst nicht können, weil das Leben sie so ermüdet hat, dass sie lethargisch geworden sind."

Ja, du hast Recht. Aber wie sind wir eigentlich jetzt zur Ratssitzung gekommen? Ach ja, natürlich, ich schreibe es, und so lebe ich es auch. Du liest und bist dabei. Aber nun schnell, das Tosen wird lauter. Lasst uns das nächste Kapitel aufschlagen. Gaia braucht uns. Wenn wir der Erde helfen, dann muss sie sich nicht so schütteln und die Erdenbürger wegen diesen Katastrophen nicht mehr so leiden. Ein frommer Wunsch, ich weiß…

Mutter Maria: Die Heilung der Erde

Ich bin Mutter Maria und gekommen, um mit euch gemeinsam die Erde von den Transformationsqualen zu erlösen. Das ist wichtig, denn die Erdenbürger leiden unter den heftigen Schüben, die Gaia ausführen muss, um ihre Verletzungen zu heilen.

So lasst uns beginnen. Gleichzeitig sind die Mitglieder der Ratssitzung dabei, Balsam auf die Wunden der Erde und ihrer Menschen zu legen.

Die Menschen verletzen die Erde, um Profit zu machen und ohne daran zu denken, dass sie gleichzeitig ihren Brüdern und Schwestern Leid zufügen. Das wird aufhören, sobald eine gewisse Schwingung der Erdbevölkerung erreicht ist. Denn der bewusste Mensch verletzt niemanden, er beutet nicht aus, tritt auch die Natur und die Tierwelt nicht mit Füßen.

Hiermit breite ich meinen blauen Mantel der Güte und der Barmherzigkeit über all die geschundenen Gebiete und Seelen.

Ich leite die Heilungszeremonie ein, indem ich, Mutter Maria, den heiligen Strahl von Jesus Christus mit meinem Strahl vereine.

Nun wird es Zeit, dass die irdischen Meister aufstehen und mit mir gemeinsam diese Zeremonie fortsetzen. Wir brauchen eure Hilfe, Gaia braucht eure Hilfe.

Die irdischen Meister sind gerne in der Tarnung. Das ist verständlich, denn sie bleiben dort, weil sie sich in dieser Blase sicher fühlen.

Aber es gibt auch Menschen, die sich selbst groß darstellen, zum Meister küren, auf das Treppchen stellen und sich selbst Urkunden verleihen… Sie sind zwar auch auf dem Weg, jedoch kann das Ego fürchterliche Barrieren errichten, was das volle Bewusstsein angeht.

Liebe Meisterin, lieber Meister, nun bitte ich dich um eins:

Atme tief ein und aus. Fülle deine Lungen bis zum Anschlag mit der Energie der geistigen Heimat. Atme so tief und so fest ein, wie du kannst. Dann atme langsam aus. Atme eine Weile tief und bewusst. Nimm dir Zeit dazu, lege das Buch solange in deinen Schoß…

Liebe Meisterin, lieber Meister, atme die Geistige Welt ein, nimm sie tief in dir auf. Dann lass die Luft aus deinen Lungen weichen, indem du alles Schwere ausatmest.

Wir machen eine kleine Übung daraus und atmen alle gemeinsam…

Sarinah:

Ich atme mit euch und schaue mir die Mitglieder der Ratssitzung genau an. Du, die berühmten Räte des Lichts, die Erzengel Michael, Uriel und Raphael, Mutter Maria, der Erdenengel Harry – ihr steht mit geschlossenen Augen im Kreis und atmet tief und bewusst. Ich tue es euch gleich, doch mich lenkt dieses tosende Geräusch so sehr ab. Ich höre, wie das Wasser vom kleinen Bach zum reißenden Strom wird. Das Donnern der Flut wird lauter, trotzdem scheint darin ein Rhythmus zu sein, so, als würde die Erde mit uns gemeinsam Luft holen. Gaia gibt ein Ächzen und Stöhnen von sich, dass mir angst und bange wird.

Während ich mit euch gemeinsam Luft hole, bis mein Brustkorb sich wölbt, und über den Bauch ausatme, brüllt er schon wieder meinen Namen. Harry tut das lautlos. Da ich aber gut über die Seelenebene kommunizieren kann, kommt mir dieses Rufen vor wie ein lautes Brüllen.

Hier ist alles versammelt, was im Himmel Rang und Namen hat, und er brüllt nach mir?

Entgeistert blicke ich in Harrys Gesicht. Liebe Leserseele, du stupst mich an, dein Ellbogen berührt meinen Arm. Also gut, ich ahne, warum unser Erdenengel lautlos herumbrüllt. Außerdem, das nonverbale Rufen nehme ich noch viel intensiver wahr, als wenn mir jemand ins Ohr schreien würde.

Da ist das Tosen von Mutter Gaia nichts dagegen. Und schon drückt Harry wieder den roten Knopf.

Ich für meinen Teil habe nun genug. Ich verlasse den Kreis, weil ich weiß, dass Harry mir gleich folgen wird. Und so habt ihr, so hoffe ich, die nötige Ruhe, um eure Atemübung für die Erde fortzusetzen.

☆☆☆

C‘est la vie: Wirklich, das ist das Leben?

Sarinah:

„Meine Seele ist wund, ich bin ein geschundener Mann, schau hier“...

Mit diesen Worten zieht der Erdenengel sein Hemd über den Bauch. Er legt seine Stirn in Falten, schaut mich mit großen Augen an und zeigt mir seinen Brustkorb.

„Darum hast du so gebrüllt, bist du noch ganz bei Trost?“, blaffe ich Harry an. Seine Haut ist an den Stellen um die Brustwarzen hellrot, es sieht aus wie eine liegende Acht. Als hätte die wunde Stelle ein Muster in die Haut gegraben, die liegende Acht.

Harry steht vor mir, hält wie ein Schuljunge sein Hemd unterm Kinn fest und schaut mich so Mitleid erregend an, dass ich nicht anders kann.

Mitgefühl wallt in mir hoch, die hellroten Hautstellen brennen bestimmt wie Feuer. Ich frage mich bloß, warum er nach mir brüllt, wo ihm doch die besten Heiler der Geistigen Welt zur Seite stehen. So fasse ich mir ein Herz und tue mein Bestes, um Balsam auf seine Wunden zu legen.

Ich blicke in seine Seele, sehe mir diese wunden Stellen genau an. Dort zeigt sich im Außen das auf der Haut, was ich im Inneren als Zerrissenheit wahrnehme.

Diese Zerrissenheit hat dazu geführt, dass es zu einer Abspaltung eines Seelenanteils kam. Sein Körper hat versucht, diese Abspaltung des Seelenteils zu verhindern, indem er eine wunde Stelle gebildet hat.

So lenkt der Mensch seine Aufmerksamkeit dahin, wo es brennt und wehtut. Dadurch kann die Zerrissenheit, das Zerwürfnis mit sich selbst aufhören oder wenigstens eine Pause einlegen, weil wir Balsam auf unsere Wunden legen, indem wir uns kümmern.

Viele Menschen leben dieses Zerwürfnis mit sich selbst, indem sie sich selbst immer wieder infrage stellen.

Je höher die Schwingung, die wir im Körper halten können, umso mehr fällt das ins Gewicht, was nicht im Einklang mit unserer Seelenplanung ist.

Gerne würde ich nun die himmlischen Heiler zu Hilfe rufen, doch Harry hält meinen Blick fest.

Als ich ihn fragen will, was sein Arzt zu der wunden Stelle auf der Haut sagt, winkt er ab. Beharrlich hält er seine Oberbekleidung unterm Kinn fest und sieht mir tief in die Augen.

Was also tun? Im Geiste frage ich Erzengel Michael um Rat, der mir erzählt, dass das Brennen auf der Haut gelöscht wird, wenn ein Engel diese Stelle berührt.

Ratlos sehe ich Harry an, als mir einfällt, dass Erzengel Michael mich manchmal Engel nennt. Das ist alles – eine Berührung, und es ist wieder gut? Nachdenklich streiche ich mit meiner Hand über das Zeichen der Unendlichkeit auf Harrys Brust. Wieso hat sich die liegende Acht auf Harrys Brust eingebrannt?

Diese Frage stelle ich lautlos, und während ich noch grüble, habe ich eine Eingebung. Es geht um die immerwährende Entwicklung, um Balance und Ausgleich in allen Lebensbereichen. Und vor allem geht es um Vergebung. Alte Bindungen lösen und vergeben. Liebe in der Unendlichkeit leben und empfangen, das sind die Themen, die vielen Menschen auf der Haut brennen. Das zeigt sich zum Beispiel in der liegenden Acht.

Während meine Hand die wunde Stelle auf Harrys Brust berührt, kann ich es plötzlich sehen. Du liebe Güte, hat er mich deshalb gerufen? Ich kann glasklar erkennen, dass Harrys Brennen in Zusammenhang steht mit dem Tosen, das die Erde gerade von sich gibt.

Wenn Gaia transformiert, dann tut das auch der Mensch, jeder Erdenbürger auf seine Weise. So helfen wir Gaia, die Schwingungsfrequenz zu erhöhen, indem wir das transformieren, was wir als Altlast mit uns herumtragen.

Das ist das eine. Aber ich kann, während meine Hand auf Harrys Herz liegt, auch erkennen, was es mit dem Tosen der Erde auf sich hat. Und das, liebe Leserinnen und Leser, lässt mein Blut zu Eis gefrieren. Schnell, wir brauchen Hilfe! Ich denke nicht, dass die Menschheit das alleine abwenden kann.

Also sehe ich tief in die Augen des Erdenengels. Nun friere ich noch mehr. Lautlos frage ich ihn: Wer hat dir das bloß angetan? Wer hat uns Erdenbürgern das bloß angetan? Ist das das Leben? Ist es das?

☆☆☆

Die Seele von John F. Kennedy: Crème de la Crème, elitäre Lebensumstände – Nur für einige wenige?

Zu meinen Lebzeiten als amerikanischer Präsident habe ich versucht, vieles von der Menschheit abzuwenden.

Heute, in der Geistigen Welt und im Zustand voller Bewusstheit, weiß ich, dass meine Nachfolger ihr Bestes gegeben haben, um den Absturz der Menschheit in die Dunkelheit abzuwenden. Manches Mal wurde in der Politik nach Krieg und Vergeltung gerufen. Das war auch ein Spiegel für die Bürger, die ihre eigene Einstellung zum friedlichen Miteinander überprüfen sollten. Die Menschheit sollte bewusst zwischen Krieg und Frieden wählen. Die Politik ist der Spiegel der Gesellschaft, nicht umgekehrt. Fällt die Schwingungsfrequenz der Erdenbürger jedoch ab, versinken sie im Dämmerschlaf statt sich zu erheben und zu erinnern. Das würde auch für die Erde ein Fiasko bedeuten. Würde, denn diese Katastrophe wird nicht eintreffen. Darum sind wir, die berühmten Räte des Lichts, schließlich da. Wir sind so etwas wie die Feuerwehr für Gaia und ihre Kinder.

Lasst es mich so erklären: Jedes Schäfchen, das wieder einschläft, statt sich dem globalen Erwachungsprozess anzuschließen, jedes Schäfchen, das seinen Seelenauftrag nicht erfüllt, ist ein Fiasko für all die anderen.

Wenn ein Dominostein blockiert und nicht umfällt, ist der ganze Domino-Effekt unterbrochen. Mit Domino-Effekt meine ich den verkörperten Aufstieg der Menschheit. Wer hat den ersten Stein angestoßen? Diese Frage ist berechtigt, natürlich war das Gott selbst. Aber das war schon zu Zeiten von Kain und Abel. So lange dauert euer Aufstieg ins Licht schon.

Darum sind viele Leser in dieser Epoche der Lichtwerdung inkarniert. Ihr wolltet dabei sein, wenn das passiert, worüber ich gleich sprechen werde. Nein, nicht ich, John F. Kennedy, bin wichtig, das Ereignis ist es.

Also lasst uns anfangen.

Während Sarinah noch Balsam auf Harrys Wunden legt und die Räte des Lichts in der parallel stattfindenden Ratssitzung das Ihre tun und am gleichen Strang ziehen, wende ich mich an dich, ja, an dich, der/die du diese Zeilen nun liest. Im Namen aller, die sich in den Seelenverträgen zu Wort gemeldet haben, und im Namen aller, die sich noch zu Wort melden werden, bitte ich dich: Hebe mit mir gemeinsam das **Damoklesschwert** auf. Ziehe es mit mir gemeinsam aus Gaias Wunde. Wie? Indem wir die scheinbar komfortable Situation des Erdendaseins in etwas verändern, das ich Sicherheit und unendliche Liebe nenne.

Bist du bereit?

Wohlan, dann lass uns fortfahren…

Crème de la Crème, elitäre Lebensumstände, nur für einige wenige?

Das ist doch mehr als ungerecht, ist es nicht so? Während eine elitäre Gruppe im absoluten Wohlstand lebt, lebt der Rest der Menschheit nur akzeptabel oder sogar in Armut.

Dieses Modell ist immer noch aktuell auf der Erde. Und genau in dieser Ungerechtigkeit liegt eine immense Gefahr. Eine Gefahr, die Sarinah sah und die ihr das Blut in den Adern gefrieren ließ.

Das Ungleichgewicht birgt die Gefahr, dass etwas, was halten soll, auseinanderbricht. So ist es in der Partnerschaft, und so ist es auch in der Politik. Worauf ich hinauswill?

Ich möchte keinesfalls anprangern, aber das Modell der Überheblichkeit der Banken ist nicht sehr erfolgreich. Ich will aufmerksam machen, wodurch lichtvolle Energie dort hineinfließt, wo sie dringend gebraucht wird.

Wir sprachen von Ungleichgewicht, und tatsächlich ist das der Auslöser für so manche Katastrophe. Das ist die Strategie der dunklen Macht, sie führt euch in eine aufbrausende Resonanz. Dann versucht sie, eure Aufmerksamkeit auf die Katastrophe zu lenken, damit sie diese einleiten kann.

Es sieht so aus, als wenn die Krisensituation schon da wäre und ihr darauf blicken würdet. Aber der Schein trügt! Was ihr da seht, ist ebenfalls von den Schattenspielern zelebriert worden.

Die Menschheit erwacht aus dem Dämmerschlaf, und es gibt nichts, was die selbsternannte Elite mehr fürchtet, als Schäfchen, die selbst bestimmen, wo es lang geht. Schäfchen, die sich nicht mehr treiben lassen.

Ich sprach vom Damoklesschwert, das über der Erde schwebt. Um ehrlich zu sein, hat dieses Schwert schon tiefe Wunden geschlagen. Es hat nicht nur die Erde verletzt, sondern auch alle Wesen auf dem Blauen Planeten.

Warum wir es nicht schön längst entfernt haben? Nun, die Geistige Welt darf vieles, aber wir dürfen nicht über eure Köpfe hinweg handeln. Das Damoklesschwert, das über euch schwebt und euch und Gaia verletzt hat, heißt: Größenwahn!

Wenn Menschen Gott spielen, wohlgemerkt, sie spielen nur, sie verhalten sich nicht wie Gott. Wenn Menschen Gott spielen, dann zittert das gesamte Universum.

Wir, die berühmten Räte, erstarren dann zu Eis, weil wir wissen, dass wir das Spiel zulassen müssen. Sonst würden die Despoten es nie lernen.

Anmaßung, Arroganz, Hochmut, nennt es, wie ihr wollt, es ist ein sehr altes Spiel, das ursprünglich dazu da war, denen den Weg zu weisen, die sich vor lauter Überheblichkeit nicht mehr selbst leben. Die nicht mehr zurückfinden ins Licht, weil sie denken, sie wären heller als das Licht.

Die Illusion der „Ich Götter", so könnte man es auch nennen. Diese Illusion ist weit verbreitet. Aber Gott ist niemals überheblich, er ist auch nicht käuflich.

Es wird Zeit, dass wir dieses Spiel des Größenwahns beenden. Wie, fragst du dich? Nun, wie beendet man ein Spiel? Wir heben das hoch, worum gespielt und gebuhlt wird. So macht man es bei Kindern, nicht wahr? Man entfernt den Ball, und schon ist das Spiel aus.

Aber wir sind clever, denn wir entfernen den Ball nicht, sondern wandeln ihn um, und zwar in die reinste Liebe. Der Ball ist in dem Fall ein Synonym für das Geld, an dem Blut klebt.

Wir verwandeln das Damoklesschwert in einen göttlichen Schutzschild. Wir wenden die Gefahr ab, indem wir auf das Spielfeld gucken und die „Ich Götter" mit dem Licht der Schöpfung bestrahlen.

Indem wir unsere liebende Aufmerksamkeit auf die richten, die der Erde und der Menschheit so böse mitgespielt haben, entsteht ein Vakuum. So können die, die der dunklen Macht verfallen sind, ihr Spiel zwar fortsetzen, aber sie werden dabei der Erde keine Wunden mehr zufügen, noch werden sie unschuldige Menschen verletzen.

Wenn ihr die Machthaber, die sich als erlesen sehen, mit Abneigung, Hass und Urteil füttert, indem ihr diese Energien an sie aussendet, beendet ihr das Spiel der Überheblichkeit nicht, ihr feuert es nur an!

Und es ist Zeit, denn Gaia und ihre Kinder haben genug gelitten.

Lasst uns so viel göttliche Liebe aussenden, wie es nur geht. So wird das Tosen der „Ich Götter“ zwar nicht sofort aufhören, aber diese selbsternannten Götter spielen mit sich selbst, in einem gesicherten Raum.

Diesen energetisch gesicherten, sich selbst reinigenden Raum haben wir beide gerade erschaffen. Wie? Indem wir uns zusammengetan haben. Ich habe davon berichtet und den Energieraum geöffnet, und du hast über das Lesen erschaffen. Du erschaffst mit Hinwendung und vollkommener Liebe.

So gibst du der Geistigen Welt die Erlaubnis einzugreifen, indem du deine **liebende** Aufmerksamkeit dorthin lenkst, wo unser gemeinsames Licht dringend gebraucht wird.

Klar haben wir immer wieder erwähnt, ihr sollt in das Ziel blicken, nicht auf den steinigen Weg und die Dramen. Doch nun seid ihr selbst zu Meistern geworden. Ihr habt mehr Fähigkeiten und mehr Licht als je zuvor. Ihr habt mehr Umwandlungskraft als je zuvor, und es ist an der Zeit, dass ihr eure angestammten Kräfte einsetzt. Die Schüler von einst sind zu Meistern geworden, und was tun Meister? Ja, genau, sie setzen ihre Meisterschaft fort, indem sie sich den neuen Herausforderungen stellen.

Doch ihr seid nicht allein. Wir aus der Geistigen Welt sind mehr denn je an eurer Seite. Wir teilen unser Licht mit euch, und ihr teilt euer Licht mit uns, so war es, und so wird es immer sein.

Wir spielen nicht Gott, wir sind göttlich. Wir sind das Licht.

Wir alle sind längst ein Team.

Respekt, liebe Leserinnen und Leser, das Leben in den Zeiten des Wandels ist eine große Aufgabe. Eine Aufgabe, die zum Event wird, sobald ihr im Fluss, in der Fülle seid.

Es verabschiedet sich für diesen Moment
die Seele von John F. Kennedy.

☆☆☆

Der Mensch ist käuflich, die Natur ist es nicht

Die drei sitzen da und stecken die Köpfe zusammen. Brüten sie etwas aus, oder beraten sie sich?

Natürlich brüten Erzengel nie etwas aus, sie arbeiten höchstens einen Plan aus. Doch je länger der kleine Schutzengel ihnen zusieht, umso mehr wird ihm angst und bange.

„Was ist denn auf der Erde los, warum stecken ausgerechnet die drei ihre Köpfe zusammen?“

Diese Frage stellt sich der kleine Engel, und prompt fällt ihm ein, dass hier im Himmel ja sogar Gedanken gehört werden. Der kleine Engel ist neu, und er ist sehr, sehr neugierig.

Da steht Erzengel Michael auf und gibt dem kleinen Engel ein Zeichen, er möge doch zu ihnen kommen. Doch dieser bekommt Angst und flattert davon.

„Wir sollten die anderen dazuholen. Ich bin davon überzeugt, dass wir dieses Mal schnell handeln müssen. Sie stecken in der Bredouille. Und dieses Mal, nun, ich glaube nicht, dass die Menschheit da alleine wieder herauskommt. Vor allem nicht in der Kürze der Zeit.“ Diese Sätze spricht Erzengel Michael und schaut dabei seine Erzengel-Kollegen ernst an.

„Deine Idee, eine Ratssitzung einzuleiten, ist gut, lieber Freund. Aber wir beide hier sind der Meinung, dass jetzt jede Beratung zu spät kommt. Es gilt, sofort einzugreifen. Also lass uns das Fenster öffnen und Gott-Vater selbst bitten, sich das anzusehen.“

Die Erzengel Michael, Uriel und Raphael stehen am geöffneten Fenster und beobachten das Erdgeschehen…

Sarinah:

Die drei Erzengel stehen mit wehenden Haaren da. Ich höre dieses Geräusch wieder. Die Erde gibt einen Ton von sich, der mir durch Mark und Bein geht. Gerne hätte ich mich nun an einem der Erzengel festgehalten, aber das wage ich nicht. Sie sehen so konzentriert aus. So halte ich mich ein wenig im Hintergrund auf, hier ist der Wind, der Sog, nicht ganz so stark. Und ich sehe ihn heranschreiten. Erst fällt mir dieser weiße Lichtstrahl auf, und schon ist er da…

Der Schöpfer:

Die Erde ist und war immer ein Erfahrungsplanet. Doch die hohe Schwingung von Gaia bringt alles zum Vorschein, was aus dunklen Zeiten stammt. Blutgeld haben wir es genannt, das bezeichnet die Käuflichkeit vieler Menschen. Die Reichen denken, sie haben die Macht und das Geld, sodass sie alles und jeden kaufen können. In Wahrheit sind diese Menschen selbst käuflich, schlimmer noch: Sie sind mit der Energie des Blutgeldes besudelt.

Wer mit dieser Energie in Berührung kommt, fühlt sich erst erhaben und richtet dann über andere. Doch diese Macht fällt in sich zusammen wie ein Luftballon, sobald die Menschen mit der göttlichen Energie in Kontakt kommen. Die Energie der Schöpfung, die ständig anwächst und die Erde speist, ja, speist, denn Gaia saugt diese himmlische Frequenz auf wie ein Schwamm. Sie gibt den Überfluss, und davon ist reichlich vorhanden, an die Erdenbürger weiter.

Jedes schlagende Herz wird durch diese Energie gespeist. Und glaubt mir, eure Herzen haben so sehr darauf gewartet, dass sie diese göttliche Frequenz aufsaugen wie ein Schwamm.

Daran ist nichts falsch, schließlich ist diese Energiespeisung sehr wohltuend. Aber die Menschen, die dem Geld verfallen sind, nun, bei ihnen braucht das Licht länger, um durchzudringen. Die Energie der Geldgier lässt einen dicken Panzer um sie wachsen. Dieser Panzer erneuert sich sogar immer wieder…

Jeder, der ausbeutet, hat diesen dicken Ring um sich. Es ist kein Ring aus Licht, sondern energetisch gesehen ist das der Blutzoll.

Und nun scheint es so, als würde Gaia zurückschlagen. Sie schüttelt sich, sie zelebriert geradezu Katastrophen, um sich zu reinigen.

Geldgier löst immer Katastrophen aus! Darunter leiden auch eure Kinder. Sie sind auf die Welt gekommen, um die Erwachsenen den respektvollen Umgang mit der Natur und den Mitbürgern zu lehren.

Und darum bin ich hier. Die Kinder brauchen meine Hilfe, weil sie sonst viel mehr leiden würden, als sie es jetzt schon tun. Kinder leiden mehr als die Erwachsenen, sie ertragen jedoch manches ganz still.

Das Blutgeld trägt die Energie der alten Opferriten in sich. Diese Vampir-Energie ist wie eine Zecke, sie saugt sich so lange voll, bis nichts mehr da ist. Ein gefährlicher Zustand, denn dieses Saugen macht selbstzufrieden und müde, so leiden unter dieser Zecke vor allem auch Unschuldige.

Und Gaia leidet, sie kann durch diesen festen Ring nur schwer atmen. Gaia tobt, sie versucht, sich durch Katastrophen zu reinigen.

Doch nun ist es genug, hiermit befreie ich, der gütige Vater, die Erde und alle Wesen, die sich hier erfahren. Ich befreie euch von der Umklammerung des Rings, der euch die Luft zum

Atmen nimmt. Ich, der Schöpfer persönlich, atme nun tief ein und hole somit die Energie der Ausbeutung zurück ins Licht.

Mag sein, dass dieses Spiel noch weitergespielt wird. Dass es Menschen gibt, die die Natur verletzen, die ausbeuten und anderen wehtun. Doch wer dieses Spiel der Überheblichkeit spielt, kann damit keinen überdimensionalen Schaden mehr anrichten. Denn die Spieler sind unter sich, sie verletzen sich höchstens selbst. Kein Unschuldiger wird mehr unter ihrer Gier leiden.

Das Dualitätsfeld derer, die sich überlegen fühlen, besteht noch, doch es ist vom Rest der Menschheit abgespalten.

So können die, die dem Blutgeld hinterherrennen, Erfahrungen sammeln, aber sie tun es untereinander. Sie spielen das Spiel der Ausbeutung so lange, bis ihr eigener Körper sie in die Grenzen weist.

Euer Körper ist ein wundervolles Heim für eure Seelen. Der Leib kann vieles, auch vieles ertragen und sich selbst heilen. Aber euer Körper kann eins nicht, und zwar, ganz ohne Liebe und Licht autark bestehen.

So erteile ich der Erde meinen göttlichen Segen. Möge der heilende Strahl der Regeneration das lichtvolle Sein auf der Erde einhüllen.

Hiermit umarme ich alle meine Kinder und stelle sie unter meinen persönlichen Schutz. Mögen die Erde und die Menschheit durch diesen Segen aufatmen.

Ich, der Vater aller Väter, wende mich niemals ab, ich erhebe meine segnende Hand und beschütze die Erde und ihre Kinder. Und so spreche ich die Worte aus, die auch JESUS damals sagte: FRIEDEN SEI MIT EUCH. Euren Frieden lasse ich euch. Meinen gebe ich euch.

In tiefer Liebe,
es segnet dich der Vater aller Seelen in ALLES-WAS-IST,
der ich bin GOTT.

Sarinah:

Ein Gefühl der Geborgenheit breitet sich in mir aus. Sobald der Schöpfer seinen Segen erteilt hat, wird das Tosen der Erde ruhiger. Gaia beruhigt sich, und wir können uns der nächsten Station zuwenden.

Ich habe das Gefühl, dass sich diese Ratssitzungen verändert haben. Oder haben wir uns verändert? Es scheint, als würde so vieles parallel stattfinden. Hier die Sitzung und dort Gespräche mit den Aufgestiegenen Meistern. Und wir sind mittendrin. Oh, es ist gut, mittendrin zu sein, das ist ein Empfinden, als wären wir ein Teil von diesem Buch. Findest du nicht, liebe Leserseele?

Doch nun sehe ich Saint Germain heraneilen. Ich bin gespannt, was er uns mitteilen möchte…

☆☆☆

Der Aufgestiegene Meister Saint Germain: Ich liebe dich so

Ich liebe dich so sehr – diesen Satz wünscht sich jeder Mensch zu hören. Bei diesem Satz geht das Herz auf. Und wenn es ein Mensch sagt, der euch nahesteht, hat er gleich noch mehr Gewicht. Gewicht im Sinne von: Das ist euch wichtig. Es hat Priorität, wenn ihr den Satz „Ich liebe dich so" hört, wenn er an euch gerichtet ist.

Gerichtet, ja. Denn oft ist es leider auch so, dass es beim Nicht-Einhalten dieser Formulierung scheint, als würde ihr in Kontakt kommen mit dem Jüngsten Gericht.

Es kommt von Herzen, wird nicht selten dazugesagt, wenn eine Liebesbekundung das Leben versüßt.

Nun, es ist wunderschön, wenn das Gefühl der ewigen Liebe gelebt werden kann. Aber es ist auch fatal. Ja, fast könnte man sagen, nichts wirkt sich zerstörerischer aus, als wenn jemand seine Liebe widerruft. Sich kalt verhält.

Ich bin der Aufgestiegene Meister Saint Germain und heute gekommen, weil ich mit der violetten Flamme der Transformation nicht nur heilen, sondern den alten und verkrusteten Schmerz von eurem Herzen lösen will.

Darum bin ich heute hier. Wobei ich betonen möchte, dass in dem Fall das Wort Transformation bedeutet, dass es heilen kann. Und es bedeutet nicht, dass ihr den alten Herzschmerz noch einmal durchleben müsst, außer, ihr möchtet es so.

Manche Lichtträger heilen, indem sie in Resonanz gehen, etwas fühlen, in den alten Schmerz, das Herzweh, einsteigen. Das ist in Ordnung, der Herzschmerz heilt nämlich sogleich in allen Schichten. Jedoch, viele Lichtträger möchten es spüren, sie möchten genau wissen, was abfließt.

Ein heroischer Dienst, denn sie lösen auch für andere auf, indem sie voll in das Programm des alten, leidvollen Geschehens einsteigen.

Meinen Respekt, ihr seid wundervoll, und bitte, ich bitte euch: Vertraut euch. Ihr müsst nicht einmal mir vertrauen, vertraut euch selbst. Sowohl bitte ich euch, stellt eure Vergangenheit und euch selbst nicht infrage. Damit meine ich, richtet euch nicht selbst, stellt euer Licht nicht unter den Scheffel.

Das Messer der Bewertung hat eine durchaus scharfe Klinge. Die Menschen verletzen Herzen damit und vergessen ganz, dass sie dadurch selbst wieder verletzt werden.

Wenn eine Person nichts mehr von dir wissen will, dann tut das weh, verständlich. Gerade wenn es der Partner oder eins der Kinder ist, oder auch eine gute Freundin. Aber ich möchte betonen: Versucht nicht, es aufzuhalten! Damit würdet ihr den Seelenweg und das Wiederkommen dieser Person blockieren.

Es gibt einen irdischen Spruch, der heißt: „Reisende soll man nicht aufhalten."

Da ist etwas Wahres dran, denn ihr könnt niemanden davor bewahren, selbst Erfahrungen zu machen, auch wenn ihr seht, dass etwas Leidvolles auf den anderen zukommt. Dann könnt ihr das nicht aufhalten. Warum? Wenn es um Erkenntnisse des Seelenplans geht, um Lernaufgaben, sind die Menschen wie ferngesteuert. Sie laufen richtiggehend in ihre Lernerfahrung hinein.

Und ich werde mich jetzt nicht darauf versteifen und sagen, das wäre gut so. Aber wenn bei der Planung des Lebens die Entscheidung für die schwierige Lebensphase getroffen wurde, dann gibt es dafür einen wichtigen Grund. Durch das Auf und Ab des Lebens lernt ihr am meisten. Und Lernaufgaben des Seelenplans sind heilig, da würde nicht mal Gott dran rütteln.

Ihr Lieben, während ich mit euch spreche, fließt die heilende, liebende, auflösende Energie von Saint Germain durch euren Körper, euren Geist und eure Seelenschichten.

Wer weinen will, sollte es nicht zurückhalten. Weine ruhig, damit der Herzschmerz leichter abfließen kann. Wenn dein Herz nun schneller schlägt, dann atme tief und bewusst. Fülle deine Lungen bis zum Rand mit Luft. Dann übergib die Pein mir, atme aus und überreiche mir deinen Schmerz. Ich trage die Pein ins Licht, ich löse auf.

Liebes Erdenkind, bitte atme.

Machen wir eine kleine Pause… halt inne und leg das Buch in deinen Schoß. Atme die saubere Energie des Himmels ein und atme aus. Gib Saint Germain deine Probleme, deinen Schmerz oder was immer dich plagt oder geplagt hat. Und ich heile und übergebe dein schweres Päckchen ins Licht.

Fahren wir fort, bist du soweit? Lass dir Zeit, lies langsam, nur keinen Druck. Alles ist gut, nimm dir Zeit zu atmen, solange du magst.

Vertrau dir selbst, denn der Fluss der Zeit spült manchmal Menschen, liebe Angehörige, Partner, Freunde, liebe Kollegen von dir fort. Du darfst dem Fluss der Zeit vertrauen und dem eigenen Seelenplan. Es gibt keine Zufälle, keine Fehler, keine Schuld, und jetzt kommt es: Es gibt auch keinen Verlust auf Erden!

Wenn du materielle Dinge verlierst, obliegt das meist deiner eigenen Aussendung. Dieser Satz tut weh, ich weiß, und er geht bestimmt bei einigen in aufbrausende Resonanz.

Andererseits, wenn du ein Minus hast, rote Zahlen im privaten oder geschäftlichen Bereich, bedeutet das, dass du kraft deiner Taten und deiner mentalen Ausrichtung diesen Mangel beheben kannst.

Das ist nichts Neues, ich weiß. Das hast du schon mal gehört, sagst du… jedoch geht es in dieser Zeit mehr denn je um das Umsetzen. Etwas zu wissen ist das eine, aber dieses Wissen auch anzuwenden, macht es erst wertvoll.

Fahren wir fort: Jetzt komme ich zu einem wunden Punkt, darum habe ich auch ein wenig ausgeholt.

Wenn euch jemand die versprochene Liebe, Partnerschaft und Aufmerksamkeit entzieht, sie wegnimmt, dann schneidet dieses Verhalten wie ein Messer ins Herz.

Und nun kommt der Satz, den ich bewusst an das Ende dieses Kapitels stelle, damit du in Ruhe darüber nachdenken beziehungsweise hineinfühlen kannst.

Liebesentzug, Freundschaftsabbruch, Kaltherzigkeit, ist etwas, was dir nicht widerfährt, sondern du als Geschenk betrachten kannst, weil es dich zur Meisterin, zum Meister macht!

Warum?

Ihr seid irdische Meister! Und ihr geht daher nicht den Weg der dem Zölibat ähnlichen Einsamkeit, so, wie wir damals. Wir hatten andere Herausforderungen in unserer Epoche. Und ihr habt eure Herausforderungen. Es geht darum, die Spiritualität alltagstauglich zu machen. Wie wird etwas alltagstauglich? Genau, indem man es erfährt!

Eine Garantie für spirituelles Wachstum ist der Schmerz!

Die gelebte Liebe prüft sich selbst. Manchmal geht es bei der Kaltherzigkeit, die euch widerfährt, um die Übung, in Liebe loszulassen, damit eine Neuausrichtung der Beziehung geschehen kann.

Nun ziehe ich mich respektvoll zurück und lasse dich hineinfühlen, heilen.

Während du weiterliest, löst meine violette Flamme der Transformation alte verkrustete Wunden auf. So kann Heilung geschehen und Leichtigkeit in dein Herz fließen.

Sei gesegnet mit dem aufgestiegenen Meisterstrahl von Saint Germain. Sei dir sicher, du bist unermesslich geliebt. Wir lieben dich so sehr. Ein wenig später im Buch werden wir versuchen, diese Liebe der Geistigen Welt für dich spürbar zu machen.

Dein Saint Germain

☆☆☆

Erzengel Michael: Niemand ist eine Insel

Wer sich auf dem Pfad der lebendigen Lichtwerdung befindet, hat manchmal den Wunsch, alleine zu sein, sich zurückzuziehen. Das ist verständlich, denn die Energieanhebung kostet Kraft, und schließlich ist da noch der Alltag, den es zu bewältigen gilt. So kann das Dasein sehr anstrengend sein. Aber alleine seid ihr nie, denn die Geistige Welt ist immer bei euch.

Oft werden wir Erzengel gefragt: „Muss das Leben beschwerlich sein, oder gilt das nicht mehr in dieser neuen Ausrichtung? Ist der Liebeskummer, das gebrochene Herz passé? Kann man friedlich und in voller Harmonie aufsteigen, zum Meister werden?"

Nun, das ist sicher irgendwann möglich. Aber die meisten Lichtträger lösen auch für ihre Mitmenschen auf, nicht nur für sich allein. Sie leiden sozusagen nicht nur für sich.

Ich, Erzengel Michael, würde dich am liebsten immer in Watte packen. Aber ist das sinnvoll?

Nein, da hast du Recht. Dann hättest du auch in der Geistigen Welt bleiben können. Es sind die irdischen Erfahrungen, darum seid ihr unter anderem hier.

Außerdem helfen wir Engel natürlich so viel wir dürfen. Manches Mal überschreitet dabei auch ein Erzengel seine Grenzen. Für uns gibt es nur drei Grenzen, wenn es darum geht, einzugreifen und zu helfen. Das eine ist euer freier Wille, das andere die kosmischen Gesetze. Und dann ist da noch euer Seelenplan.

Aber darüber haben wir schon gesprochen. Ich bin heute hier, weil ich möchte, dass endlich Balsam auf eure Wunden kommt.

Und kaum habe ich das Wort Balsam ausgesprochen, wandert meine Aufmerksamkeit zu Harry, dem Erdenengel. Sarinah löscht das Brennen auf seiner Haut, indem sie seine Seele berührt, sie heilt.

Wenn die Haut sich rötet, juckt, wenn sie sich entzündet und wie Feuer brennt, hat das meistens mit einer Krisensituation zu tun, bei der ihr ordentlich Federn lassen musstet. Das ist die spirituelle Sicht auf diese Dinge.

Verzeiht mir meine saloppe Ausdrucksweise. Manchmal muss auch ein Erzengel die irdische Ausdruckweise annehmen, damit sofort klar ist, was er meint. Und ich betone, dass es mir um eure Heilung geht, nicht nur um das Sprechen über ein Problem. Wie und wann allerdings etwas heilt, das habt ihr sehr viel mehr selbst in der Hand, als ihr denkt.

Die Heilung der Geistigen Welt geschieht immer allumfassend, wir heilen nicht nur an der Oberfläche und lassen es dann gut sein. Wir heilen von innen nach außen. Das andere wäre bequemer? Ja, mag sein, aber wenn wir ein Symptom, zum Beispiel das Brennen auf der Haut, einfach so beseitigen, ohne in die Tiefe zu gehen, ohne die Seele mit zu heilen, dann würde das bedeuten, dass das Hautleiden auf jeden Fall wiederkommt. Wiederkommen muss, sonst kann sich die Wunde nicht von innen heraus schließen, also bricht sie immer wieder auf. Somit kann „Altes" abfließen.

Und genau das passiert ständig auf der Welt. Ein Erdbeben folgt dem anderen, eine Überschwemmung der nächsten. Ein Waldbrand ist gelöscht, und schon folgt der nächste.

Der Mensch hat vielfach selbst Feuer gelegt, indem er die Natur geldbringend ausgenutzt hat. Die Natur ist jedoch nicht käuflich, sie schlägt zurück. Viele Menschen, und das ist leider immer noch eine Tatsache, sind käuflich. Sie tun für Geld alles, verkaufen sogar ihre Seele.

Ihr transformiert zusammen mit der Erde. Jeder Schatten, der aufgelöst, aus eurem persönlichen System geschleust wird, weil er sonst eure Chakren blockieren würde. All das macht sich bemerkbar. Und so fordern der Körper und die Psyche euch auf, eure liebende Aufmerksamkeit dahin zu lenken, wo es etwas zu heilen gibt.

Manches Mal, ihr Lieben, ist es nicht euer eigener Schatten, ihr transformiert auch für andere. Ihr heilt nicht nur für euch selbst. Das ist eine Seelenabsprache, die fast in allen Lebensplänen verankert ist. Ihr wolltet so vielen Menschen wie möglich mit euren Lichtdienst helfen. Und ihr tut es, ihr transformiert auch für andere.

Niemand, wirklich niemand, selbst die nicht, die denken, sie wären über alles erhaben, niemand ist eine Insel!

Ihr sitzt in einem Boot, weil es nur eine Erde gibt. Das Ausweichen in den Weltraum ist sicher möglich, aber es ist keine Option. Warum? Weil der ungeklärte Mensch dann auch den Weltraum verschmutzen würde. Das All würde irgendwann reagieren wie die Erde: mit flächendeckender Transformation! Und glaubt mir, in den Weiten des Alls kann sich solch eine heftige Transformation mehr als brutal auswirken.

Aber bleiben wir beim Thema. Alles, was euer Körper-, Geist- und Seelensystem verschmutzt, verschmutzt auch die Erde. Alles, was ihr heilt, heilt ihr auch für die Erde. Alles, was Gaia nicht guttut, tut auch euch nicht gut.

Jetzt werden sicher Stimmen laut, die rufen: Die Kommunen, die Politiker sind schuld. Sie lassen Fracking zu, lassen zu, dass Wälder abgeholzt werden, usw.

Aber das ist das Bild im Außen, das sich euch zeigt. Das Bild im Außen ist oft verzerrt, weil ihr da nur die Tatsachen seht, die bei euch im Inneren noch nicht erlöst sind. Da gibt es Lichtträger, die mit ihrem Verhalten selbst die Natur ausbeuten, sich aber aufregen, dass die Politiker die Natur per Gesetz nicht besser schützen.

Ja, ihr seid zu Meistern geworden, ihr zieht sehr viel Licht an und könnt es auch eine Weile im Körper halten. Und da ihr die Meister seid, fliegt euch alles um die Ohren, was noch ungeklärt ist. Es brennt geradezu auf eurer Haut und auf der Seele. Und es brennt auf der Welt. Was tun? Wie kann die Geistige Welt hier helfen, heilen?

Nun, ihr Lieben, wir fangen dabei nicht im Außen an, wir löschen nicht einfach einen Waldbrand und sagen: „Ok, wenn der nächste Flächenbrand kommt, dann löschen wir den halt auch wieder." Nein, so handelt die Geistige Welt nicht.

Wir heilen immer allumfassend, von innen nach außen.

Ich stellte eben die Frage in den Raum: „Es brennt auf der Welt. Wie kann die Geistige Welt da helfen, heilen?"

Die Antwort darauf ist: Erst erinnern und heilen wir dich, liebe Leserseele, dann kommt die große weite Welt dran.

Wenn ich von Heilung spreche, dann meine ich alles, was wir heilen dürfen, und das ist viel, aber nicht alles.

Warum dürfen wir nicht immer alles heilen? Warum sterben Menschen?

Nun, den Tod per Absprache im Seelenvertrag kann niemand aufhalten, nicht einmal Gott selbst. Wenn wir Erzengel versuchen würden, diesen von euch selbst geplanten Tag des Abschieds von der Erde aufzuhalten, würden wir euch Leid zufügen. Das Siechtum, den Schmerz, die kommenden Krankheiten – alles, was mit dem Abschied vom Körper sofort geheilt ist, würden wir verlängern.

Das will niemand, oder?

Nun, es ist Zeit, ich möchte jetzt zu den beiden gehen. Liebe Leserinnen und Leser, kommt bitte mit mir. Nun legen wir Balsam auf Harrys Wunden. Wir, die Geistige Welt, tun das nicht nur für den Erdenengel. Jeder, der das liest, kann von diesem Heilungsritual profitieren.

Ihr könnt es erleben, nachleben, selbst erfahren. Könnt, denn der Raum für diese Wunder ist da. Aber wie und wann ihr diesen Raum beschreitet, obliegt euch selbst.

Mit viel Segen für jede geschundene Seele auf Erden.

In Liebe,
euer Erzengel Michael

☆☆☆

Wunder werden sofort erledigt, Unmögliches dauert ein wenig länger

Sarinah:

Ich weiß, dass Erzengel Michael anwesend ist, ich kann seine mitfühlende, würdevolle Engelenergie spüren.

Das macht es mir gerade etwas leichter. Aber ich konnte das Brennen auf Harrys Haut nicht löschen, zwar lindern, aber er leidet immer noch.

Und ich leide auch, denn mir war sofort bewusst, dass er den roten Knopf auch für uns gedrückt hat.

Gleiches zieht Gleiches an. Zufälle gibt es nicht, Harry ist unser Spiegel. Manches Mal gefällt uns das, was wir in ihm sehen, und wir erkennen uns selbst, so, wie wir sind oder sein möchten. Ein anderes Mal würden wir am liebsten auf diesen Spiegel einschlagen. Wütend darauf herumtrommeln, weil er uns etwas zeigt, das wir nicht wahrhaben wollen, aber in die Heilung gehen sollte.

Alles, was mit den himmlischen, hereinströmenden Energien kollidiert, ist auf der körperlichen und psychischen Ebene sehr unangenehm. Kaum noch auszuhalten

Alles scheint viel intensiver zu sein. Die Tage im Raum der Liebe sind so intensiv und schön, erhebend wie noch nie. Darum empfinden wir Transformationen wahrscheinlich so ermüdend, weil jede gefühlte Distanz zum Energiefeld der Liebe uns förmlich wehtut. Das, was noch heilen soll, geht aber auch mit einer solchen Wucht in Resonanz. Es kommt heftig blutend, brennend, schmerzend an die Oberfläche, dass es mir gerade wirklich angst und bange wird.

Warum? Nun, weil ich Bedenken habe. Nicht um mich oder

die Leser. Wir kommen in unsere angestammte Kraft, wir leben es ja schon. Ich habe aber Bedenken, Angst um jedes Schäfchen, das noch schläft. Wie sollen sie denn diese Heilungsschübe aushalten? Sie laufen Gefahr, sich Krankheiten anzuziehen, weil sie denken, dass das, was sich an der Oberfläche zeigt, auf eine Krankheit hindeutet. In Wahrheit ist es jedoch umgekehrt. Realität entsteht erst, wenn wir ihr durch unsere fokussierte Aufmerksamkeit diesen Raum geben.

In mancher nächtlichen Ratssitzung habe ich geradezu mit den geistigen Mentoren darüber verhandelt. Ich habe sie angefleht, weil mir die Menschen, die noch so unbewusst sind, am Herzen liegen

Mit welchem Erfolg? Die Frage ist berechtigt. Trotzdem kann ich dir nicht sagen, wie und was ich bewirkt habe, aber ich berichte dir gerne detailgetreu, wie diese Ratssitzungen verlaufen sind.

Das willst du gerade nicht? Oh, du bist wieder da, wie schön. Liebe Leserseele, mein Herz hüpft vor Freude, wenn ich dir so nahe sein darf. Oh, bitte nicht weinen, bitte, liebe Leserseele, du weinst, und ich weine auch.

Mir laufen gerade die Tränen über die Wangen, ich weine vor Glück, und gleichzeitig bin ich tieftraurig.

Ich weine die Tränen all derer, die sich im Netz der Dualität verfangen haben. Ich kann ihre Rufe, ihre Unzufriedenheit wahrnehmen, und trotzdem kann man ihnen nicht helfen.

Du sagst, das sind heroische Wünsche, ich soll mich der Tatsache stellen, weil du gelernt hast, dass nur eins die Tränen trocknen kann: Liebe!

Du beugst dich zu mir und flüsterst mir zu: „Sarinah, du bringst mich dazu, mitzufühlen, ich weine und lache mit dir.

Aber du hast den Kopf in den Wolken. Du kannst die Schäfchen nur retten, wenn du dich selbst rettest. Du kannst das Leid von anderen nicht löschen. Aber du kannst all das bei dir selbst erlösen, was du bei anderen erlöst sehen willst."

Weise Worte, stolz blicke ich in deine Augen. Ich kann in deinen Augen das Wachstum deines Bewusstseins sehen, und ich bin mehr als stolz auf dich.

Was für einen Lebensweg du hinter dir hast. Nun bist du mit mir hier, bist durchs Feuer gegangen, so, wie ich auch. Aber auch durch die Tore des Lichts sind wir gegangen. Wir geben niemals auf, nicht wahr? Unser gemeinsamer irdischer Weg ist noch lange nicht zu Ende.

Da gibt es noch viele Wunder, die wir zusammen bestaunen können. Oft fällt einem auch erst hinterher auf, dass das Glück kein Glück war, sondern ein Wunder. Die Nähe zu unseren Engeln und den berühmten Räten des Lichts bringt eins mit sich, nämlich den Glauben, das Vertrauen, dass sogar das Unmögliche möglich ist.

Doch nun ist es Zeit, ich schiele vorsichtig zu Erzengel Michael in der Hoffnung, dass er uns endlich von diesem Brennen, der wunden Stelle auf der Seele, erlöst. Ich möchte, dass er uns heilt. Es gibt nichts Schöneres, als bei vollem Bewusstsein mitzuerleben, wie die Geistige Welt mit der Schöpferenergie heilt.

Die Erzengel gehen dabei oft ungewöhnliche Wege, und im Allgemeinen sind sie dabei sehr zärtlich. Wenn wir uns aber in Lebensgefahr befinden, ist ihre Heilung sehr konzentriert und stark. Das ist gut so und ein wahrer Segen.

Kaum habe ich diese Sätze geschrieben, drückt Harry schon wieder den roten Knopf. Er kann wohl nie abwarten…

Heilungsbad mit Erzengel Michael

Sarinah:

Liebe Leserinnen und Leser, kommt bitte mit mir, lasst uns gemeinsam die parallel stattfindende Ratssitzung beenden und baden gehen. Das Baden mit einem Erzengel ist schließlich immer sehr labend und heilend.

Aber was ist denn das, ein Badezuber? In einer altertümlichen Küche? Hier sollen wir alle mit dem großen Erzengel entspannen? Jedoch, mir gefällt das. In der Küche, sie scheint wirklich urig alt zu sein, brennt Feuer im Kamin, es ist wohlig warm. Das Licht ist romantisch und kommt allein von den Flammen im Kamin. In der Mitte der Küche steht ein großer, runder Badezuber.

Ich tauche meine Hand ins Wasser, das wundervoll warm ist. Also, nichts wie hinein. Aus den Augenwinkeln sehe ich, wie du hurtig aus deiner Kleidung steigst, und ich tue es dir gleich. Liebe Leserseele, komm, lass uns dieses Bad mit allen Fasern genießen. Das, was jetzt kommt, wird uns sicher guttun.

Harry schält sich ebenfalls aus seiner Kleidung. Er steigt vorsichtig über den Wannenrand zu uns ins Wasser… schwups, schon ist der skeptische Erdenengel drin.

Wo ist… ah, Erzengel Michael lässt sich gerade mit einem einzigen Schwung in den Zuber gleiten. Glücklich lächelnd breitet er seine Flügel aus und drapiert sie mit einem engelhaften Grinsen über den Beckenrand.

Ich schaue mich um, denn ich suche nach einem Wasserhahn, der uns weiter mit dem warmen Nass versorgt. Aber hier gibt es keine Wasserversorgung. Allerdings befindet sich ein großer, an Ketten befestigter Kessel im Feuer des Kamins. In diesem Kessel surrt das Wasser nur so vor Hitze. Aha, das ist wohl unser Nachschub, falls diese Zeremonie länger dauern sollte.

Du stupst mich leise an, als wenn du sagen wolltest: „Nun mach schon, Sarinah, konzentriere dich. Hier spielt die Musik."

Ok, so lasst uns atmen, das ist der Wunsch von Erzengel Michael bei jedem Heilungsvorgang. „Atme tief und bewusst, fühle in die Bewegung des Atmens hinein, so konzentrierst du dich auf die Heilung. Lass los, was dich belastet."

Und während wir alle gemeinsam tief Luft holen, bis sich der Brustkorb spannt, und alles ausatmen, was uns das Leben schwer gemacht hat, ist es endlich soweit. Du liebe Güte, ich bin so froh, endlich hört das Brennen auf der Seele auf.

Harry entspannt sich zusehends. Er streckt seine langen Beine aus und lächelt mit geschlossenen Augen. Die flammende liegende Acht auf seiner Brust ist kaum noch zu sehen.

Wohlig relaxt bewege ich sachte meine Füße. Ich will nicht, dass das Wasser über den Rand des Zubers schwappt. Das Bad mit euch, die Wassertemperatur, der Holzzuber, bis zum Rand mit warmem Quellwasser gefüllt, all das ist perfekt. Besser geht es nicht, finde ich. Und ohne den Kopf zu drehen schiele ich zu Erzengel Michael. Ich versuche herauszufinden, was der große Erzengel vorhat.

Meine Augen werden jedoch langsam müde, ich lehne mich zurück, mein Rücken wird vom Rand des Zubers gestützt.

Mit geschlossenen Augen nehme ich wahr, wie dieses wunderschöne kühle Prickeln beginnt. Ich spüre die Liebe der Geistigen Welt tief in mir. Das süße Prickeln ist die Energie von Erzengel Michael. Damit hat er mich schon oft berührt, gekitzelt, morgens geweckt, nachts aus einem Albtraum geholt und natürlich auch geheilt.

Aber heute ist alles anders, ich spüre seine Energie so intensiv, dass es mir scheint, als könnte ich schweben. Michaels Erzengelenergie wahrzunehmen, die sich anfühlt wie Sekt auf der Haut, während man im warmen Wasser badet, ist echt wunderschön. Dann berührt uns Erzengel Michael nicht nur energetisch, er streichelt uns. Ich habe keine Ahnung, wie der große Engel das macht, aber es fühlt sich an, als würde er unsere Seelen berühren. Wie eine Mutter, die ihr geliebtes Kind streichelt – unbeschreiblich schön.

Wir baden und lauschen den zärtlichen Worten von unserem Engelfreund. Er heilt uns und streichelt uns dabei. Er flüstert etwas, das mir sehr bekannt vorkommt, dem Klang nach müsste es Elohim sein, die Engelsprache.

Mein Gefühl sagt mir, was die geflüsterten Sätze bedeuten. Und Erzengel Michael segnet uns immer wieder.

Für seine Verhältnisse, also wenn ich das so salopp sagen darf, spricht der große Engel heute ganz schön viel Segen aus.

„Er wird schon seinen Grund haben", wispert eine Stimme neben mir. Es ist der Erdenengel, er hat meine Gedanken gelesen. Überrascht blicke ich in sein Gesicht, er sieht so jung aus. Liebe Leserseele, fühlst du dich auch so behaglich? So mache ich Zeichen, um deine Aufmerksamkeit auf mich zu lenken. Doch du hast die Augen geschlossen, siehst sehr zufrieden aus und relaxt. Wie schön, dich so glücklich zu sehen.

Es scheint, dass ich die Einzige bin, die bemerkt hat, wie wir uns während des Bades verändert haben. Wir sehen so glatt und elastisch aus. Im Dämmerlicht des Kaminfeuers versuche ich zu ergründen, wie sehr wir uns verjüngt haben. An dir kann ich dieses Wunder auch sehen. Du hast dieses frische Strahlen und Aussehen, ja, ich finde, du hast dich verjüngt.

Ich lasse mich bis zur Unterlippe ins warme Wasser gleiten und höre Erzengel Michael zu, der jetzt sanft in der Engelsprache mit uns flüstert, sodass ich unwillkürlich die Augen schließe. Ich hoffe, ich schlafe nicht ein. Mein Geist ist wach, aber mein Körper ist erschöpft, da kommt dieses Bad genau richtig. Während ich meinen Kopf auf den Rand des Zubers lege – ich spüre noch das harte Holz an meinen Nacken –, schlafe ich selig ein.

Im Traum nehme ich wahr, dass sich das Elohim, das Erzengel Michael spricht, wie Musik anhört. Und meine Seele geht auf Reisen. Just in dem Moment seufze ich im Schlaf erleichtert auf, denn wir sind angekommen. Wir haben uns doch so sehr nach ihr gesehnt. Wir sind bei ihr…

☆☆☆

Lady Gaia: Mutterliebe

Die Menschen denken, sie brauchen ihre Mutter irgendwann nicht mehr. Aber es geht bei uns Müttern nicht darum, dass wir gebraucht werden möchten, sondern um die Liebe, die wir für euch empfinden.

Fast jede Frau, die ein Kind geboren hat, fühlt diese unglaublich liebevolle Verbindung zu ihrem Kind. Rein und unschuldig liegt es in ihren Armen. Das ist ein heiliger Moment.

Und ihr seid alle aus dem Bauch der Mutter geschlüpft. Jede Leserin, jeder Leser kommt aus dem Bauch der Mutter, wurde durch die Nabelschnur von ihr versorgt.

Dann kappte man diese Verbindung. Nach der Geburt hat man diese Nabelschnurverbindung viel zu schnell durchschnitten. Die frühe Durchtrennung der Nabelschnur unterbindet auch die natürliche Immunisierung. Die Versorgung des Babys durch die Nabelschnur, gerade kurz nach der Geburt, ist sehr wichtig, denn das Baby erhält das, was es braucht, um ein gesundes Immunsystem zu entwickeln.

Energetisch gesehen sind die Nabelschnur und der Mutterkuchen die am besten funktionierenden Verbindungen, die es in der Geschichte der Menschheit gibt. Das Baby wird sogar nach der Geburt noch eine Weile mit dem versorgt, was es braucht. Dazu gehören auch das Urvertrauen und die Liebe.

Diese Symbiose wird meistens viel zu früh unterbrochen, indem man euch zu zeitig von der Frau abnabelt, die euch geboren hat. Wahrlich, ihr sucht euer ganzes Leben nach einer solchen vergleichbaren Symbiose. Ohne dass es euch bewusst ist, seid ihr immer auf der Suche nach dem, was man euch viel zu früh weggenommen hat.

Der Quell der Nahrung, der Zuversicht, des Vertrauens und der Liebe, danach suchst du, nicht wahr? Und jetzt bist du bei mir, du bist angekommen.

Ich bin zwar nicht deine leibliche Mutter, aber geboren habe ich dich doch, denn dein Körper ist irdisch. Ja, auf eine gewisse Weise habe ich dich auf die Welt gebracht.

Sei herzlich willkommen und verweile bei mir, solange du magst. Ich bin Mutter Erde. Du atmest die Luft der Erde, kannst ohne sie nicht sein, und genau das ist unsere Verbindung, die perfekte Symbiose. Du atmest mich jede Sekunde deines irdischen Lebens ein, und du atmest aus. Du gibst mir deine verbrauchte Luft, und ich gebe dir den Sauerstoff der Erdatmosphäre. Ohne den Sauerstoff kannst du nicht sein, du würdest ohne mich sterben.

Das ist unsere Nabelschnur, und sie ist unzertrennlich. So lange, bis deine Seele den Körper durch den Sterbevorgang verlässt, atmest du mich ein und aus.

Ich schenke dir meine saubere Luft, und du gibst mir deine verbrauchte Luft, die ich wiederum einatme, um das, was du verbraucht hast, schließlich wieder in den ewigen Kreislauf zurückzuführen. Darum atme ich mit Hilfe der Natur eure verbrauchte Luft ein und wandle sie wieder um.

Mütter tun vieles für ihre Kinder, sie verausgaben sich manchmal sehr. Nur damit es ihren Kindern gut geht, tun Mütter sehr viel. Sie wachsen sogar über sich hinaus.

Mutterliebe ist sehr heilsam. Mein liebes Kind, komm in meine Arme, ruh dich aus, genieße meine unermessliche Liebe, solange du magst. Wie groß du doch geworden bist. Ja, ich habe dich gerufen. Schon als du die ersten Sätze in diesem Buch gelesen hast, habe ich nach dir gerufen.

Jetzt bist du hier, und ich kann dir endlich sagen, wie sehr ich dich liebe.

Du bist mein Kind, du bist es immer gewesen. Ich habe nie aufgehört, dich zu lieben. Selbst dann nicht, als du auf mir herumgetrampelt bist, selbst da habe ich dich innig geliebt.

Und nun bist du groß geworden, du hast dich wundervoll entwickelt, ich bin sehr stolz auf dich. Dein Bewusstsein ist da angelangt, wo du einst diese Reise begonnen hast. Dein Bewusstsein ist wieder zurück im Himmel, deine Seele auch. Nur dein Körper braucht noch ein wenig Zeit, bis er ganz und gar Licht ist.

Und darum habe ich dich gerufen, ich weiß doch, was mein Kind braucht, ich weiß, wo der Schuh drückt.

Es ist dein Leib, der dich immer wieder daran erinnert, dass du Grenzen hast.

Ich habe dich heute gerufen, um dich mit meiner Mutterliebe zu umarmen.

Es wird Zeit, dass wir etwas für dein irdisches Gewand tun, dein Körper hat arg gelitten.

Komm, atme mich tief und bewusst ein, mein liebes Kind. Fülle deine Lungen mit dem, was dein Atemsystem braucht. Atme saubere Luft ein und gib mir das, was du verbraucht hast.

So verweile bei mir, bade in der Energie von Mutter Erde, solange du magst. Tauche immer und immer wieder ein in diese natürlichste Form der Liebe.

Und nun, mein Sonnenschein, wird es Zeit, wir kümmern uns jetzt um das, was dir Sorgen macht. Wenn du nachher erwachst, wenn du aus dem Bad steigst, dann kann dein Körper endlich ganz regenerieren. Ich finde, du hast genug unter den dir auferlegten Grenzen gelitten.

Die Grenzen hat man dir auferlegt, als man die Nabelschnur durchtrennte. Erst zu diesem Zeitpunkt wurdest du sterblich.

Doch die Nabelschnurverbindung zu Mutter Erde ist immerwährend. Ich versorge dich nicht nur, indem du mich einatmest. Ich tue sehr viel mehr für dich. Licht, sauberes Wasser, Sauerstoff und gesunde Nahrung, all das und noch viel mehr schenke ich dir. So gebe ich dir das zurück, was man dir einst genommen hat. Ich gebe dir deine Unsterblichkeit wieder zurück.

Ja, ich bin Mutter Erde, ich liebe dich, mein Kind. Und ich hebe hiermit das Dogma des Trennungsschmerzes auf. Möge die heilige Symbiose deinen Körper lebendig ins Licht zurückführen.

Sei gesegnet.

In unendlicher Liebe,

deine Mutter Erde

Sarinah:

Mit dem Gefühl des Wohlbehagens öffne ich meine Augen. Gaia hat mit einer solchen Lieblichkeit gesprochen. Allein wenn ich an ihre Schwingung denke, möchte ich mich am liebsten sofort wieder in ihre Liebe einkuscheln.

Ich wünschte, das Bad mit euch würde nie enden. Das Wasser im Badezuber ist immer noch behaglich warm. Im Kamin knackt das Holz im Feuer, der Kessel simmert leise vor sich hin. Es ist eine Geräuschkulisse, die sehr viel Ruhe vermittelt.

Ruhe? Nun ja, Harry schläft immer ein, wenn das Licht so gemütlich gedimmt ist. Bis auf sein leises Schnarchen ist hier alles perfekt, um in einen meditativen Zustand zu gleiten.

Erzengel Michael ist ganz still geworden, er schaut uns tief in die Seele und lächelt dabei.

Nun blicke ich in deine Richtung, ich sehe direkt in deine Augen, liebe Leserseele, geht es dir auch so?

Jedes Mal, wenn man denkt, dass nun alles passt, dass das Leben schön ist, kommt der Wunsch nach Absicherung. Damit wollen wir sicherstellen, dass wir es immer schön haben.

Nicht nötig, sagst du? Ja, du hast Recht, denn in der Schwingung der unendlichen Liebe IST Fülle allgegenwärtig. Da ist für alles gesorgt. Darum haben wir den Wunsch, für immer in dieser wundervollen Liebe zu bleiben. Weil wir intuitiv wissen, dass es uns dann an nichts fehlt.

Nachdenklich blicke ich dir wieder in die Augen, und ich kann lesen, was dein Herz sagt. „Sie sorgen dafür, dass es unseren Seelen gut geht. Die himmlischen Freunde lieben uns, sie leben längst mit uns. Deine Absicherung ist die göttliche Schwingung, mehr brauchst du nicht, Sarinah."

Wahre Worte, oh ja! Liebe Leserseele, ich bin glücklich, dass du zu diesem Buch gefunden hast. Du bist ein Teil dieser Symbiose, von der Mutter Erde gerade sprach.

Lass uns seinen Worten lauschen.

Saint Germain kommt immer im richtigen Augenblick…

☆☆☆

Der Aufgestiegene Meister Saint Germain: Absicherung

Die Menschen suchen nach Absicherung und tun vieles, um den Halt im Leben nicht zu verlieren. Das ist verständlich, denn diese Zeit ist von Krisen gezeichnet.

Die Medien berichten von Katastrophen. Es scheint, als würde jeden Tag etwas passieren, was die Leute dazu treiben soll, Absicherungen zu suchen.

Doch das Schwert ist zweischneidig, denn wer sich der Absicherung hingibt, verliert leicht das Vertrauen und rutscht womöglich in ein Verhalten, das ich Kontrollzwang nennen möchte.

Ab dem Zeitpunkt wird es unangenehm. Denn das Festhalten, das Kontrollieren macht das Leben schwerer und nicht leichter. Aus Sicht der Geistigen Welt ist Kontrolle etwas, was euch unfrei macht.

Die Energien auf der Erde steigen ständig, es finden mächtige persönliche Transformationen statt. Jedes Verhalten, das nicht mit dem höchsten Licht konform geht, wird euch aufgezeigt, und zwar auch durch eure Mitmenschen, denn sie sind euer Spiegel.

Oft gefällt euch, was ihr im Spiegel seht, manchmal geht aber auch etwas im Verhalten eurer Nächsten in aufbrausende Resonanz. Das ist normal, die Lichtträger haben sich an diese Resonanzspiegelungen gewöhnt. Es ist jedoch nicht immer leicht, bei sich selbst zu schauen. Gerne schiebt man die eigene Lernaufgabe jemand anderem in die Schuhe.

Auch an dieses Spiel habt ihr euch gewöhnt. Mit ein wenig Abstand ist es euch gut möglich zu erkennen, was bei euch selbst und was bei anderen in die Heilung gehen möchte.

Manches Mal ist es auch ein Gefühl. Ihr fühlt das, was sich lösen will, könnt es aber nicht beim Namen nennen. Das ist vollkommen in Ordnung. Denn wer genau nachhakt und grübelt, hat es nicht unbedingt leichter, was die Wandlung hin zum vollen Bewusstsein betrifft.

Wer sich viel absichert und die Kontrolle behalten will, ist sicher schon in Kontakt gekommen mit dem Kontrollverlust.

Eine gute Möglichkeit, um im Vertrauen zu bleiben, ist die Meditation.

Ich bin der Aufgestiegene Meister Saint Germain, und ich möchte euch sagen, dass ihr wundervolle Wesen seid.

Warum? Nun, ihr trainiert, um in die Klarheit zu kommen, und zwar, indem ihr euch bisweilen selbst in etwas hineinstürzt, was ihr im Nachhinein mit einem Kopfschütteln betrachtet.

Außerdem habt ihr in früheren Leben so oft den Halt, die Familie, die materiellen Mittel verloren, dass es verständlich ist, wenn euch nun nach Absicherung dürstet.

Die Stärksten der Starken prüfen sich immer wieder selbst, indem sie sich ins volle Leben hineinstürzen. Ihr könnt ja nicht verlieren, denn es begleiten euch eine Horde Engel und geistiger Mentoren, die dafür sorgen, dass ihr auf dem Weg bleibt. Sie stützen euch, spenden Energie, heilen euch in der Nacht und geben euch Tipps, wie ihr mit einem Problem, das euch plagt, umgehen könnt.

Manches Mal lösen wir sogar die Knoten für euch auf. Wenn ihr gelernt habt, was ihr lernen wolltet, löst sich so manches Problem über Nacht in Wohlgefallen auf. Das ist natürlich kein Zufall, denn wir sind an eurer Seite und können mittlerweile sehr viel für euch tun.

Bloß eins dürfen wir nicht, und zwar die Lernaufgaben aus dem Weg räumen. Das wäre euch sicher nicht dienlich, denn durch den Lösungsweg lernt ihr am meisten.

Was die Kontrollsucht betrifft, möchte ich betonen, dass übertriebene Kontrolle zu Verlust führt. Je höher die Frequenz der Erde, umso schneller sprudelt das an die Oberfläche, was euch nicht dient. Ein Verhalten, zum Beispiel Eifersucht, kann sehr belastend sein. Vor allem dann, wenn ihr versucht, den Partner zu kontrollieren, damit ihr nicht eifersüchtig sein müsst.

Euer Partner wird spiegeln und euch genau dort hineinführen, nämlich in die Eifersucht. So treibt man euch genau in das Gebaren, was nicht mit der Seelenplanung übereinstimmt. Dann kann Transformation einsetzen, indem alte Verhaltensmuster oder Maßregelungen gelebt werden. Das ist allerdings ein beschwerlicher Weg, und zwar für alle Beteiligten. Es wäre besser, über das Bewusstsein zu transformieren. Aber wenn viel Emotion im Spiel ist, viel Druck, dann ist dieser bewusste Weg meistens nicht gleich möglich.

Bewusstseinsarbeit kann wundervoll sein, wenn ihr im Vertrauen seid und in der Balance. Denn wenn ihr in der Balance der Fülle lebt, harmonisiert sich alles. Transformationswind kann aber auch ein Fiasko sein, wenn ihr die Dinge hinter den Dingen nicht sehen könnt. Aber genau darum sind wir, eure himmlischen Freunde, hier, wir sind immer für euch da und helfen euch in die Klarheit.

Alsdann, wie lässt man ein Verhalten los, das nicht guttut? Eine gute Möglichkeit ist es, sich das Ziel vorzustellen, nicht den schweren Heilungsweg. Eine andere Möglichkeit, im Vertrauen zu sein, das Zweifeln loszulassen, den Zwang des Kontrollierens zu heilen, ist die Gelassenheit. Das Wissen, die Erinnerung, dass es gut ist, wie es ist, und es wahrhaftig keine Fehler und Zufälle gibt auf der Erde. Die Gelassenheit führt dazu, sich selbst vertrauen zu können.

Wenn euch der General Wut antreibt, dann lasst euch bitte nicht dazu verführen, beleidigende Dinge zu sagen oder gar zu schreiben. Und wenn es doch einmal passiert ist, dass ihr jemanden herabgestuft habt, dann ist eine Entschuldigung ein guter Weg, um Würde zu bewahren. Zusätzlich könnt ihr natürlich eure geistigen Mentoren um Hilfe zu bitten.

Wer die Geistige Welt an seiner Seite hat, und das habt ihr, sonst würdet ihr dieses Buch nicht lesen –, wer mit uns in Kontakt ist, hat gute Freunde. Wir sind die, die so lange darauf gewartet haben, dass ihr euch daran erinnert, dass es absolut keine Trennung gibt zur Geistigen Welt. Wir sind eine Familie. Wir sind die, die mit euch durchs Feuer gehen und euch niemals verlassen.

Es dankt und segnet euch mit Anerkennung für das irdische Sein

der Aufgestiegene Meister Saint Germain

☆☆☆

Erzengel Raphael: Der Weg in deine volle Heilerkraft

Euer Weg in das volle Gewahrsam, das Annehmen der Bewusstseinstalente, ist sehr wichtig. Denn ihr heilt nicht nur euch selbst, sondern auch all jene, die von sich sagen, dass sie noch nicht so weit sind.

Ja, schlafende Schäfchen gibt es noch viele. Aber sie schlafen nur so lange, bis der Körper und die Psyche sie aufwecken, denn sobald etwas in Schräglage ist, beginnt der Mensch nach Verbesserung zu suchen. Und die Verbesserung stellt sich nicht einfach so ein. Ihr wisst selbst, wie sehr der eigene Körper zur Baustelle werden kann, wenn etwas gegen die eigene Seelenplanung läuft. Und ihr wisst, wie sich das auswirkt, wie weh das tun kann. Ihr habt selbst die Erfahrung gemacht, wie sich die Energien der Dualität im Körper stauen können.

Ja, ihr seid den Pfad gegangen, den ich hier beschreibe. Fürwahr, die stärksten Heiler erkennst du daran, dass sie selbst durchs Feuer gegangen sind. Heiler sind in dieser Zeit in einer starken geistigen Kraft, sodass es ihnen sogar möglich ist, physischen Kontakt zu Personen aufzunehmen, die sie nicht persönlich kennen.

Nicht neu, sagst du? Nun, das mag sein, aber diese Kontaktaufnahme geschieht im Bruchteil einer Sekunde. Und vor allem ist es euch möglich, tief in das Körpersystem der Klienten einzutauchen, um sie sehr umfassend zu heilen.

Natürlich nur, wenn diese Person das auch erlaubt, wenn die Heilung im Einklang mit dem höchsten Licht ist. Die Zustimmung für euren Heilerdienst kommt vor allem über die Seelenebene.

Oder, anders erklärt: Manches Mal rufen eure Leute durchdringend nach Hilfe, und doch könnt ihr sie nicht heilen. Warum?

Nun, weil sie zwar über den Verstand zustimmen, aber über die Seelenebene nicht. Die Seele sagt: „Halt, hier darf nicht geheilt werden, weil ich das, was kommt, erfahren wollte, um zu lernen, um einen neuen Lebensweg einzuschlagen.“ Dann sind euch die Hände gebunden, so, wie uns Erzengeln auch.

Warum seid ihr diesen Läuterungsweg gegangen? Weil ihr nicht einfach so ins Blaue hinein heilen wolltet. In der Tat, ihr seid viel glaubwürdiger, wenn ihr selbst durchs Feuer gegangen seid.

Ihr wolltet Erfahrungen machen und Lösungen finden, an euch selbst testen, wie Heilung wirkt. Das ist ziemlich hart, nicht wahr? Aber es ist auch ein sicherer Weg in die Berufung.

Wie geht das, in die volle Heilerkraft kommen?, fragst du dich sicher.

Ich, Erzengel Raphael, sage dir: Das ist einfacher, als du denkst. Lies einfach weiter.

Ich führe dich über die energetisierten Zeilen in dein volles Potenzial. In dein aktuelles volles Potenzial, denn für deine Heilerkraft gibt es kaum Grenzen. Hier ist alles nach oben offen.

Du wirst bemerkt haben, wie deine Fähigkeiten mehr und mehr werden. Wie sehr du nun in deiner Kraft bist, kannst du sehen. Wie du das sehen kannst? Nun, du siehst es bei dir selbst, wie gut etwas heilt, wenn du selbst Hand anlegst.

Jetzt gibt es bestimmt Leserinnen und Leser, die mit gesenktem Kopf dasitzen und denken: „Oh, bei mir dauert das aber ewig, bis etwas heilt.“

Bitte lasst den Kopf nicht hängen. Ich möchte betonen, dass es nicht darum geht, schnell zu sein in Sachen Heilung, sondern es geht um die Intensität. Es geht um eure mentale Stärke. Wie denkst du innerlich, was fühlst du? Fühlst du Zuversicht, dass die Heilung klappt? Bist du festen Glaubens, ist dein Wille stark, bist du der festen Überzeugung, dass die Heilung ankommt?

Klar, ihr heilt mit der Energie der Geistigen Welt. Nun aber kehren eure ureigenen Kräfte, Fähigkeiten und Talente zu euch zurück. So wirkt ihr also buchstäblich mit uns Hand in Hand.

Ich sprach vorhin das Thema an… Wann klappt angewandte Heilung und wann nicht?

Ich, Erzengel Raphael, möchte damit sagen, dass es nicht um Ja oder Nein geht. Kannst du einen Menschen heilen, der dich um Hilfe bittet, ja oder nein?

Darum, ihr Lieben, geht es nicht, sondern vielmehr darum, nun, ihr solltet euch fragen: Nimmt sie oder er die Heilung an? Wenn der Mensch über die Seelenebene zustimmt, dann, liebe Freunde, klappt Heilung immer.

Wenn ein Wesen über die Seelenebene zustimmt, wird dieses Wesen dann auch Heilung erfahren. Heilung kann in dieser Zeit sehr umfassend geschehen. Und dieser Prozess kann dadurch auch individuell sehr intensiv sein. Kann, weil Heilung viele Facetten hat. Wer in der heutigen Zeit Heilung erfährt, wird eins bemerken: Oft ist an der Oberfläche noch alles beim Alten. Aber innerlich, tief im System, hat die gewünschte Veränderung längst stattgefunden. Hier heißt es vertrauen, denn bis sich die Verbesserung im Außen bemerkbar macht, kann es ein wenig dauern. Warum? Weil die äußere Hülle eures Körpers zur Zeit noch ziemlich dicht ist.

Das heißt, dass ihr innerlich schon ordentlich kristallin seid, das Außen braucht aber ein wenig länger. Oder, um es mit anderen Worten zu sagen: Euer kristalliner Lichtkörper ist schon integriert, braucht aber eine Weile, bis er sich an der Oberfläche zeigt.

Ich sprach vorhin von Vertrauen, dass es gut ist, wie es ist. Und ich möchte betonen, dass in Sachen Vertrauen die Haustiere, die Tiere an sich, eure Vorbilder sind. Sie leben zwar auch ihren Seelenplan, aber sie vertrauen immer dem Fluss der Zeit.

Dein Weg in die volle Heilerkraft begann schon vor vielen Jahren, und er ist nie zu Ende. Dein Potenzial wird also wachsen und wachsen. Heilung solltest du anwenden, damit diese Energie fließen kann. Wie wendest du Heilung an? Nun, da möchte ich, Erzengel Raphael, keine Regeln aufstellen. Jeder Heiler arbeitet anders. Heilung ist nicht kompliziert, außer der Mensch macht es kompliziert.

Nun sind wir da angekommen, wo euch der Segen der Geistigen Welt zuteilwird.

Der Segen der Geistigen Welt… liebe Leserinnen und Leser, ich kann in eure Herzen sehen und weiß, dass ihr diesen Segen spüren möchtet. Nicht dass ihr sonst zweifeln würdet, nein, ihr möchtet fühlen, wie nah die Geistige Welt ist und wie sie wirkt.

Wer könnte euch besser in das Fühlen bringen als die Autorin selbst? Sarinah lebt, was sie schreibt. Also könnt ihr es auch erleben. Öffnet bitte euer Herz, seid ganz ohne Erwartung, Forderung und Bewertung. Mit dem, was die folgenden Kapitel für euch bereithalten, können auch für euch diese Tore aufgehen, die Lichtgeschenke wahr werden.

Reicht mir, Erzengel Raphael, eure Hände, lasst uns gemeinsam den Segen der Geistigen Welt genießen. Lasst euch hineinführen in die volle Heilerkraft.

So seid zärtlich eingehüllt in den liebenden Strahl der höchsten Energie. Hiermit segne ich euch.

Euer Erzengel Raphael

Sarinah:

Mir ist aufgefallen, dass diese Zeit eine unglaubliche Herausforderung für uns alle ist. Wenn ich mich so umschaue, dann scheint es, als wären die Menschen mehr denn je im Zugzwang.

Auf der einen Seite höre ich oft, dass sie sagen: „Ich bin noch nicht so weit." Auf der anderen Seite sind sie so weit, die neusten Energien anzunehmen, sobald ihr Körper Leid erfährt.

Wenn unser physisches System erkrankt oder jemand in Not ist, den wir liebhaben, dann drücken wir den roten Knopf. Wir bitten um baldige Heilung. Und von einem Augenblick zum nächsten sind wir so weit. Wir sind bereit, die neusten Heilenergien anzunehmen. Diese Umstellung dauert aber ein wenig. Daher ist es wichtig, was die aktuellen Aufstiegsenergien betrifft, immer am Ball zu bleiben. Das ist mit ein Grund, warum ich die Seelenverträge schreibe. Damit die Leser durch die energetisierten Zeilen am Ball bleiben können. Klar ist der freie Wille entscheidend, „in eine höhere Schwingung hineintragen dürfen wir niemanden", sagte Erzengel Raphael zu mir.

Ich möchte euch Mut machen, denn aus eigener Erfahrung weiß ich, wie wirkungsvoll der Heilstrahl der Geistigen Welt ist.

Wenn ein geliebtes Haustier erkrankt, wir selbst oder unsere Mitmenschen, dann ist der herkömmliche Weg der Schulmedizin sicher gut. Aber uns steht noch viel mehr zur Verfügung.

Oder, um es mit den Worten von Erzengel Raphael zu sagen: „Ihr schöpft euer Potenzial nicht voll aus. Und ihr nutzt auch nur einen kleinen Teil der göttlichen Energien, die euch zur Verfügung stehen. Das ist ein Phänomen, das wir Erzengel oft beobachten. Was hindert euch daran, die volle Größe anzunehmen? Die goldenen Geschenke nicht nur auszupacken, sondern auch zu leben? Nun, ich denke die Gründe, warum ihr etwas nicht in Erwägung zieht, sind vielfältig. Die meisten Menschen möchten Zeichen im Außen, dass die Heilung funktioniert. Dadurch wird leicht übersehen, dass im Kern schon eine Verbesserung stattgefunden hat.

Heilung geschieht immer von innen nach außen. Da die äußere Welt euch jedoch so sehr ablenkt, euch vereinnahmt, wird ein erfüllter Wunsch manches Mal nicht wahrgenommen. Viele Lichtträger sind noch immer sehr fokussiert auf die äußere Hülle des Körpers. Sie sehen daher das Innere nicht, können nur schwer die Seelenlichter von anderen Menschen respektieren und wahrnehmen."

„Der menschliche Leib braucht Unterstützung bei der Transformation. Da ist es an der Zeit für ein kleines Heilungsritual." Das sagte Erzengel Raphael eines Nachts zu mir. Erzengel sind wundervoll, sie heilen uns, und sie lieben uns bedingungslos.

Liebe Leserinnen und Leser, lasst uns eine kleine Pause einlegen. Bevor wir weiterwandern, möchte ich euch daran erinnern, dass es wichtig ist, tief und bewusst zu atmen.

Lasst uns zusammen tief Luft holen, bis der Brustkorb sich spannt, und dann atmen wir all das über den Bauch aus, was wir wandeln, loslassen, erlösen möchten.

Vielen Dank für euer Vertrauen.

Bis gleich, Sarinah

Die Erzengel Raphael und Michael: Der himmlische Tempel der Heilung

Möge der Tempel der Heilung für alle, die diese Zeilen lesen, ein Labsal sein.

Ich habe auf dich gewartet, liebe Leserseele, du warst so beschäftigt, dass du wohl vergessen hast, dass dein Körper diesen Ort, diese Energie braucht.

Nun bist du hier, und es ist mir eine Ehre. Komm, gib mir deine Hand, und wir gehen gemeinsam zum Tempel der Heilung. Hier findet dein Körper die Unterstützung, die er braucht, damit er die hereinströmenden Erneuerungsenergien gut integrieren kann.

Viele Menschen denken nicht daran, um Hilfe zu bitten. Erst wenn sie erkranken, flehen sie ihre Engel an, ihnen zu helfen. Dabei ist dieser himmlische Tempel keine Fiktion, nein, es gibt ihn wirklich. Du kannst über das Lesen jederzeit hierherkommen. Wahrlich ist es von Vorteil, wenn du dich regelmäßig an Orte begibst, die Kraftplätze sind.

Liebe Leserseele, komm herein in den Tempel der Heilung. Ich bin Erzengel Raphael, und ich weiß, dass du gerne noch jemanden dabei hättest. Darum habe ich meinen Engelfreund Erzengel Michael gebeten, uns zu begleiten.

Wir gehen zu dritt zur ersten Stufe, die uns in die göttliche Energie des Tempels führt. Michael und ich legen unsere Hände in deine. Erzengel berühren dein Herz, indem sie dir ihre Liebe senden.

Kannst du unsere Liebe spüren? Fühlst du, wie unser feinstoffliches Herz vor Freude pocht, weil du nun bei uns bist?

Wir schreiten mit dir gemeinsam in diesen heiligen Tempel. Du musst nichts tun, als einfach nur diese Zeilen zu lesen.

Deine Seele erkennt diesen Ort, und sie kann es nicht abwarten, endlich zu Hause zu sein. Dem Himmel ganz nah zu sein, während du lebendig auf der Erde wandelst. Das ist ein Grund, warum die Seelenverträge entstanden sind.

Wir möchten dich nun zur zweiten Stufe führen, auf dieser kannst du alles loslassen, was dein Herz so schwer gemacht hat.

Du hast viel ausgehalten und viel durchgestanden. Das Erdenleben tut manchmal richtig weh, nicht wahr? So weine ruhig, wenn dir danach ist. Deine Tränen sind wie Perlen der Heilung. Die heilende Energie des Tempels befreit dich von all der Mühseligkeit, die du tief im Inneren verborgen hast.

Mit uns Erzengeln an deiner Seite kannst du dich ganz öffnen, bist vollkommen sicher. Fühle dich frei, liebe Leserseele, atme tief ein und aus und erlaube deiner Seele, dir zu zeigen, was sie braucht.

So schreiten wir gemeinsam die dritte Stufe hinab in die wohlbringende Atmosphäre des Tempels. Diese Energie hüllt dich ein wie eine warme Umarmung deiner Lieblingsengel.

Deine Seele hat sich so sehr nach diesem Ort gesehnt, dass wir dich gerne immer wieder hierherbegleiten. Komm zum heiligen Tempel, wann immer du diese Segnung brauchst. Lass dich auf unsere Erzengelheilung ein, indem du dein Herz dafür öffnest. Wir tauchen gemeinsam hinein in den Tempel der Heilung. In die Energie, die dich in deine Mitte bringt.

Atme tief ein und atme alles aus, was dich belastet hat. Gib uns deine Sorgen, liebe Leserseele. Wir sorgen dafür, dass du zuversichtlich sein kannst.

So umarmen wir dich mit unserer Erzengelwärme. Sei gesegnet. Öffne dein Herz und fühle es.

Fühle die Liebe deiner Erzengel Michael und Raphael.

Sarinah:

Ich bin mit euch zum Tempel der Heilung gereist, habe mich aber zurückgehalten, denn ich wollte euer Ritual der Heilung nicht stören. Trotzdem habe ich eine immense Flut an Energien bemerkt. Ja, Flut, weil sie erst einmal das aus uns rausschwemmen, was nicht gut für uns ist.

Das ist übrigens ein sehr mächtiger Prozess und sehr wichtig, denn sonst könnten wir nicht in unsere volle Manifestationskraft kommen. Wenn man losgelassen hat und alles Ermattende weggespült ist, dann kann Heilung geschehen.

Das liest sich jetzt so leicht. Es ist aber wirklich eine Heldenaufgabe, durch diese Transformationsprozesse zu gehen. Warum? Weil sich unser Leben erst umstellt, wenn wir auch lichtvoll handeln. Gerne fallen wir schon mal in alte Muster zurück. Klar ist es wichtig, der Geistigen Welt zu vertrauen, Geduld zu haben. Und, vor allem, dem Gedankenkarussell, das diese zähe Realität erschaffen hat, nicht erneut Raum zu geben.

Sich selbst zu verlieren, dieser Zustand ist echt unleidlich, sehr unangenehm. Wem sage ich das, jeder, der das Buch liest, hat bestimmt schon einmal den Kontakt zum Höheren Selbst verloren. Das ist aber auch umkehrbar. Wenn wir den Kontakt zum Höheren Selbst verloren haben, können wir ihn auch wieder herstellen.

Oft reichen ein gelesener Satz oder ein Gespräch, und eine wichtige Erkenntnis ist plötzlich da. Schon ist das Bewusstsein wieder glasklar, und wir wissen, was zu tun ist.

Tun, das ist das Stichwort, denn darum geht es jetzt. Es ist wundervoll, spirituelle Bücher zu lesen, aber es geht auch um das Umsetzen. Spirituelle Bücher sind sehr hilfreich, heilend, sie sind kostbar. Es sind Energiebücher, das heißt, sie führen in Resonanz und schenken Bewusstsein, Heilung, wenn man es zulassen kann. Wie lange das dauert und wie die Heilung eintritt, liegt an uns.

Was passiert also, wenn es beim lichtvollen Umsetzen hapert? Dann stellt dich das Leben auf den Kopf und schüttelt dich so lange, bis alles aus dir herausfällt, was dich am lichtvollen Umsetzen hindert. Das, liebe Leserinnen und Leser, ist zwar unangenehm, aber höchst heilsam, weil es uns zeigt, wie lichtvolles Umsetzen geht. Wie setzt man etwas lichtvoll um? Indem man das, was das Leben aus uns herausschüttelt, nicht wieder einsteckt, zum Beispiel: Zweifel, Ängste, Zerwürfnisse, Aggression, Verhaltensmuster, die uns nicht guttun.

Wir sind verkörpert auf der Erde, und Körper, Geist und Seele leiden, wenn uns das Leben auf den Kopf stellt.

„Also, was tun?“, habe ich Erzengel Michael gefragt. „Wie können wir den Menschen helfen?“

Seine Antwort kam prompt: „Indem wir die Leserinnen und Leser erinnern, dass sie selbst Schöpfer ihres Lebens sind. Ich könnte jetzt tausende Ratschläge geben, aber das bringt niemanden weiter. Was hilft, ist Folgendes: Richte deine Aufmerksamkeit, deine Taten auf das aus, was du wirklich leben willst.“

Das Leben stellt sich nicht mehr quer. Du bist im Fluss, darum geht es. Und kaum habe ich das gedacht, da weiß ich es. Es geht darum, dass wir das, was sich querstellt, erkennen. Und es geht um unsere Kraft der Manifestation, die wir für und nicht gegen uns einsetzen sollten.

Was uns ein Bein stellt, sodass es sich anfühlt, als hätte uns das Glück verlassen, ist meistens der Kopf. Die ewig kreisende, zweifelnde Gedankenwelt. So verlieren wir den Zugang zum Herzen und zur Geistigen Welt.

Wir sind sehr beschützt, geliebt und geführt von der Geistigen Welt. Aber wenn wir mit dem Kopf manifestieren statt mit dem Herzen, hat das verheerende Auswirkungen, und wir spüren die Energie des Himmels nicht mehr. Ab dem Zeitpunkt fühlt man sich wie ein Einzelkämpfer, das Leben kann sich auch wie eine Bestrafung anfühlen. Gerade dann, wenn es an Gesundheit, Liebe und Geld fehlt, denn das sind unsere wunden Punkte.

Mangel hat viele Gesichter, zum Beispiel Krankheit, Geldnot, Zeitnot und Abhängigkeiten.

Also gebe ich dir, Erzengel Michael, nun meine Hand. Ich gebe dir stellvertretend für all jene die Hand, die es aus eigener Kraft nicht mehr können.

Führe uns hinein in die Energie der Fülle und der Liebe. Führe uns in das Herz, lieber Erzengel Michael. Denn wenn wir etwas empfinden, dann öffnen wir uns für die jeweiligen Energiegeschenke, und das Umsetzen fällt leichter.

Erzengel Michael:

Nun hast du eine sehr treffende Einleitung geschrieben für das, was nun folgt, Sarinah.

Und weil es euch leichter fällt, euer Herz zu öffnen, wenn ihr im Gefühl seid, führen wir euch anhand der Seelenverträge genau dort hinein: in die Mitte eures Herzens.

Liebe Leserseele, mein lieber irdischer Engel. Dein Herz, schau es dir an. Dein Herz ist nicht nur ein Organ, es hat all die

Energien in sich gespeichert. Energien der Liebe, aber auch der Verletzung, des Schmerzes, des Zweifelns und der Furcht.

Dein Herz ist wie ein Haus, du kannst darin ruhen, wohnen, lieben, dann geht es dir gut. Wenn du aus deinem Herzen heraustrittst, wenn du es nicht beseelst, sondern deinen Kopf, den Verstand beseelst, was geschieht dann?

Ja, das ist ein trauriger Anblick. Dein Herz würde dann verkümmern, krank werden, und dein Körper erinnert dich daran, dass etwas nicht stimmt.

Das Verstandesdenken ist gut und wichtig, ja, aber ihr solltet bitte nicht euren Verstand leben. Also schnell wieder zurück in dein Herz. Das Köpfchen ist schlau und hat sich genug unter Beweis gestellt. Nun geht es nur um eins, und zwar um das Herz.

Sprichwörtlich, denn wer sein Herz lebt und beseelt, hat alles, was man zum Leben braucht.

So rufe ich nun unseren alten Freund, er kann eins gut, und zwar fühlbare Klarheit bringen. Er hat, und das glaubt mir, ein Talent dafür.

Bis gleich, seid gesegnet.

Euer Erzengel Michael

☆☆☆

Die Seele von John F. Kennedy: Lebenskrisen, Wetterwaffen und andere Katastrophen

Die persönlichen Krisen nähren die großen Krisen im Außen, nicht umgekehrt. Darum ist euer Lichtdienst so gefragt. Denn ihr harmonisiert euer Leben und bringt gleichzeitig das Geschehen auf der Erde in die Balance.

Es ist mir eine Ehre, auf diese Weise mit euch sprechen zu dürfen. Ich bin die Seele von John F. Kennedy, und ich habe den Auftrag, euch ins Herz zu führen.

Jeder Mensch kann fühlen, nun, das habe ich zu Lebzeiten auch gedacht. Doch es geht um den Kontakt zur eigenen Seele, die im Herzen wohnt.

Um ehrlich zu sein, davor hatte ich in meiner Zeit als John F. Kennedy ein wenig Angst, weil der innige Kontakt zur eigenen Seele einiges freisetzt – wie eine innig erwartete Umarmung, bei der alles aus dir herausbricht, was dich immer wieder an den Rand deiner Kräfte gebracht hat.

Ein Herr fragte mich einmal: „Seid ihr berühmten Räte des Lichts überhaupt modern, *up to date?* Euer Leben ist doch schon so lange her."

Nun, ich kann euch versichern, wir sind keineswegs in der Zeit stehengeblieben oder gar antiquiert. Wir arbeiten jeden Tag daran, mit euch gemeinsam eine bessere Welt zu erschaffen. Unser Ziel ist es, unsere erweiterte Sicht auf die Dinge an euch weiterzugeben. Daran arbeiten wir hart.

Wir, die berühmten Räte des Lichts, sind durchs irdische Feuer gegangen. Seht euch Lady Diana an, wie sie zu Lebzeiten gekämpft hat für das Recht auf Liebe und Frieden. Wir wissen also genau, was euch plagt, und wir kennen den Lösungsweg.

Das Tun, das Beschreiten des Lösungswegs, dürfen wir euch allerdings nicht abnehmen. „Wir dürfen niemanden in eine höhere Schwingung hineintragen“, sagte Erzengel Raphael.

Ja, Erzengel sind sehr weise, sie sprechen in ihren Engelbotschaften nicht immer das aus, was man hören will, aber sie wissen genau, wann der richtige Zeitpunkt für deine Botschaft ist. Und sie wissen genau, was du brauchst, um weiterzukommen.

Nun möchte ich ein Thema ansprechen, das euch immer wieder aus eurer Mitte herausreißt. Ich meine damit die persönlichen Krisen und die Katastrophen im Außen.

Ja, beides gehört zusammen. Solange der Mensch noch in den Kinderschuhen steckt, was die unerlöste Gedankenwelt betrifft, wird es auch die großen Katastrophen im Außen geben. Überschwemmungen, Starkregen, Hagelkörner, die keine Körner mehr sind, sondern Tennisbälle. Dürren, die zu Waldbränden führen. Feuer, die ganze Landstriche richtiggehend auslöschen. Winde, die sich plötzlich zum Hurrikan entwickeln.

Jetzt höre ich Stimmen, die sagen, dass die Umweltkatastrophen Wetterwaffen wären, um zu unterdrücken. Ich höre einige Leser denken, dass Chemtrails, Cern, Fracking, Haarp und unterirdische Atomtests schuld wären an den Naturkatastrophen.

Ihr Lieben, um es gleich vorweg zu nehmen: Der Schutzring um die Erde ist mittlerweile immens stark. Niemand kann euch etwas aufzwingen, was ihr nicht wollt. Niemand kann die Erde zerstören. Ihr seid Meister darin, mit der inneren Ausrichtung

Realität zu erschaffen. Aber dem Herrn sei Dank, habt ihr auch die mentale Kraft, die Realität zu euren Gunsten zu verändern. Außerdem schwingt die Erde mittlerweile so hoch, dass diese Dinge wie Wetterwaffen und getarnte Atomkriege, die wie Atomtests aussehen, nicht mehr funktionieren. Diese Unterdrückungsprogramme, ihr Lieben, gehören längst der Vergangenheit an.

Ist das Bewusstsein der Menschheit auf einem gewissen Level, ist es nicht mehr möglich, Wetterkatastrophen im Sinne von „die Natur schlägt halt zurück" zu produzieren, noch kann euch irgendwer einen Krieg aufzwingen, wenn ihr, also ein Großteil der Weltbevölkerung, innerlich voll mit euch und den Mitmenschen im Reinen seid, also friedlicher Natur.

Die Erde hat das Tor der Gnade durschritten, sie hat mittlerweile eine sehr hohe Lichtfrequenz. Dieses Licht schützt euch und die Erde vor diesen Wetterwaffen. Aber trotzdem geht es darum, das göttliche Licht voll in euch aufzunehmen. Es geht um das Licht-Sein, indem lichtvoll gehandelt wird. Funktioniert das phasenweise nicht, was verständlich ist, die Prozesse der Transformnation pressen euch ja geradezu in alte Verhaltensmuster, – funktioniert also dieses lichtvolle Handeln nicht, dann gibt es Reibung. Und dieses Aufeinander-Knallen der menschlichen Schwingungen bewirkt, dass ihr ein Umfeld habt, das unausgeglichen ist. Es donnert und blitzt. Regen fällt, der alles wegwaschen möchte, was nicht mit dem hereinströmenden Schöpferlicht konform geht.

Die Erde ist ein Erfahrungsplanet, oh ja. Das Lernen auf der Erde ist verkörpert möglich. Das macht es für die Seelen so interessant, dass sie erneut inkarnieren. Jedoch, kein Gott und kein Erzengel noch Aufgestiegener Meister, kein geistiger Mentor noch Schutzengel darf euch vom Lernen abhalten. Doch durch dieses Resonanz-Realitätsfeld um euch herum habt ihr die Chance, sehr viel schneller die Dinge hinter den Dingen zu erkennen. Das Resonanz-Realitätsfeld reagiert in dieser Zeit prompt, viel schneller als damals während meiner Inkarnation.

Heute ausgesandt, und schon in ein paar Stunden ist das real, was ihr kurz vorher gedacht habt. So lernt ihr, voll und ganz das lichtvolle Herz zu leben. Damit seid ihr ein sehr wichtiger Teil des Friedens. Ihr habt es selbst in der Hand, und das ist eine gute Nachricht. Menschenfreundlichkeit in allen Bereichen, biologisches Gleichgewicht, naturgetreue, faire Nutztierhaltung, Frieden, Liebe, Fülle – all das könnt ihr als Gemeinschaft der Menschen selbst erschaffen. Ihr müsst nicht damit warten, bis die Despoten von der Erde verschwunden sind.

Ihr lernt, indem ihr euer Gedankenfeld ins Reine bringt. Ihr lernt, weil ihr seht, was ihr damit erzeugen und in die Heilung bringen könnt.

Der größte Feind der Menschheit ist nicht ein mächtiges Land, das die Weltherrschaft durch Manipulation an sich reißen will. Der größte Feind der Menschheit ist das unerlöste Gedankenfeld.

Nun, ich will nicht bestreiten, dass ihr in der Vergangenheit manipuliert und unterdrückt wurdet. Den Mächtigen war jedes Mittel dazu recht. Aber wir leben nun im Jahrhundert der Erneuerung. Die Erde ist mit euch aufgestiegen und wird es weiter tun.

Was meine ich damit, wenn ich sage, ihr erschafft eure Realität selbst? Wer an Wetterwaffen glaubt und die alten Glaubensätze hütet wie einen Schatz, wer das Lügengebilde, das die Despoten erschaffen haben, weiterträgt und in die Welt hinausposaunt, erschafft damit Realität.

Die dunkle Macht manipulierte euch schon seit jeher. Sie streuten ein Gerücht, die Bevölkerung glaubte es, und die Menschen hatten Angst. Dann erst wurde dieses Gerücht zur Tatsache. Die Regenten der Finsternis haben keine Macht über euch, außer ihr verleiht ihnen diese.

Terror war übrigens schon immer ein Mittel, um das Licht der Bürger zu dimmen. Lasst euch nicht in die Angst treiben, dass Terror euer zukünftiges Leben bestimmen wird oder gar ein dritter Weltkrieg vor der Tür stünde. Nichts dergleichen wird passieren. Die Welt wird friedlicher, nicht kriegerischer.

Manchmal sind Terrorattacken fingiert in Auftrag gegeben. Den Despoten ist jedes Mittel recht, um euer Recht auf Mitbestimmung und Selbstverwirklichung zu dezimieren. Doch keine Angst, die göttliche Liebesschwingung wandelt alles um. Vorher aber wird ordentlich Dreck aufgewirbelt, und genau das passiert zurzeit.

Kraft meines Amtes als ehemaliger amerikanischer Präsident weiß ich natürlich, dass der Bevölkerung viel angetan wurde. Ich weiß von den Missetaten der Seelenjäger.

Seelenjäger, so nennen wir diejenigen, die versuchen, euch die Seele zu rauben, euch seelenlos zu machen, indem sie euch suggerieren, wie machtlos und grau ihr seid. In Wahrheit aber sind die Seelenjäger grau und machtlos.

Aber ihr lebt in der göttlichen Schwingung, und ich möchte noch einmal betonen, wie mächtig ihr seid. Bitte lenkt euren Blick nicht in die Vergangenheit oder in das absolute Desaster, denn sie versuchen, euch dazu zu bringen, daran zu glauben, dass alles schlechter wird. Dass kein Geld mehr da ist für euch, wenn ihr alt seid. Dass euch die Luft zum Atmen fehlt, weil die Ozonschicht so verschmutzt ist. Dass die Asylsuchenden eure Feinde sind, weil sie euch etwas wegnehmen. All das sollt ihr verbreiten und glauben, damit nach eurem Glauben Realität erschaffen werden kann. Damit das Bewusstsein der Bevölkerung gedimmt wird, dafür tun diese Seelenjäger viel.

Aber niemand, wirklich niemand, kann euch daran hindern, lebendig zu Licht zu werden!

Außer ihr verleiht jemandem die Macht, dass man euch ein Bein stellen und Hindernisse in den Weg legen darf.

Wohin du deine Aufmerksamkeit wendest, das lebst du. Und genau dieser kosmische Grundsatz wurde oft dazu benutzt, um euch ein Bein zu stellen. So hat man in großangelegten Kampagnen eure Aufmerksamkeit auf Chemtrails, Cern, Fracking Haarp und Monsanto gelenkt, denn so konnten die Despoten euch ein Bein stellen. Und erst danach wurde das jeweilige Unterdrückungsprogramm eingeführt.

Mittlerweile ist der Lichtanteil der Erde und ihrer Kinder so hoch, dass die manipulativen Programme nicht mehr funktionieren. Außerdem hat die Erde lichtvolle Helfer, wie zum Beispiel die Galaktische Föderation des Lichts. Die galaktischen Geschwister agieren selbstlos und blitzschnell. Sie haben die Weltbevölkerung vor dem *Fukushima* Atom Fallout bewahrt.

Und sie haben vor Jahren schon angefangen, Chemtrails zu entgiften.

Chemtrails sind also leer, doch klar ist dieses Zeichen der Chemie-Kondensstreifen noch am Himmel sichtbar. Ein schlauer Schachzug eurer galaktischen Geschwister. So wiegen sich die scheinbar Mächtigen als Sieger. Wer sich als Sieger wahrnimmt, hat weniger Interesse, diesen Sieg mit neuen Auswüchsen zu untermauern, die sich gegen das eigene Volk richten.

Ich, die Seele von John F. Kennedy, bitte euch hiermit herzlich: Setzt eure Manifestationskräfte so ein, dass sie Gutes bringen. Lasst euch nicht in das Gegenteil treiben. Bedenkt, dass ihr es nicht nur für euch und eure Mitmenschen oder die nächste Generation tut. Ihr manifestiert auch für Gaia.

Die Erde braucht euch, sie wäre ohne eure Hilfe im ewigen Kreislauf der Transformationsfortsetzungen verloren. Gaia bat auch die Galaktische Föderation des Lichts um Hilfe, denn die Erde wäre sonst trotz Lichteinspeisung unter dem Smog der manipulativen Programme förmlich erstickt.

Ich habe eben den Konzern, der unter anderem genmanipuliertes Saatgut herstellt, im Zusammenhang mit Wetterwaffen erwähnt. Tatsächlich wurde so versucht, die Natur unter die Herrschaft derer zu stellen, denen die Natur nicht am Herzen liegt. Ich möchte betonen, dass genmanipuliertes Saatgut hergestellt wurde, um mächtig viel Ertrag mit wenig Wasser zu erzeugen, was ein Fiasko für eure Felder bedeutet, denn diese sind bei Trockenheit steinhart und können nur langsam Wasser aufnehmen. Das natürliche Gleichgewicht ist also ordentlich ins Schwanken geraten.

Die Farmer will ich hier nicht ins Spiel bringen, denn sie wollen überleben. So sind die Farmer nur diejenigen, die das ausführen, was ein großer Konzern wollte: nämlich die Weltherrschaft für den Konzern.

Aber keine Angst, diese manipulierten Dinge funktionieren nicht mehr. Hier hat der Schöpfer selbst eingegriffen. Die Weltherrschaft darf niemand an sich reißen, diese Tage sind vorbei. Außerdem wäre dadurch das Gleichgewicht der Natur so aus den Fugen geraten, dass sogar das Universum davon betroffen gewesen wäre. Also hat der Schöpfer eingegriffen, indem er den großen Konzern unter die Aufsicht der Lords des Lichts stellte. So können sie sich austoben und denken, sie wären nahe daran, die Weltherrschaft an sich zu reißen. Aber sie können nur so weit toben, wie es der Schöpfer zulässt, denn ein Großteil der Menschheit hat sich für das Licht und für den Schutz der Erde entschieden. So ist es das Licht, das denen Einhalt gebietet, die der Menschheit ihren mächtigen Stempel aufdrücken wollten.

Zum Thema Fracking möchte ich wiederholt erwähnen, dass die Erde unter dem Schutz des Schöpfers, der Lords des Lichts und der Galaktischen Föderation des Lichts steht. Eine Ausbeutung der *Ressourcen* kann also nur noch im abgesicherten Rahmen geschehen. Nun, wir dürfen das Spiel der Dualität nicht unterbrechen, sonst würden es die Menschen nie lernen. Aber wir dürfen die Munition aus dem Spiel nehmen und diese durch eine Munition ersetzen, die für die Erde, die Menschheit und das Universum nicht gefährlich ist.

Ihr Lieben, wendet euch hin zum Licht, zeigt mit eurem Verhalten, mit eurer ganzen Ausrichtung, dass ihr Kinder des Lichts seid. Und diese Lichtkinder führen gerade die Welt in den Wandel. Ihr erschafft eine bessere Welt, und wir, die Geistige Welt, helfen euch dabei.

Nun kündige ich mit Freude diejenige an, die nicht nur in der Geistigen Welt als Königin der Herzen bekannt ist. Sie wird euch weiter in euer Herz führen.

Respekt, liebe Freunde, das Erdenleben ist ein wahrer Heldendienst.

Es verneigt sich vor euch
euer John, die Seele von John F. Kennedy.

☆☆☆

Die Seele von Lady Diana: Der Weg aus der persönlichen Krise

Wenn die persönliche Welt einstürzt, weil es zu einer Krisensituation kommt, ist das schon schwer genug. Aber genau zu dem Zeitpunkt meldet sich auch noch euer Körper, der von dieser Flut der Transformation natürlich beeinflusst wird. Und euer Körper staut Flüssigkeit an, hat Schmerzen, wunde Stellen auf der Haut oder macht auf sich aufmerksam, indem er Symptome kreiert, sodass ihr euch zu dieser Zeit als sehr dünnhäutig empfindet. Ihr möchtet förmlich aus der Haut fahren, habt den Wunsch nach Rückzug und Schutz.

Das sind gute Zeichen, Zeichen, dass es vorangeht und ihr innerlich heilt.

Ich weiß nur zu gut, wie stark der Druck sein kann, den man sich selbst machen kann. Ich kenne alle diese Herausforderungen. Und doch ist die Umwälzung jetzt viel intensiver zu spüren als zu meiner Zeit. Da die Erde mit so einer Geschwindigkeit aufsteigt, kann es schon mal vorkommen, dass euch kurzeitig angst und bange oder schwindelig wird.

Ich bin die Seele von Lady Diana und sehr erfreut, dass ich mich im Rahmen dieses Buches zu Wort melden darf. Ich möchte euch helfen, euer Gleichgewicht zu finden, sodass ihr zu eurer angestammten Größe zurückkehren könnt. Kraft, Klarheit und Zentriertheit, Liebe, innerlicher Frieden – das sind die Dinge, die in diesen Tagen sehr guttun.

Ich hatte zu Lebzeiten einen Hang zu lustigen Dingen. So hielt ich mich gerne in der Nähe von Kindern auf, und natürlich waren meine Söhne das Liebste für mich auf der Welt. Dieses Gefühl der bedingungslosen Liebe war es, was mir Kraft gab.

Jede Mutter wird nachvollziehen können, wie wichtig der eigene Nachwuchs ist. Und die kleinen Wesen sind nicht zufällig bei euch. Sie kommen anhand einer Seelenabsprache, das heißt, dass eure Kinder den Zeitpunkt ihrer Geburt selbst bestimmen. Das ist übrigens auch der Fall, wenn ein Kaiserschnitt gemacht wird, auch dann ist die Stunde, der Tag der Geburt, stimmig mit dem Seelenplan des Kindes. Sehr mächtig sind diese Seelenpläne, das kann man nicht oft genug betonen. Seelenpläne gehen mit voller Macht in Erfüllung.

Ich sprach von den Kindern, und mir blutet das Herz, wenn ich sehe, wie ihre Eltern um ihre Existenz kämpfen müssen und daher oft zu wenig Zeit für ihre Kinder bleibt.

Ihr Lieben, niemand kann wissen, wie lange das Leben dauert. Bitte nehmt euch Zeit für das Wichtigste, das Liebste, das ihr habt.

Zeit scheint ein Problem zu sein, vor allem dann, wenn ihr alles perfekt machen und sein wollt. Dann tickt die Uhr schneller, die Zeit scheint zu rasen. Dabei sollte es doch umgekehrt sein, ihr sollt nicht eure Uhren leben, sondern euch selbst.

Ich bin heute hier, weil ich euch einen Weg aus aus der alltäglichen Mühseligkeit, hinein in das heilige Herz zeigen will. Gehen dürfen wir den Weg allerdings nicht für euch, wir sind aber bei euch. Ein Gedanke genügt, und ich, die Seele von Lady Diana, bin bei dir.

Alles, was ihr dafür tun müsst, ist weiterlesen und die Tipps umsetzen. Die Geistige Welt hat Energiegeschenke in diesem Buch verankert. Diese erreichen euch besonders gut, wenn ihr im Herzen seid. Und weil es leichter ist, sein Herz einzuschalten, wenn man etwas spürt, bat ich Sarinah zu mir, denn sie ist ein wahrer Quell der Liebe.

Übrigens, weißt du was das Wichtigste im Leben ist? Das Wichtigste im Leben bist du selbst, denn ohne dich kämen all diejenigen nicht weiter, für die du das Halteseil bist.

Manches Mal besteht das Halteseil nur aus Energie. Das heißt, du kennst diejenigen gar nicht persönlich, die deinen energetischen Fußspuren folgen. Du führst eine Menge Leute in eine höhere Schwingung. Dein Lichtdienst ist sehr wertvoll und geehrt.

Schöpferenergie tut so gut, denn das ist eure Zapfsäule. Eins ist sicher: Ihr seid Kinder des Lichts, und daher könnt ihr nicht ohne Energie leben. Auftanken ist also unbedingt nötig, sonst geht euch die Kraft aus. Wundervoll, es ist doch eine Freude, vom Schöpfer selbst Energie zu bekommen.

Je höher der Körper schwingt, umso mehr stellt er sich um auf die göttliche Energiequelle. Dieses Auftanken, von dem ich vorhin sprach, geht ganz einfach. Sucht euch ein schönes, ruhiges Plätzchen. Allein die Vorstellungskraft, dass die göttliche Energie durch euch fließt, genügt, und sie fließt. Außerdem werdet ihr im Schlaf mit dem Licht der Quelle versorgt, das euch immer mehr ernährt.

Aber trotzdem solltet ihr noch essen und sauberes Quellwasser zu euch nehmen. Oder sollte ich sagen, ihr dürft essen. Freut euch doch, denn Nahrungsaufnahme ist ein Attribut der Erdenwesen. Vor allem kann Essen so wundervoll sinnlich sein.

Ich, die Seele von Lady Diana, bin nun hier, weil ich dich mit dem Quell der Liebe verbinden möchte. Nichts hilft besser aus einer Krise heraus als die wahrhaftige Liebe.

So komm, liebe Leserseele, ich weiß doch, was du brauchst. Lass uns zusammen zur Quelle der Liebe wandern. Um aus den persönlichen Krisen gestärkt herauszugehen, ist nichts besser als die Energie der Liebe.

Wie wir dahin kommen? Ganz einfach, du liest, und ich zeige dir den Weg.

Wir treffen uns gleich wieder, ich freue mich auf euch.

Eure Diana, die Seele von Lady Diana

Sarinah:

Ich sehnte mich so sehr danach, diesen Weg zu gehen, also bin ich einfach über das Schreiben hierhergereist. Manchmal ist es von Vorteil, das Talent des medialen Schreibens zu beherrschen. So bin ich voll und ganz konzentriert auf das Channeling, und das, was ich tippe, taucht wirklich in Bildern in seiner ganzen Pracht auf.

Mit allen Sinnen genießen, darum, auch darum sind wir hier.

Ehrliche Tränen und das Sehnen scheinen eine wirklich hohe Kraft der Manifestation zu besitzen. Immer wenn wir sehr im Gefühl sind, horcht die halbe Geistige Welt hin, sie schauen, wie sie uns helfen können, und tun ihr Möglichstes für uns.

Wenn so viele geistige Mentoren und hohe Engelwesen ihre Aufmerksamkeit auf dich lenken, allein das ist doch schon ein großer Segen, ein Schubs in unser Glück. Wobei das mit dem Schubs schnell geht, aber das Glück braucht oft ein wenig, bis es uns sein Gesicht zeigt.

Es ist manchmal nur eine Eingebung, so fühlt sich im Alltag übrigens der Ruf der Geistigen Welt an. Ich habe plötzlich eine Idee, eine Vision, eine Eingebung, bis die Engel dann lauter werden. So wird der Ruf der Geistigen Welt auch dringlicher. Aber erst melden sie sich sehr zart und vorsichtig, um unseren freien Willen nicht zu verletzen.

Ein dringlicher Ruf aus der Geistigen Welt fühlt sich an wie ein ruhiges In-sich-Gehen. Dann folgt der spontane Wunsch nach Engelgesprächen.

So zumindest empfange ich es. Manches Mal, das muss ich zugeben, stelle ich mich ein wenig taub, weil ich es so liebe, wenn meine geistigen Mentoren sich etwas einfallen lassen, um mich zu erreichen.

Dann werden sie menschlich. Und das, liebe Leserseele, wenn Engel, hohe, geistige Wesen, menschlich werden, das löst in mir immer ein Glücksgefühl aus. Sie sind uns dann ganz nah. So wie jetzt, ich bin nämlich auf dem Weg zum heiligen Herzen, dort befindet sich der Quell der Liebe.

Und so lade ich dich ein. Komm, gib mir deine Hand, lass dich führen an den sichersten Ort der Welt, in den eigenen Herzensraum.

Sinnbildlich kommen wir an vielen Barrieren vorbei, umgestürzte Bäume, Überschwemmungen, und natürlich liegen auch Steine im Weg, doch wir folgen diesem Bachlauf. Der Bach ist voller Tränen, es sind deine und meine Tränen. Lass uns dem Erfahrungsfluss der Tränen folgen, das ist zwar emotionaler, aber der sicherere Weg in das heilige Herz.

Liebe Leserseele, kannst du mit mir Schritt halten? Ich bin wie du, manchmal habe ich mir das Weinen versagt, ich wollte stark sein. Dann aber, nach einiger Zeit, bei dem kleinsten Auslöser, fluteten die nicht geweinten Tränen hoch. Da war es mit der Selbstbeherrschung vorbei, und ich gab mich, so wie du auch, der Traurigkeit hin.

„Wende dich hin, egal, was du tust, tu es nie ohne Hinwendung“, sagte Erzengel Michael einmal zu mir. Erzengel wissen genau, was wir brauchen, und sie wissen auch genau, wann der richtige Zeitpunkt für eine Botschaft ist. So kommt es vor, dass du anfängst zu lesen und dabei müde wirst. Kennst du das? Vom Lesen müde, und das schon nach einer Seite? „Kann das sein?“, fragte mich einmal eine Leserin. Aber ja, die Seelenverträge sind Energiebücher und gehen in Resonanz. Resonanz führt zur Heilung, und diese wiederum braucht Kraft. Bitte vertraue, deine Engel wissen, wann der richtige Zeitpunkt ist für das nächste Kapitel und die nächste Botschaft.

Die Botschaften der Engel symbolisiert diese Bank hier, wir können uns setzen und ausruhen. Wir können uns ausruhen, so oft wir möchten, weil wir die Zeit sind.

Auf dem Weg in das heilige Herz bist du die Zeit, du bestimmst, wann und wie du ankommst. Das ist wichtig, denn es gibt keinen schöneren Ort als den Herzensraum. Dieser Raum ist immer geöffnet. Und sobald du drin bist, wirst du auf Menschen treffen, die auch ihren Herzensraum beseelen. Die ihr Herz leben, nicht den Verstand.

So sitzen wir auf dieser Bank, und das Licht der Schöpfung wärmt unsere Haut. Es wärmt uns innen und außen. Je näher man dem eigenen Herzensraum ist, umso leichter wird auch das Leben. Im Fluss sein, so könnte man es beschreiben.

Wer sein Herz beseelt, tut viel für die Gesundheit. Und das ewige Leben findest du im göttlichen Herzen.

Sitzt du bequem? Liebe Leserseele, ich möchte dir etwas sagen, ich möchte, dass du weißt, was deine Engel mir zugeflüstert haben.

Wenn Engel flüstern, dann klingt das wie ein leises, glückliches Singen. Sie teilten mir übrigens mit, dass du einen besonderen Wunsch hast, und ich werde mein Bestes tun und an einer bestimmten Stelle in diesem Buch darauf eingehen.

Mit Hilfe der Geistigen Welt werde ich dir ein Zeichen geben. Ein Zeichen nur für dich, damit du weißt, dass ich das Flüstern deiner Engel gehört habe. Ja, ich habe deine Engel verstanden, doch auch bei mir dauert es manchmal ein wenig, bis eine Botschaft im Herzen ankommt.

So lass uns gemeinsam zum Herzensraum wandern. Zur nächsten Botschaft der Engel, bei der wir uns ausruhen können oder kraftvoll weiterschreiten, ganz wie wir möchten.

Wir wandern gemeinsam Hand in Hand, mit uns die Geistige Welt, sie ist überall da, wo wir sind. Außerdem, Engel, und das weiß ich mit absoluter Sicherheit, Engel lieben nichts mehr als kleine, süße Herzensgeheimnisse.

Und nun ist es Zeit, sie warten bereits auf uns.

Ich danke dir und freue mich, dass du noch einmal zu uns gekommen bist, Diana. Und ich gebe dir gerne diesen Raum, damit du ihn füllen kannst mit all dem, was wir brauchen, um weiter einzutauchen in das heilige Herz.

☆☆☆

Die Seele von Lady Diana: Auf der Wanderung zum heiligen Herzen mit leichtem Gepäck unterwegs?

Der Aufenthalt im heiligen Raum des Herzens bringt euch alles, was ihr zum Leben braucht. Bevor wir weiterwandern, möchte ich jedoch noch über Betrug reden.

Wer sich auf dem spirituellen Weg befindet, vergisst manchmal, dass da draußen auch Wölfe sind. Jeder Mensch lebt die kosmischen Gesetze, und das unmittelbar. Das ist fair, so hat jeder die gleiche Chance.

Wer sich in dieser Schwingung der Fülle aufhält, ist bestens versorgt, auch mit Liebe, Zeit und Gesundheit. Darum ist es so wichtig, in dieser Schwingung zu bleiben, denn sobald du gegen den göttlichen Fluss handelst, wird das Leben wieder schwer.

Wann wird das Leben schwer? Wenn es um eure Beziehungen, eure Finanzen und eure Gesundheit geht.

Mir ist aufgefallen, dass viele Menschen sich wegen unlauterer Dinge aufregen und diese sogar selbst tun. Es ist alles gut, sie dürfen das Spiel der Dualität weiterspielen. Sie sollten aber bedenken, dass die hohe Schwingung der Erde bewirkt, dass alles sehr schnell wie ein Bumerang zu ihnen zurückkommt.

Alles kommt zurück. Wenn du gute Taten vollbringst, wird dich das Glück treffen. Wenn du aber zum Beispiel betrügst, wird dich der Betrug treffen. Was wiegt schwerer?

Nun, als ich vorhin mit Sarinah über das Thema der Resonanz, das Gesetz der Anziehung sprach, sagte Sarinah zu mir, dass sie beobachtet hat, wie gut diese neue Frequenz den Menschen tut. Aber sie hat auch gesehen, wie hartnäckig die

Menschen an ihren unlauteren Verhaltensweisen festhalten. Und dann wird das Leben zur Falle. Wer in dieser Zeit zum Beispiel noch betrügt und lügt, dem wird das zum Verhängnis. Ich spreche nun nicht von kleinen Notlügen oder von Selbstbetrug, sondern von Betrug und Lügen, die Schaden anrichten.

Ihr Lieben, die Intervalle der Erderhöhung werden immer kürzer, das Schwingungsfeld der Erde steigt. Jeder Mensch lebt in dieser Schwingung, jeder. Das bedeutet, dass ihr geradezu überflutet werdet mit dem, was ihr aussendet und tut. Und glaubt mir, es gibt keinen Weg, das Gesetz der Resonanz zu umgehen.

Jeder erlebt das, was er selbst gesät hat. Und das Ernten, das Erleben, also die Resonanz von dem, was ihr tut und aussendet, kommt blitzschnell zu euch zurück. Das kann wundervoll oder grausam sein. Wundervoll, wenn ihr sät, was ihr auch wirklich erleben wollt, und grausam, wenn ihr sät, was ihr niemals erleben wolltet.

Jedoch, wer krank ist oder Liebesleid erfahren hat, wer finanziell am Ende ist, hat nicht unbedingt etwas zu tun mit Betrug und Lügen, weil natürlich Erfahrungen auch im Seelenplan verankert sein können.

Trotzdem möchte ich auf diese Steine auf eurem Weg hinweisen. Diese können nämlich eine Selbstprüfung sein, um auf den richtigen Weg zurückzukommen.

Regt dich ein Stein, eine Barriere in deinem Leben auf, würdest du am liebsten wütend darauf eintrommeln? Dann lausche in dich hinein, denn dein Herz flüstert dir zu, was zu tun ist. Tun, ja, darum geht es! Die Aussage, dass man ein besserer Mensch werden will, reicht nicht mehr. Es geht um das Tun!

Du denkst gerade, das ist doch logisch und selbstverständlich? Ja, aber leider nicht für alle Menschen, viele handeln nach dem Prinzip: Nach mir die Sintflut, mir das meiste.

Du bist den Weg durchs Feuer gegangen, du bist fähig, nach den kosmischen Gesetzen zu handeln. Oder, um es vereinfacht auszudrücken: Du hast gelernt, nur das an andere auszuteilen, was du auch wieder erleben willst. Nach dem Motto: Teile nur das aus, was du selbst leben willst. Verhalte dich so, dass die Resonanz deines eigenen Handelns dir Glück bringt und nicht das Gegenteil.

Das Prinzip *Auge um Auge, Zahn um Zahn* funktioniert nicht mehr, liebe Leserinnen und Leser, es hat ausgedient.

Nun heißt es: Werde zu Licht, sei Licht, lebe Licht!

Lesen ist leichter, als das Gelesene umzusetzen? Nun, du hast Recht. Aber darum sind wir aus der Geistigen Welt zu euch gekommen, um es euch leichter zu machen. Leben allerdings ist euer Part, denn dafür seid ihr auf die Welt gekommen. Ihr seid hier, um das Leben mit all seinen Facetten zu erfahren, um die Erde ins Licht zurückzuholen.

Ganz schön viel, nicht wahr? Hast du bei der Planung deines Lebens gewusst, was dich auf der Erde erwartet?

Ja und nein, sagst du… siehst du, und genau das ist der springende Punkt, das ist es, was euch zu Helden macht. Das ist es, was die Geistige Welt an euch so liebt. Ihr habt euch in das Abenteuer gestürzt, und das Abenteuer heißt: Leben!

Aber nun endlich ist es so weit, lasst uns die Wanderung ins heilige Herz fortsetzen.

In Verbindung zu sein mit dem eigenen Herzensraum ist sehr wichtig, vor allem, wenn es um Gesundheit und Fülle geht.

Die lichtvolle Frequenz der Erde steigt enorm, so entstehen immer wieder neue Energiefelder, die ihr nutzen könnt, um eure Wünsche zu erfüllen. Jedoch im Gegensatz dazu brechen alte Energiefelder geradezu ein. Wer sich durchs Leben schummelt, anderen schadet, hält sich dadurch im alten Dualitätsfeld auf. Aber das ist sehr gefährlich. Gefährlich auch für den Körper und die Psyche, denn das alte, gewohnte Energiefeld wird nicht mehr durch das Schöpferlicht bestrahlt. Das Licht kann diese Dichte nicht so durchdringen, dass die Menschen darin gesund bleiben könnten – und zum Schluss bricht auch noch die Fülle weg.

So werden die Menschen daran erinnert, dass es einen persönlichen und planetarischen Aufstieg gibt. Das Dunkle, alles, was mit Dunkelheit beseelt ist, wird unweigerlich weichen.

Wir, die berühmten Räte des Lichts, sind zu euch gekommen, weil wir der Menschheit helfen möchten. Ja, wir hören eure Bitten und Gebete immer.

Mögen die nachfolgenden Kapitel eine Quelle der Liebe für euch sein.

Auf dem Weg zum heiligen Herzen kommen wir an Rosen vorbei, die wundervoll blühen und betörend riechen. Pflückst du diese Rosen, stechen sie dich womöglich, denn sie haben Dornen. Lässt du die Rosen blühend in der Natur zurück, kannst du in ihre wahre Schönheit eintauchen. Du kannst durch diese Rosen in deine eigene Schönheit eintauchen und dein inneres Blühen sehen und fühlen.

Wie empfindest du deine innere Schönheit? Kannst du dich durch meine Augen sehen?

Schau, liebe Leserseele, auf der Wanderung zum heiligen Herzen kommen wir an den Stationen deines Lebens vorbei. Da gab es schöne Phasen und auch Phasen, die wie Prüfungen waren. Erinnerst du dich an die Zeit vor deinem Erwachen? Siehst du, wie sehr dein Leuchten an Kraft gewonnen hat?

Das ist es, was dich so unbeschreiblich schön macht. Dein Licht strahlt, und es erreicht alle, die offen für das Leuchten der Liebe sind. So bündelt sich das Licht mit all jenen, die diese Zeilen lesen. Und es umhüllt dich und deine Seelenfamilie wie ein inniger Erzengelsegen.

Respekt, liebe Leserseele, du hast in deinem Dasein schon so viel für das Licht getan. Sei dir gewiss, dass jede deiner Entscheidungen in Übereinstimmung mit deinem Seelenplan war. Du brauchst nicht zu zweifeln, dafür gibt es keinen Grund. Ich sehe in dein Herz, und mir ist, als würde ich in mein eigenes Herz blicken. Wie oft habe ich mich zu Lebzeiten selbst infrage gestellt. Wie oft habe ich später entdeckt, dass alles gut war, so, wie es geschehen ist.

Wie schön ist es zu sehen, wie deine Seele auf das, was du liest, reagiert. Deine Seele fängt an zu blühen wie eine Rose. Du blühst auf, wenn du dich beim Lesen daran erinnerst, was deine Erzengel dir nachts liebevoll zuflüstern.

Was gibt es Schöneres als liebevolle Seelenverbindungen?

Deine Seele wohnt im heiligen Herzen, und genau dahin führen wir dich jetzt.

Bis gleich,

deine Diana, die Seele von Lady Diana

Sarinah:

Wir kommen alle an den Punkt, an dem es uns in die Arme des Schöpfers treibt. Manche Menschen suchen schon zu Lebzeiten nach dieser Quelle allen Seins, andere vergessen ganz, woher sie einst gekommen sind.

Es ist alles ok, wenn es uns gut dabei geht. Schleicht sich aber eine gewisse Unsicherheit in unser Leben, fangen wir meistens an zu zweifeln.

Unsicherheit, Angst, Hass, Zweifel, Lügen, Gier, Überheblichkeit, der Drang nach Kontrolle – dabei verlieren wir den Kontakt zu unserer Seele und zur Quelle.

So habe ich Mutter Maria gebeten, sie möge uns doch weiter hineinführen in das heilige Herz. Mutter Maria ist übrigens sehr innig verbunden mit Lady Diana.

Kaum habe ich ihren Namen geschrieben, ist sie da. Sie umarmt uns mit der Energie der liebenden Güte und fängt an zu sprechen…

☆☆☆

Mutter Maria: Heile Seele, heile Welt

Heile Seele, heile Welt – so einfach ist es leider nicht, denn was zählt, ist nicht nur das Innere, sondern auch das Handeln. Wie geht der Mensch mit sich selbst und seinen Mitbürgern um?

Das Erdenleben ist eine große Berufung. Es treibt euch an eure Grenzen, vor allem dann, wenn es um Verlust geht.

Immer wieder kommt es zu Veränderungen, nichts scheint sicher zu sein in diesen Tagen.

Ich bin Mutter Maria, und ich bin heute hier, um dir zu sagen, dass du keine Angst haben musst. Du liest nun diese Zeilen – ja, ich meine dich, mein liebes Kind.

Weißt du, es ist leicht, im Vertrauen zu bleiben, wenn es einem gut geht. Aber schlechte Tage wirken sich aus wie eine Vertrauensprüfung.

Du hattest viel loszulassen in der letzten Zeit, und deine Nerven waren manches Mal bis zum Zerreißen gespannt, was verständlich ist, denn du spürst sehr viel. Oft ahntest du eine Krise voraus, trotzdem hattest du keine Möglichkeit, diese abzuwenden.

Es ist alles gut, mein liebes Kind, du hast keinen Fehler gemacht. Komm in meine Arme – ich umarme dich, halte dich und führe dich in dein Herz.

Dein Herz ist die Heimat deiner Seele, und die Heimat aller Seelen ist die Quelle allen Seins.

Schau, als du geboren wurdest, da habe ich des Nachts an deinem Bettchen gewacht. Ich kenne alle deine Sorgen und Nöte, ich weiß, woran du Freude hast, denn du bist ja mein Kind. Ein Kind, das auf die Erde kam, um diese ins Licht zu führen. Und nun bist du groß und liegst wieder in meinen Armen.

Du hast einen Teil deiner Seelenabsprachen schon erfüllt, zusammen mit vielen Lichtträgern bist du gerade dabei, die Erde ins Licht zu führen.

Ich bin sehr stolz auf dich, mein Kind. So wiege ich dich in meinen Armen. Ruhe dich aus und lausche dem Flüstern deiner Seele…

Deine Seele spricht mit dir:

„Ich wohne nicht nur im Herzen, ich bin überall zu Hause. Alles, was du mit deinem Herz betrachtest, was du liebst, das betrachte und liebe auch ich. Alles, was dir wehtut, tut auch mir weh.

Aber alles, was du machst, ohne mit dem Herzen dabei zu sein, all die ermüdenden Pflichten, da kommt es irgendwann zu einer Pattsituation. Wenn das Leben wie eine Pattsituation ist, dann scheint nichts mehr voranzugehen, du fühlst dich, als würdest du festsitzen. Sich zu besinnen ist in stressigen Zeiten nicht leicht, daher ist dieses Buch entstanden, denn es öffnet einen großen Energieraum für dich. Hier kannst du auftanken, zu dir kommen, heilen, Engelkontakt genießen und wieder in den Fluss kommen.

Außerdem kannst du dein Licht nicht mehr dimmen, um durchzuhalten, nicht aufzufallen oder um dazuzugehören. Doch je mehr Täler du durschritten hast, umso stärker wirst du. Ich bin sehr stolz auf dich, was für ein wundervoller Mensch du doch bist. Es ist mir eine Ehre, dass ich bei dir sein darf.

In Liebe, deine Seele."

An den Tagen, an denen es dir nicht gut ging, war ich, Mutter Maria, dir näher als je zuvor. Ich küsse deine Stirn, wenn du schläfst, und segne dich.

Du hast viel zu tragen, das Leben lastet gerade in Transformationszeiten hart auf deinen Schultern. In dieser Zeit brauchst du all deine Kraft, um deinen täglichen Pflichten nachzugehen.

Ist schenke dir Trost und Zuversicht, wir sind ein Team, ich bin bei dir, die Geistige Welt ist bei dir.

Doch nun wird es Zeit für einen kleinen Einblick in dein Herz.

- Das hier ist dein physisches Herz, der Teil deines Herzens, der bei Untersuchungen auf dem Monitor erscheint. Dein Herz ist aber nicht nur ein Organ, es ist dein Bewusstseinsraum. **Das emotionale Herz ist heilig, denn das macht euch zu mitfühlenden, liebenden Wesen.**
- Schau, hier in diesem Raum ist all die Freude gespeichert. Siehst du, wie viel Freude du in deinem Leben hattest? Herrlich, nicht wahr? Sogar die freudigen Ereignisse aus den Kindertagen haben hier Spuren hinterlassen.
- Hier in dem Raum deines Herzens ist all die Liebe gespeichert, die du empfangen hast, die dir geschenkt wurde. Hier hältst du dich sehr gerne auf. Du kannst es dir vorstellen, als würdest du im Inneren eines roten Pavillons ruhen.
- Und an dieser Stelle deines Herzens ist all der Schmerz gespeichert. Die Wut, die Selbstzerwürfnisse und die Trauer. Manches Mal drückt das so auf dein emotionales Herz, dass du kaum noch atmen kannst. Wenn das passiert, dann erinnert dich dein Herz, dass du eine Neuausrichtung brauchst, indem es seinen Rhythmus ändert.
- Und dann gibt es einen Bereich, der ist ganz neutral, hier ist dein Herz noch das eines neugeborenen Babys. Das ist dein kostbarster Ort, diesen göttlichen Teil deines Herzens

hast du nur für sehr wenige Menschen geöffnet. Hier ist das göttliche Bewusstsein zu Hause. In diesem Raum des Herzens findest du die eigene Göttlichkeit und daher auch die allumfassende Liebe.

Du bist mit den Jahren sehr vorsichtig geworden, wenn es darum ging, einem Menschen voll und ganz zu vertrauen und ihn in dein Herz zu lassen.

Was verständlich ist, denn nichts schmerzt mehr als Liebesleid. Du hast vielleicht das Gefühl, dass dein emotionales Herz schon sehr viel Leid erfahren hat.

Aber der göttliche Teil deines Herzens kann niemand verletzen oder gar auseinanderbrechen. Hier findest du die Fülle. Darum ist der göttliche Teil deines Herzens der kostbarste Ort. Dieser Raum ist übrigens nicht zugänglich für Herzoperationen, weil in dem Teil deines Herzens Gott wohnt, und Gott ist die Vollkommenheit an sich.

Im göttlichen Teil deines Herzens sind wir nun, von hier aus heilt alles, hier findest du zur allumfassenden Liebe zurück. Falls du diese göttliche Anbindung einmal nicht spürst, dann ziehe dich zurück in dein heiliges Herz.

Wie du den Weg findest? Nun, über das Atmen findest du hierher. Das bewusste Atmen zeigt dir den Weg in dein heiliges Herz.

Atme tief ein und aus und lass dich während des Ausatmens langsam und sanft in deinen Herzensraum hineingleiten. Das ist immer möglich, auch in der größten Stresssituation. Ein wenig Übung, und du wirst sehen, wie wohl das tut.

Wenn du möchtest, dann bitte einen deiner Erzengel, dir behilflich zu sein. Er wird dir seine Hand reichen und mit dir gemeinsam atmen, sodass du eintauchen kannst in das heilige Herz. So kommst du in Kontakt mit deiner Seele. Hier bist du vollkommen sicher, hier bist du voll in der Fülle, und dein Körper kann heilen. Im Fluss, in dieser göttlichen Liebe, erhältst du alles, was du zum Leben brauchst.

Dein Leib wird zu Licht, das hat schon längst begonnen. Wahrscheinlich merkst du noch nicht viel davon, aber innerlich ist dieser Kristallisierungsprozess, der euch elastisch, jung, gesund und widerstandsfähig macht, voll im Gange.

Eines Tages wirst du gelernt haben, das Eintauchen in den Herzensraum zu zelebrieren. Es wird dir möglich sein, dich dauerhaft dort aufzuhalten. Dann kannst du glücklich, gesund, in der Liebe und in der Fülle leben. Und du triffst plötzlich auf Menschen, die auch in ihrem Herzensraum wohnen. Diese Begegnungen sind eine reine Wonne.

Hier finden die Menschen zur Quelle allen Seins zurück, darum sehnen sich die Lichtträger so danach, in sich zu ruhen. Sie wissen instinktiv, dass sie dann eine Standleitung zur Geistigen Welt haben. Nicht nur das, der Gottesfunke, der immer leuchtet, ist im heiligen Herzen zu finden. Es ist der Ort, an dem die ewig währende Liebe zu Hause ist.

Jetzt bist du hier, und ich möchte dir sagen, wie sehr ich dich liebe.

Jetzt bist du angekommen, und von nun an kannst du endlich in der Fülle leben, Heilung kann geschehen.

Endlich…

In Liebe, es segnet dich

deine Mutter Maria

Erzengel Michael: Du bist du, ein wahrhaftig großer Erdenengel

Die Erde setzt ihren Weg in das Licht sehr schnell fort, ihr werdet förmlich überflutet mit den Aufstiegsenergien. Das kann wundervoll sein, eine tolle Erfahrung, es kann aber auch, gerade für euren Körper, sehr stressig sein.

Die himmlischen Aufstiegswellen wandeln alles in Licht um, vorher aber wird transformiert.

Nun, ich, Erzengel Michael, will nun nicht zu viel von Transformation sprechen. Mancher Lichtträger bekommt schon heiße Ohren, wenn nur davon die Rede ist. Das ist verständlich, Auflösung geschieht in diesen Tagen, wo man hinsieht, und das kostet Kraft.

Übrigens, eure Ausscheidungsorgane reagieren in dieser Zeit besonders stark auf Übermaß und auf Essen und Trinken, das dem Körper nicht guttut. Da kann es schon mal vorkommen, dass Übelkeit der Wegbegleiter ist oder ihr öfter zur Toilette müsst, als euch lieb ist.

Wichtig ist, dass keine Ablehnung hinzukommt. Wenn du dich nicht leiden magst, wenn du unpässlich bist und dir selbst die Schuld gibst, kommen auch noch Transformationswehen dazu. Mach es dir nicht unnötig schwer, mein Liebes, es ist gut, wie es ist. Transformationswehen sind Schmerzen während des Aufstiegsprozesses. Du solltest diesen Zustand aber nicht ablehnen, sonst kann sich nichts verändern.

Ihr könnt nichts verändern, was ihr ablehnt. Die Annahme der jeweiligen Situation ist wichtig, denn ihr müsst euch selbst vertrauen, um weiter aufsteigen zu können.

Wir Erzengel haben beobachtet, dass der Mensch zwar innerlich zu Licht werden, sein Bewusstsein weiten, in der Liebe leben kann und trotzdem ein Abrutschen in ein altes Verhalten möglich ist.

Warum das so ist? Nun, dieses Abrutschen geht meistens einher mit einer etwas niedrigeren Körperschwingung. Das Abrutschen in alte Muster dient jedoch der tiefen Reinigung und ist normal.

Ja, denn die Erde bewegt sich nicht geradewegs ins Licht, ihr Aufstieg geht wellenförmig vor sich. Das spürt ihr natürlich. Wenn es einer Mutter nicht gut geht, dann spürt das ihr Kind. Mag sein, dass das Kind nicht darüber spricht, aber es spürt genau, wie es der Mutter geht. Das fängt im Mutterleib an, der Fötus schwimmt lieber in Glücks- als in Stresshormonen.

Liebe Leserseele, du meinst, das kann man sich nicht aussuchen, das Leben ist halt nicht immer ein Zuckerschlecken?

Nun, so machtlos seid ihr nicht. Es ist Zeit, eure wahre Größe anzunehmen und eure Flügel voll auszufahren. Wie das geht, fragst du?

Komm mit mir, begleite mich, ich führe dich in dein wahres Sein.

Wir werden oft gefragt, wie man mit uns Erzengel in Berührung kommt. Wenn ich dich nun frage, wie du in Kontakt mit deiner Freundin/deinem Freund kommst, dann sagst du: Ich greife einfach zum Telefon.

Und wie kommst du in Kontakt mit einem Erzengel? Dafür brauchst du kein Telefon, alles, was du dafür brauchst, das bist du.

Ich zeige dir, was ich meine.

Der kleine Schutzengel sitzt traurig da, er möchte so gern ein großer Erzengel sein. Er hat das Schutzengel-Dasein satt.

„Immer soll ich wachsam sein, schützen, wo ich kann. Das tue ich gerne, aber ich würde so gerne gehört werden. Aufmerksamkeit, das würde meinen Job doch sehr erleichtern. Und ich denke, ein Erzengel wird gesehen und gehört. Darum will ich sofort ein Erzengel sein," sagte der kleine Schutzengel.

Was der Schutzengel natürlich nicht in Betracht zieht ist, dass ein Erzengel einen sehr großen Aufgabenkreis, und darum auch sehr viel Verantwortung hat.

Als der kleine Schutzengel seinen Kopf hob, sah er, dass sich bei dem Menschen, für den er zuständig war, eine Wandlung vollzog.

Der Körper wurde lichtvoller und weniger anfällig für Krankheiten, außerdem wuchsen ihm unsichtbare Flügel.

Diese Flügel waren zwar nicht sichtbar, aber trotzdem sehr nützlich.

Liebe Leserseele, du hast angefangen, dein Licht zu leben, indem du offener und herzlicher geworden bist. Du bist du, sagst aber oft, dass du nur ein Mensch bist.

Doch du bist ein wunderschöner Engel, der auf der Erde geboren wurde.

Du möchtest wissen, wie du mit Engeln in Kontakt kommst?

Dann schau in den Spiegel, der erste Engel, mit dem du es zu tun haben wirst, bist du selbst.

Du kannst diese Aufgabe überspringen, klar. Aber das wäre ein wenig so, als würdest du versuchen, deine Freundin/dein Freund mit Rauchzeichen zu erreichen.

Wenn du zum Telefon greifst, ist es, als wenn sie neben dir stünde, nicht wahr?

Wenn du den Engel in dir siehst, annimmst, dann scheint es nicht nur so, als würden die Erzengel neben dir stehen, es ist so, weil deine Standleitung in den Himmel in dir verankert ist.

Sehr oft funktioniert diese Standleitung in den Himmel gut, aber manches Mal hast du das Gefühl, dass wir weit weg sind. Das ist natürlich, denn der verkörperte Seelenaufstieg ist ein Auf und Ab. Und im Tal hast du einfach einen schlechteren Empfang zur Geistigen Welt. Doch schlechterer Empfang heißt nicht, dass wir weg sind. Nein, im Gegenteil, wir sind euch gerade in Krisenzeiten sehr nah.

Wer hätte die Erde denn aus den Fängen der Schatten befreien können, wenn nicht die menschlichen Lichtträger?

Die Lichtträger erlösen die Schatten bei sich selbst, in ihrem Inneren. Und sie erlösen somit auch die Erde, indem diese grauen Energien von Gaia weichen können.

Wenn du in den Spiegel siehst, dann schau in deine Augen, diese sind bei jeder Inkarnation gleich. Erkennst du dich? Erkennst du, wer du in Wahrhaftigkeit bist?

Ja, du trägst den Namen, der in deinem Pass steht, das ist aber dein Inkarnationsname für dieses Erdenleben. In Wahrheit hast du dich herabsinken lassen, um geboren zu werden. Du kommst vom höchsten Tor. Das ist auch der Grund für dein immer wiederkehrendes Heimweh.

Du bist du, ein wahrhaftig großer Erdenengel. Und weil ich weiß, wie sehr du Engelberührungen liebst, habe ich ein Geschenk für dich. Wie du dieses Geschenk auspacken, anwenden sollst? Indem du vertraust, fühlst und einfach weiterliest.

So sei gesegnet, dein Erzengel Michael

Der irdische Engel, der denkt, er wäre keiner

Sarinah:

Wir fühlen uns nicht als Engel, wenigstens die meisten von uns. Das ist auch der Grund, warum wir uns hier auf der Welt so quälen. Weil wir sind, was wir fühlen.

Jedoch, durch das selbsterschaffene Leid kommen wir in Kontakt mit unserer Heilkraft und wahren Größe. Im besten Fall, denn der Kreislauf des Leids ist sehr ermüdend. Aber darum sind diese Bücher ja entstanden, sie sollen erinnern, aufwecken, Kraft spenden, Hoffnung geben und uns in das angestammte Sein führen.

Liebe Leserseele, ich fühle, es wird Zeit für das Geschenk, das Erzengel Michael angekündigt hat.

Erzengel sind so in ihrer Mitte, sie sind förmlich zeitlos. So hilft bei ihnen auch Quengeln nicht. Sie sehen dich an, den Kopf zur Seite geneigt, und ihre Ausstrahlung sagt: „Komm, lerne es selbst. Du brauchst nichts zu beschleunigen, wenn du im Fluss bist, kommt alles zur rechten Zeit."

Oh Gott, wie oft wir versucht haben, etwas zu beschleunigen, und dann ging es umso langsamer.

Also, lass uns die Zeit nutzen. Liebe Leserseele, ich sehe in dein Herz und weiß, was du brauchst. Komm, wir reisen zum See der Heilung. Das tut uns gut, und ich ahne, dass sie dort auf uns wartet.

Schon höre ich das lauschige Plätschern des Sees und kann seinen leicht salzigen, sauberen Duft wahrnehmen. Das Wasser ist türkisblau, die Sonne wärmt unsere Haut, und der Wind ist lau, er streichelt uns, als wolle er uns sagen: „Kommt ruhig her, ihr seid willkommen."

Ein Grund, warum der See der Heilung so beliebt ist, er wirkt sich sehr positiv auf die Gesundheit und den Alterungsprozess aus.

Oh ja, du hast Recht, ein wenig Mut kostet es schon, in dieses Wasser einzutauchen, weil wir durch diese Schwingung in Kontakt kommen mit dem, was sich von uns lösen will. Alles, was von uns weggeschwemmt wird, taucht in der Gefühlswelt auf, bevor es sich in Licht auflöst. Aber im See der Heilung geschieht das sehr sanft und im abgesicherten Modus.

Wie oft sind wir schon durch eine Transformation abgestürzt, erinnerst du dich?

Stimmt, das ist Vergangenheit, nun leben wir in der Zeit der Erneuerung, es ist alles leichter.

Ich halte deine Hand, vertraue mir und fühle. Lass uns unsere Beine ins Wasser tauchen. Ich kann wie du nicht abwarten, ich will endlich raus aus allem, was uns Kraft kostet.

Das Wasser ist lauwarm, ich blicke in deine Augen, wir denken gerade das Gleiche, nicht wahr? Du bist dieses Mal schneller in der Umsetzung und ziehst mich sanft ins blaue Nass. „Samt Klamotten?“, frage ich dich. Wir lachen ausgelassen. Um wirklich alles abzuwaschen, was uns beschwert hat, tauchen wir kurz ganz unter.

Dein Blick wandert in die Ferne, ich sehe dich von der Seite an und kann deine Sehnsucht spüren. Oh Gott, nun kommen mir die Tränen. Wie hast du das bloß so lange ausgehalten? Wer hat dir das bloß angetan?, frage ich dich lautlos.

Wir schauen uns tief in die Augen, ich sehe all die *nicht geweinten Tränen*. Alles, was du dir nicht erlaubt hast, taucht auf. Jede Emotion, die du unterdrückt hast, weil du stark sein musstest, fließt nun ab.

Und wieder frage ich dich: „Wer hat dir das bloß angetan?“ „Das war ich selbst, Sarinah“, murmelst du. „Die schlimmsten Verletzungen fügt man sich selbst zu, weil man nicht loslassen kann. So ***wird*** man losgelassen, und das tut sehr weh.“

Ja, ich weiß, aber nun sind wir im See der Heilung, und es kann endlich alles in die Heilung gehen. Kann, denn wie und wann genau Heilung geschieht, liegt in unserer eigenen Verantwortung. Jedoch ist der Anfang längst gemacht, denn du bist hier bei uns. Es ist gut, wie es ist.

Das heilige Wasser des Sees trägt uns, und wir lassen alles los, was uns wehgetan hat. Alles Mühselige fließt nun von uns weg und kann endlich heilen.

Abermals siehst du in die Ferne, ich folge deinem Blick, und da sehe ich sie.

Du liebe Güte, was für eine wundervolle Seele. Süße, kühle, prickelnde Energieschauer rieseln über meinen Körper. Sie kommt näher und lächelt, sie trägt ein blaues Gewand. Und sie betritt die Stufen des Sees mit einer solchen Grazie, das allein ist schon ein Anblick für Götter.

„Noch jemand, der in Kleidern badet“, flüsterst du. Du stupst mich an, und ich höre, wie du wisperst: „Sarinah, diese Seele ist eine Heilige, wie spricht man eine Heilige an?“

Mittlerweile ist sie jedoch bei uns angelangt, und ihre herzliche Art der Begrüßung nimmt uns die Scheu…

Ich bin Maria Magdalena, meine Aufgabe ist es, die Menschen in das göttliche Herz zu führen. Das göttliche Herz ist ein Symbol für den inneren Frieden, für die Güte und den liebevollen Umgang, für das Miteinander.

Ich bin jetzt hier, um euch von diesen immerwährenden inneren Schmerzen zu erlösen. Ausgelöst wird diese Pein durch alte Emotionen.

Liebe Leserinnen und Leser, immer wieder baut ihr Auftankrituale in euren Alltag ein, und doch scheint es so, als wenn „Altes“ unauslöschlich in euch schwelt.

Alte Verletzungen, Denkmuster, Glaubenssätze, Emotionen, die an schlimme Erfahrungen erinnern. Dazu kommt, dass euer Körper innerlich zu schwelen scheint.

Sooft ihr auch versucht habt, diese auflodernden Symptome zu unterdrücken, sie kamen immer wieder hoch.

Einige Beispiele: Rheumatische Schübe, Schwindel. Entzündungen, die durch den Körper wandern und sich dort festsetzen, wo die Schwachstelle im Leib ist.

Wer in diesen Tagen an den Rand seiner Kraftreserven gekommen ist, wird sicher froh sein, dass wir nun hier sind, im See der Heilung.

Dieser See ist besonders gesegnet, und ihr könnt diesen Segen überall erhalten. Möchtet ihr die Badewanne zum See der Heilung machen oder einen anderen Lieblingskraftort? Dann nur zu, eure Aufmerksamkeit und Hinwendung erschaffen die Realität. Es ist alles gut, ihr dürft wählen, und wir, die Geistige Welt, sind bei euch.

Transformationen können wundervoll sein, aber sie sind auch sehr intensiv, und viele Lichtträger sind innerlich wund, weil der Wind der Auflösung so mächtig ist.

Oh, ihr habt nichts falsch gemacht, im Gegenteil. Der Ritus der Reinigung ist schon seit jeher ein heiliges Unterfangen. Und schließlich seid ihr selbst Engel. Da ist es nicht verwunderlich, dass ihr euch so sehr danach sehnt, endlich anzukommen und im dauerhaften Glück zu sein.

Dabei geht es immer weiter in den Himmel hinein, euer Bewusstsein weitet sich, ihr kommt so in Kontakt mit dem Höheren Selbst. Jedoch, kaum seid ihr angekommen, flutet eine nächste Aufstiegswelle die Erde, und schon geht die Reise weiter.

Was macht ein Wanderer, wenn er sich wundgelaufen hat? Genau, er ruht sich aus. Doch Erdenengel sind ungeduldig, sie haben das Gefühl, als hätten sie das Ziel vor der Nase, jedoch taucht da immer wieder ein neues Ziel auf. Kaum seid ihr angekommen in einer neuen Frequenz, schon geht es weiter.

Das gilt übrigens für alle Menschen auf der Erde. Diejenigen, die einfach nur Licht werden, ohne viel darüber nachzudenken und zu zweifeln, gut vertrauen und fühlen können, scheinen es in diesen Tagen leichter zu haben.

Ja, sich einfach treiben lassen, ist schön. Aber sich von anderen Lichtträgern mittragen zu lassen, das ist gefährlich. Auf dem Weg ins Licht ist es unabdingbar, dass sich jeder Mensch selbst gewahr wird und sich an das erinnert, was ist. Wer allzu lang auf Kosten anderer lebt, den erinnert der eigene Leib, und das kann sehr schmerzvoll sein.

Der Körper ist noch sehr anfällig für Weh und Leid, darum ist es sehr wichtig, euch gewahr zu werden, dass es keine Trennung zwischen Himmel und Erde gibt.

Ich, Maria Magdalena, habe in meiner Inkarnation mit Jesus sehr viel Glück, Liebe, aber auch sehr viel Anfeindung erlebt. Und es scheint so, als würden gerade Frauen versuchen, dieses Dogma, das mir einst aufgebürdet wurde, aufzulösen, indem sie die emotionalen Verletzungen von einst wieder in ihr Leben ziehen.

Das ist eine Entscheidung, die auf der Seelenebene getroffen wird, darum ist es den meisten Frauen nicht bewusst.

Es ehrt euch, dass ihr versucht, alte karmische Verletzungen zu heilen, die Menschen in das Herz zu führen, indem ihr euer Herz dafür öffnet. Doch das ist der wunde Punkt! Ihr wurdet deswegen viel zu oft verletzt, verraten und verleugnet.

Es ist Zeit, dieses weibliche Dogma der Aufopferung aufzulösen. Meistens ist es euch nicht bewusst. Ihr führt ein modernes und erfülltes Leben, und doch opfert ihr euch immer wieder auf, um anderen den Vortritt zu lassen – den Kindern, dem Ehemann... Ihr stellt eure Wünsche hinten an.

Um beruflich erfolgreich zu sein, zwingt man euch förmlich in die Haltung der Aufopferung. Ihr möchtet nicht, dass Außenstehende das göttliche Herzenslicht wahrnehmen, aus Angst, ihr könntet verletzt werden. Doch dieses Verstecken, diese Tarnung eures Lichts führt dazu, dass andere Menschen euch prüfen. Sie prüfen eure Standfestigkeit und euer Licht und führen euch mit ihrem Verhalten in das wahre Sein. Zum Glück, denn das wahre Sein ist eine wahre Goldgrube.

Jedoch, wie oft wurdet ihr emotional verletzt, man raubte euch die Würde, und es kostete euch viel Kraft, wieder in eure Stärke zu kommen. Diese emotionalen Verletzungen führen zu Körpersymptomen, die so an die Oberfläche drängen, dass es unwillkürlich zu einer Abwehrreaktion kommt.

Um schnell zurückzufinden in die eigene Kraft, wehrt der Mensch alles ab, was sich am und im Körper zeigt. So habt ihr es von euren Vorfahren gelernt. Aber so entsteht ein Kreislauf. Altes kann nicht abfließen und kehrt immer wieder zurück.

Oh, es ist verständlich, dass ihr etwas unbewusst abwehrt. Dass ihr euer göttliches Herzenslicht in euch bewahren möchtet, ist mehr als nachvollziehbar. Die moderne Frau ist, so scheint es, immer etwas im Zugzwang. Mein Mitgefühl, das Leben kann sehr stressig und ernüchternd sein. Doch es wird Zeit, diesen ermüdenden Kreislauf endlich in Licht aufzulösen. Darum bin ich, Maria Magdalena, nun hier, ich möchte, dass die Oase der Erholung zu dir kommt und in dir wohnt, damit du dich jederzeit zum See der Heilung zurückziehen kannst, um an diesem sicheren Ort das zu finden, was du benötigst.

Du sehnst dich nach Rückzug und Rückbesinnung? Dann bitte ich dich, halte die Stille aus, die in deinem Inneren auftauchen wird. Wenn du in dir ruhen möchtest, wenn du dich entschließt, aufzutanken und aufzuatmen, dann wirst du an einem Punkt in Kontakt mit tiefer Ruhe kommen. Und das Erste, was du wahrnimmst, wenn du in dir ruhst, in tiefer Verbindung mit deinem Herzen, deiner Seele, ist Stille. Herrliche, erholsame Stille. Kannst du das aushalten, oder möchtest du lieber aktiv sein?

Das Erdendasein ist ein Meilenstein für euer Bewusstsein. Bedenkt, dass ihr Engel seid und das Erdenleben gewählt habt, um zurückzukehren in den Himmel. Aber dieses Mal, ohne euren Körper zu verlassen. Ein wirklicher Heldendienst, denn ihr kehrt nicht allein zurück, sondern führt die Menschheit in ein höheres Bewusstsein. Was machen Erdenengel, wenn sie glücklich sind? Ja, genau, sie lieben. Was machen Erdenengel, wenn sie traurig sind? Sie suchen nach der Liebe.

Mein lieber irdischer Engel, ich lade dich ein, mit mir einzutauchen in die Oase der Erholung und der Liebe.

Wir, die Geistige Welt, ehren dich und zollen dir unseren Respekt. Wie sehr wir dich lieben, wie sehr…

Möge der See der Heilung wie Balsam für euch sein. Seid zärtlich eingehüllt in die Energie der gütigen Liebe.

Mit Segen für euch, Maria Magdalena

Kraft tanken in der Oase der Erholung und Liebe

Sarinah:

Das Wasser des Sees der Heilung ist wie Balsam auf unsere Transformationswunden, es fühlt sich so seidig, warm und weich an.

Ich höre, wie Magdalena leise zu uns spricht, sie flüstert so zärtlich mit uns, dass es sich anhört, als würde sie singen.

Ihre Worte erinnern mich an das himmlische Zuhause. Sehnsüchtig schließe ich meine Augen und lausche dem Klang ihrer Stimme.

Liebe Leserseele, du bist ganz nah bei mir, bewegst dich sanft im Wasser, und ich kann wahrnehmen, wie wohl du dich fühlst. Wie schön wäre es, wenn wir für immer hierbleiben könnten, in vollkommener Sicherheit und Liebe.

„Ist das möglich“, frage ich dich leise, „kann man dieses wundervolle Krafttanken mit dem Alltag verbinden?“

Deine Antwort ist klar und deutlich, und obwohl du nicht laut sprichst, kann ich dich verstehen, deine Gedanken lesen: „Das ist möglich, wir lernen es ja gerade, Sarinah, wir erinnern uns.“

Entspannt schaue ich in deine Augen, und die Liebe, die ich darin sehe, die Ruhe, die du ausstrahlst, machen mich glücklich.

Gerne erfülle ich dir deinen Wunsch, wenn der richtige Zeitpunkt gekommen ist, dann tue ich es… vertraue mir, liebe Leserseele.

Deine Anwesenheit, das leise Plätschern der Wellen, die zärtlichen Worte von Maria Magdalena, das warme Wasser, das uns sanft umarmt, die Geräusche der Natur, die untergehende Sonne – all das macht diesen Augenblick perfekt. Fast perfekt, denn in mir nehme ich ein Sehnen wahr, das im Alltag durch all die Aufgaben, die zu erledigen sind, zugedeckt ist. Doch in dem Moment ist dieses süße Ziehen sehr intensiv, spürst du es auch? Dieses Sehnen, wenn Stille einkehrt, wenn es Abend wird, wenn du zur Ruhe kommst?

Wo kommt dieses Gefühl her? Fragend blicke ich in dein Gesicht, und da sehe ich es. Tief in dir kann ich das wahrnehmen, was ich selbst in mir habe: die bedingungslose Liebe.

Es ist die Erinnerung an den Himmel, an die unendliche Liebe, daher kommt das süße Ziehen in der Brust.

„Und das soll alles sein?", frage ich dich lautlos. „Wir suchen unser ganzes Leben nach dieser Liebe? Haben wir sie in uns gefunden, dann wird das Sehnen dringlicher und stärker. Um irgendwann Erfüllung zu finden im Menschsein? Und nach der Erfüllung suchen wir weiter? Das soll alles sein?", frage ich dich lautlos.

Während Maria Magdalene anfängt, in der Engelsprache einen Segen auszusprechen, blickst du mir wieder tief in die Augen. Und ich kann hören, was dein Herz dazu sagt.

„Sarinah, wir suchen nicht, wir sind die Erfüllung, wir baden gerade darin."

Glücklich lächelnd wird mir klar: Du hast Recht! Es geht nicht darum, das Leben noch schneller zu machen, es geht vielmehr um die Erfüllung. Es geht darum, dieses Glück, diese Kraftquelle mit anderen zu teilen. Es geht um die allumfassende Heilung, die unendliche Liebe. Dieses süße Ziehen erinnert uns daran, wer wir sind und woher wir kommen.

So lass uns ihren Worten lauschen, lass uns in ihrer Liebe baden, der Liebe der geistigen Heimat.

Spürst du die Wellen auf deiner Haut? Die Energie, die uns zärtlich einhüllt, uns schützt und uns in die Liebe führt, fühlst du es? Die unendliche Liebe, die im heiligen Herzen wohnt, möchte gelebt werden.

Tief in uns verborgen erklingt ab einem gewissen Zeitpunkt des Lebens der Ruf der geistigen Heimat. Der Ruf, der uns lebendig zurückholt in den sichere Hafen. Lebendig, ja, denn in früheren Inkarnationen war es anders. Wenn der Ruf des Himmels in uns auftauchte, dann war das in früheren Leben das Zeichen für das Lebensende.

Doch keine Angst. In dieser Zeit ist alles in der Erneuerung. Das Sehnen, der Ruf unserer geistigen Mentoren, all das sind Zeichen für die Fülle, für das pulsierende Leben. Das erklärt auch, warum wir lange Zeit versucht haben, das Sehnen, den Weckruf, das Zeichen unserer himmlischen Familie – wir haben es in uns verborgen, verdrängt, mit Aktivitäten zugedeckt, weil wir Angst hatten vor Veränderung. Angst, das Leben könnte aus den Fugen geraten, unbewusst Angst davor, Verlust zu erleiden. Schließlich ist am Anfang des Weges nicht klar, was auf uns wartet. Hier ist Vertrauen gefragt, stimmt's?

Wieder blicke ich in deine Augen und kann fühlen, wie nahe wir uns sind. Unausgesprochen und doch sehr deutlich kann ich wahrnehmen, wie du selbst diese wundervolle Liebe bist.

Wir sind angekommen in der Erfüllung, in der Oase der Erholung und Liebe. Da, wo die immerwährende Liebe zu Hause ist. Hier finden wir alles, was wir brauchen, hier ist der Quell der Fülle, der Heilung und der Kraft.

Während Maria Magdalena die Arme ausbreitet, um uns zu segnen, das Wasser leise und beruhigend plätschert und wir dem Klang unserer Herzen lauschen, erklingt dieser süße Ruf wieder in mir. Der Ruf unserer Engel, der uns daran erinnert, dass wir eine Familie sind.

Ja, wir sind irdische Engel, die nur vergessen haben, wer sie sind.

Wir sind die, auf die die geistigen Mentoren gewartet haben. Sie warten geduldig, bis wir uns erinnern, dass es keine Trennung zwischen Himmel und Erde gibt.

Wir sind eins mit der Geistigen Welt…

☆☆☆

Erzengel Michael: Es ist nicht aller Tage Abend, gib niemals auf

Wir sind eine Familie, und doch habt ihr manchmal das Gefühl, als wäre die Geistige Welt weit weg. Das sind wir aber keineswegs, auch wenn ihr abgelenkt seid mit der Bewältigung des Alltags, sind wir bei euch.

Für uns Erzengel ist es ein besonderer Moment, wenn uns ein Mensch berührt. Wir lieben es, mit euch in Kontakt zu sein genauso, wie ihr unsere Anwesenheit liebt.

Manches Mal, an den Tagen, wenn dieser Kontakt zu euch sehr innig ist und ihr einen guten Draht zu uns habt, laufen auch wir Erzengel glücklich lächelnd durch die Gegend. Oder sollte ich sagen, wir schweben? Wie auch immer ihr uns wahrnehmt, eins ist sicher: Wir sind euch sehr, sehr nah.

Gerade an den Tagen, wenn es euch nicht gut geht, wenn euch die Kräfte verlassen, dann sind wir es, die euch tragen.

Kraftlos zu sein, keine Energie zu haben, die Zuversicht zu verlieren, in alte beschwerliche Gedankenmuster einzutauchen – all das ist normal und gehört zur lebendigen Lichtwerdung dazu. Diese Transformationen sind euer Dienst am Licht, und daher gebührt euch der Respekt der Geistigen Welt. Ihr seid Engel wie wir, aber ihr habt ein schwierigeres Aufgabenfeld als wir.

Das überrascht dich jetzt? Ja, du erledigst deine irdischen Pflichten, du erfüllst deinen Seelenplan. Und durch deinen Aufstieg arbeitest du auch mit uns, den geistigen Mentoren, Hand in Hand. Mag sein, dass dir dieses geistige Wirken nicht so bewusst ist, weil viel nachts im Schlaf stattfindet. Es gibt auch Nächte, in denen deine Seele nicht in die Geistige Welt reist, sondern bei dir bleibt, damit du dich schön erholen kannst.

Was passiert dann?

Nun, du schläfst ganz besonders unruhig, weil du im Traum ständig versuchst, deine Seele dazu zu bewegen, kurzzeitig in den Himmel zu reisen, um mit dem dort gesammelten Spektrum an hohem Wissen und Energie zu dir zurückzukommen. So hat auch die Nacht einiges zu bieten, was den Kontakt zur Geistigen Welt betrifft. Der Grundstein für so manch neuen Lebensweg wird in der Nacht mit Hilfe deiner Engel gelegt.

Doch auch wenn dein Kontakt zum Himmel wundervoll und heilend ist, gibt es doch immer noch Situationen im Menschsein, die dir wehtun, stimmt's?

Darum bin ich heute gekommen. Ich möchte, dass du weißt, dass niemand dein Licht dimmen kann, niemand! Sollte es doch geschehen, sollte jemand versuchen, dich klein zu machen, dann wende dich ab. Nimm dich aus der Situation heraus. Niemand kann dich aufhalten oder dein Licht dimmen, nur du selbst.

Dieses alte irdische Verhalten des „Klein-Machens", um andere zu manipulieren oder ihr Licht zu dimmen, damit man selbst besser dasteht. Dieses Verhalten bringt selbst uns Erzengel dazu, kopfschüttelnd innezuhalten.

Und wieder stelle ich die Frage: „Warum tut der Mensch anderen das an, was er selbst nicht erleben möchte? Indem ihr es anderen antut, erlebt ihr es ja selbst."

Ich, Erzengel Michael, möchte nun dieses manipulierende Gebaren spirituell hinterleuchten. Bedenkt bitte: Wer euch wehtut, wer gegen euch handelt, als gäbe es kein Morgen mehr, der treibt euch in eure Kraft, in eure wahre Größe. Wer euer Licht versucht zu dimmen, macht euer Licht noch heller. Wer euch manipuliert, damit euch was aufgezwungen werden kann, macht euch stark und sich selbst schwach. Es hat alles seinen Sinn, liebe Freunde. Jede Schmach, die ihr erleidet, bringt die Chance auf eine Verbesserung des Lebens mit sich.

Trotzdem möchte ich mich, was das manipulierende Gebaren angeht, nicht zu lange mit den spirituellen Grundsätzen befassen. Jeder Versuch der Unterdrückung, jeder Versuch, euch ein Bein zu stellen, euch in das Fahrwasser zu bringen, wo man euch haben will, trägt eine Energie in sich, die sehr krankmachend ist. Diejenigen, die versuchen, euch zu manipulieren, denken, dass ihr den Schwarzes Peter habt. Doch dem ist nicht so! Wer anderen eine Grube gräbt, fällt selbst hinein, dieses irdische Sprichwort hat Wahrheitsgehalt.

Lichtträger können vieles kompensieren, sie können vieles abwenden. Sie sind Meister darin, das, was ihnen widerfährt, in Licht aufzulösen. Das ist gut und vorbildlich. Und schließlich seid ihr auch geschützt. Trotzdem möchte ich anmerken, dass ihr einen sensiblen menschlichen Körper habt. Dieser ist das Heim eurer Seele und daher sehr kostbar. Ich möchte, dass ihr wisst, dass der ständige Kontakt zu alten, grauen, müde machenden Energien euch krank macht.

Je höher das göttliche Licht, das ihr im Körper halten könnt, umso weniger vertragt ihr schwere, irdische Dualitätsenergien. Die machen euch müde, matt und schließlich sogar krank.

Natürlich dient das Ausschütten von Negativitäten der persönlichen und der globalen Transformation. Doch das darf keine Rechtfertigung sein für das Verweilen im Sumpf der Dualität.

Wir geistigen Mentoren möchten aufzeigen, was ihr tun, wie ihr euch in unangenehmen Situationen verhalten könnt, denn schließlich geht es auch um Heilung. Ihr seid der Spiegel für andere. Indem sie wütend auf diesen Spiegel einschlagen, zeigen sie ihre unerlösten Lernaufgaben. Sie kommen durch euch in Kontakt mit ihren unerlösten Aufgaben. Das geht womöglich einher mit viel Emotion, aber das ist gut, denn aufbrausende Gefühle sind ein sicherer Grundstein für die einsetzende Reinigung. Doch gelebt ist das Ganze ordentlich Gewitter geladen. Da kann es einem schon mal kalt den Rücken herunterlaufen, oder?

Ja, das Erdenleben kann ganz schön hart sein und zur Prüfung werden. Die Meister prüfen sich selbst, sie prüfen ihre Licht-Standfestigkeit.

Ich bitte dich jedoch: Solltet du in einer Situation sein oder geraten, bei der du spürst, wie dein Licht ins Wanken kommt, verlasse die Situation und ziehe dich in dein heiliges Herz zurück. In Konfrontation zu gehen, sich zu rechtfertigen oder ein Streitgespräch zu führen besudelt dich mit den schweren Energien deines Gegenübers.

So leicht und doch so schwer? Wie wahr, denn ihr werdet oft gerade von den Mitmenschen herausgefordert, die euch sehr nahe stehen. Da ist es nicht so leicht, Ruhe zu bewahren und besonnen zu reagieren, stimmt's?

Verständlich, denn in diesen Situationen ist meistens viel Gefühl im Spiel. Ein Loslassen, aus der Situation herausgehen, sich zurückziehen – all die spirituellen Grundsätze sind dann nicht so leicht umzusetzen.

Darum bin ich heute gekommen. Ich möchte dir einen Weg zeigen. Selbstläuterung ist das eine, aber Läuterung, die man dir antut, ist etwas anderes. Da zuckt sogar dein Schutzengel vor Mitgefühl zusammen. Doch es ist nicht aller Tage Abend, gib niemals auf. Du hast so viele lichtvolle Helfer an deiner Seite, du brauchst vor nichts Angst haben.

Wohlan, wer könnte euch ein besseres ein Beispiel sein als der Aufgestiegene Meister *El Morya...*

☆☆☆

Der Aufgestiegene Meister El Morya: Aufbrausende Zeiten, Streit gehabt? Du willst Frieden schließen?

Es gibt verschiedene Wege, um Frieden zu schließen mit denen, die sich, aus welchem Grund auch immer, zurückgezogen oder gar den Kontakt abgebrochen haben.

Ein Weg ist, dass die Zeit vergeht. Aber das Warten birgt das Risiko in sich, dass kein Dialog mehr möglich ist, weil die Zeit, die vergeht, sich wie eine Mauer zwischen euch schiebt.

Das denken viele Menschen. Das jedoch ist ein irdischer Glaubenssatz, der so nicht stimmt.

Wo ein Wille ist, ist auch ein Weg, und wo kein Wille ist, ist eben kein Weg.

Trotzdem rate ich dazu, erst einmal im Inneren Frieden zu schließen, sich klar zu werden, was man aus der befremdlichen Situation lernen kann.

Nun, nicht alle Menschen sind gleich. Manch einer schlägt mit Worten um sich, verletzt andere verbal und wartet am nächsten Tag schon wieder darauf, dass sich der andere meldet.

Da kommt mir der Begriff Schuldzuweisung in den Sinn, denn das Spiel des Wegschubsens, in dem man anderen übel mitspielt und dann darauf wartet, dass sich der andere zuerst meldet, dieses Spiel, ihr Lieben, ist uralt und nennt sich: versteckte Schuldzuweisung.

Es spricht nichts dagegen, den ersten Schritt zu tun, aber wenn dir dieser Schritt zum Verhängnis wird, weil sich das aufbrausende Szenario wiederholt, ist die Zeit reif, um das Spiel der Schuldzuweisung zu unterbrechen und somit Heilung hineinzubringen.

Wie unterbrichst du das Spiel der Schuldzuweisung? Indem du dich anders verhältst, als du dich sonst immer verhalten hast.

Dabei geht es bei den Krisen meistens um Missverständnisse, die dazu führen, dass ein Disput entsteht. Um den Kreislauf der Schuldzuweisung zu unterbrechen, ist also das Loslassen ganz wichtig. Oder, um es mit anderen Worten zu sagen: Tritt ein wenig zurück, schau dir die Situation aus der Ferne an und schlafe wenigstens eine Nacht darüber, bevor du reagierst. Du möchtest, dass man ehrlich zu dir ist, dich nicht mit Worten verletzt? Dann sprich würdevoll mit deinem Gegenüber, sei fair, nicht demütig.

So leicht, und doch so schwer? Ja, die gewohnten Verhaltensmuster scheinen eine mächtige Anziehungskraft zu haben. Dieser Anziehungskraft gilt es zu widerstehen.

Ich bin der Aufgestiegene Meister El Morya, und ich bin heute gekommen, um euch ein Beispiel zu sein.

Nein, ich will euch kein Beispiel geben, das, ihr Lieben, ist etwas, was ihr nicht benötigt. Ihr werdet ja überflutet mit guten Ratschlägen, die ihre Wirkung verfehlen, weil sie nicht nachvollziehbar und im Leben nur schwer umsetzbar sind.

Ich will euch vielmehr ein Beispiel sein! Jemand, der euch ein Beispiel ist, hat das, was er sagt, selbst durchlebt und gelöst, daher ist der Rat auch umsetzbar.

Aufgestiegene Meister waren mehrmals auf der Erde, sie wissen daher genau, wie ihr euch fühlt. Aufgestiegener Meister wird man, indem das irdische Leben zur Prüfung wird. Meister küren sich niemals selbst. Sie werden Meister, indem die heftige irdische Prüfung nicht zum Stolperstein für die eigene Seelenplanung wird.

Meister erkennst du daran, dass sie sich nicht vom Licht abwenden. Sie können eine leidgeprüfte Zeit durchleben, ja, aber sie ordnen sich dieser Prüfung nicht unter, sondern stellen sich den Lernaufgaben.

Aufgestiegene Meister sind vom Leben dazu berufen, diesen Titel zu tragen. Es ist nicht der Himmel, der uns den Titel verleiht. Der Himmel erlaubt, dass wir uns Aufgestiegene Meister nennen, die Geistige Welt aber verleiht diese Orden nicht. Diese Berechtigung kommt von denen, die wir auf dem Weg der lebendigen Lichtwerdung begleiten.

Aber kommen wir zurück zum Thema. Was tun, damit Frieden ins Leben einkehrt?

Ihr Lieben, wenn ihr etwas wieder gutmachen möchtet, dann ist eine ehrliche, von Herzen kommende Entschuldigung immer ratsam. Aber um Frieden hineinzubringen, beginnt es immer in euch selbst, indem ihr all das aus eurem Leben schmeißt, was ihr an anderen nicht mehr sehen möchtet.

Ein unbequemer Weg, ich weiß. Es wäre viel bequemer zu versuchen, andere dazu zu bewegen, dass sie sich ändern. Aber hat das einen Sinn?

Nein, es hat keinen Sinn, andere dazu zu bewegen, dass sie sich anpassen. Um weiter das Einerlei, das ihnen so lieb ist, beizubehalten, dafür tun Menschen sehr viel. Die Crux an der Sache ist aber, dass dadurch eingefahrene Lebensphasen entstehen. Das ist zwar für den einen bequem, der andere aber verliert sich dadurch immer mehr.

So wird eine Scheinwelt aufgebaut, die aus dem Nichts heraus zersplittern kann. Ein Anlass, ein missverstandenes Wort, ein Satz der aufbrausenden Resonanz genügt, und schon zersplittert das, was doch eigentlich ein ganzes Leben halten sollte.

Ja, ihr lebt euren Seelenplan, trotzdem könnt ihr durch euren freien Willen von der Seelenplanung abweichen. Aus eigener Erfahrung kann ich sagen, das fühlt sich an wie sterben.

Was also tun? Wie kommt ihr wieder auf den Weg des Glücks?

Ganz einfach, liebe Freunde, euer heiliges Herz führt euch zurück, es führt auch in eure Mitte, und es führt euch auf den rechten Weg.

Ich sprach vom heiligen Herzen, das mit der Geistigen Welt verbunden und wie eine Oase der Heilung ist. Das eifersüchtige, nach Beifall suchende, nach Zusicherung dürstende Herz, das Herz, das neidisch auf andere schielt, das eine Wiedergutmachung will, das meine ich nicht damit.

Wer sich in dieser Eifersuchtsenergie aufhält, der badet nicht selten in Selbstmitleid und ist festen Glaubens, dass die anderen Schuld am eigenen Debakel wären. Das ist wenig gewinnbringend, weil es den müden Kreislauf nur festhält.

Und was dann? Was kannst du tun, damit du friedlich leben kannst? Kann man etwas rückgängig machen, was man bereut?

Nun, die Zeit kann zwar nicht zurückgedreht werden, aber du kannst vergeben. Um nicht immer wieder in Resonanz zu gehen mit Energien, die dir nicht guttun, ist es wichtig, dass du vergeben kannst, dir und deinen Mitmenschen. Etwas zu bereuen ist leicht, das bringt aber höchstens die Erkenntnis, dass beim nächsten Mal anders gehandelt werden sollte, sonst…

Sonst droht Verlust, oder?

Das Schreckgespenst mit dem Namen Verlust ist irdisch, denn aus Sicht der Geistigen Welt gibt es keinen Verlust.

Wir haben leicht reden, sagt du?

Weißt du, liebe Leserseele, Aufgestiegene Meister sind Verlustgeprüft, sie hatten in ihrer Inkarnation sooft mit Verlust zu tun, bis sie erfahren durften, dass Verlust nur ein Schein ist, ein Trugbild gar. Du verlierst ja nur das, was du krampfhaft festhältst. Was mit Erwartungen und Forderungen, Wertungen belegt ist, das verlierst du. Was du im Vertrauen der Liebe loslässt, das kannst du nicht verlieren. Es kommt, auf welchem Weg auch immer, zu dir zurück.

Ihr Lieben, manches Mal ist es ein Schutz für euch, wenn ein Kontakt zu einem Menschen abbricht, denn womöglich wäre euch das Kreuz zu schwer, das ihr euch freiwillig geschultert hättet. Das ist ein Satz, der sicher Resonanz erschafft. Verständlich, denn menschliche Dramen gehen einher mit vielen Gefühlen. Aber ehrlich zu sagen, was man fühlt, kann sehr heilend sein oder zumindest eine Verbesserung herbeiführen. Das kann die Entzweiten wieder zusammenführen, wenigstens für ein Gespräch.

Kennst du die heilige Gefühlswelt?

Die heiligen Gefühle findest du im göttlichen Herzen.

Das sind Gefühle, die ganz ehrlich sind, ohne dass du damit etwas erreichen möchtest. Sich zu öffnen, ohne Vorwurf verlauten zu lassen, warum in Krisensituationen so und nicht anders gehandelt und gesprochen wurde, kostet Mut.

Wenn du dein Herz dafür öffnest, kann auch dein Gegenüber sein Herz öffnen für ehrliche Gespräche von Herz zu Herz.

Von Wahrheit und wer hat denn nun Recht, wer hat Unrecht, davon will ich hier nicht sprechen. Es ist das Ego, das sich nach Genugtuung sehnt, und das Ego sehnt sich danach, dass der andere klein beigibt, indem herauskommt, dass er oder sie im Unrecht war.

Was bringt das? Nichts, rein gar nichts, denn das alte Gebaren der Ego-Überheblichkeit, das weltliche Gebaren der sprachlichen Manipulation, um jemanden dazu zu bringen, etwas einzugestehen oder etwas zu tun, dieses alte Verhaltensmuster, ihr Lieben, hat in dieser Zeit längst ausgedient.

Wer das alte Ego-Gebaren heute noch lebt und anderen aufbürdet, wird schwächer, nicht stärker.

Nun, um etwas wieder gutzumachen, dafür braucht es vor allem eins, und zwar das aufrichtige, lichtvolle Leben.

Fühle, was das göttliche Herz sagt, und lebe es. Lebe die Essenz aus deinen lichtvollen Erkenntnissen.

Du wirst sehen, deine Mitmenschen reagieren darauf. Sie antworten dir und teilen dir mit, was sie auf dem Herzen haben.

Das können Trauer sein, Sorgen oder Angst, Liebe und Glück oder Leid. Wichtig ist nur, dass du das göttliche Herz lebst und denen ein Beispiel bist, die in der gleichen Krisensituation sind, in der du einst warst.

Auch wenn der Mensch, an den du beim Lesen dieses Kapitels gedacht hast, nicht antwortet, hast du doch viel Heilung in dein Herz gebracht. Und was du bei dir heilst, heilt auch beim anderen.

Bisweilen, liebe Freunde, dauert es aus irdischer Sicht ewig, bis die Chance auf einen zwischenmenschlichen Neuanfang kommt. Aber die Zeit kann gut genutzt werden, um die eigenen Flügel zu entfalten und Frieden zu schließen mit sich selbst.

Es dankt und segnet euch
der Aufgestiegene Meister El Morya

Erzengel Michael: Für einen Engel ist es nie zu spät

Engel sind immer im Einsatz, sie schlafen nie. Sie kommen nie in Bedrängnis, weil sie viele Dinge gleichzeitig erledigen können. Wir können wahrhaftig blitzschnell da sein, wo wir gebraucht werden.

Manche Lichtträger wünschen sich, dass sie viele Aufgaben gleichzeitig erfüllen können. Aus menschlicher Sicht gesehen, sind diese Superkräfte toll, die wir Engel haben. Und ja, wir lieben diese Superkräfte.

Aber vergesst bitte nicht, dass ihr mit der Erde aufsteigt und im himmlischen Schwingungsfeld lebt, das die Geistige Welt mit ihrer Liebe förmlich beatmet.

Euer Körper braucht in dieser Zeit der Erneuerung viel Regeneration und Schlaf. Sich selbst zu verlieren, indem man sich total verausgabt, um anderen alles recht zu machen, das, ihr Lieben, macht die Luft förmlich dünner, und es fällt euch dann schwer, zu atmen.

Es ist alles in Ordnung, solange ihr beachtet, dass ihr nichts mehr tun könnt, was euch auslaugt. Klar könnt ihr mit eisernem Willen die Tätigkeiten ausführen, die eben getan werden müssen, aber ihr werdet merken, dass fürs Zähnezusammenbeißen und sich durchzukämpfen früher weniger Kraftaufwand notwendig war als heute.

Das ist die Kehrseite der Medaille. Der verkörperte Aufstieg ins Licht bringt einige Neuerungen mit sich, die wundervoll sind, jedoch könnt ihr nicht mehr in euren alten Schuhen durchs Leben gehen. Das heißt, dass euch alles schwer fällt, was unbeseelt ist. Jede Einstellung, die gegen das göttliche Licht ist, wird dazu führen, dass ihr euch selbst verliert. Und dann blockiert euch der eigene Körper oder die Psyche, sodass ihr Zeit zum Nachdenken habt, zur inneren Einkehr.

Mit unbeseelt meine ich übrigens all die Aufgaben und Tätigkeiten, die nicht im Einklang sind mit eurer Seele. Das kann ein Debakel sein, wenn der Job, den man jahrelang gemacht hat, um Geld zu haben, plötzlich keine Freude mehr macht. Wenn die Kollegen anfangen, dich rauszuschubsen, indem sie dich mobben.

Was also tun? Durchhalten und die Zähne zusammenbeißen? Das ist kaum noch möglich in dieser Zeit.

Ihr Lieben, erfüllt euch eure Wünsche und schiebt eure Träume nicht weg. Das ist leicht gesagt, ich weiß. Auf der irdischen Ebene ist ein Sprung ins kalte Wasser verbunden mit dem Hochwallen von Existenzängsten. Darum ist es so wichtig, in der Liebe zu bleiben, denn in der Fülle, der göttlichen Liebe, ist für alles gesorgt. In dieser Schwingung gibt es weder Mangel, Krankheiten noch Perspektivlosigkeit.

Mehr denn je kommst du in deine Manifestationskraft, du lebst also deine Aussendungen und deine innere Ausrichtung. Wenn du eine destruktive Grundeinstellung hast, was deinen Körper betrifft, dann erinnert dich dein Leib, indem er nicht so funktioniert, wie du es eigentlich gerne möchtest. Da siehst du deine Manifestationskraft, diese Kraft erschafft Realität, und wie. Dein Körper ist der Beweis.

Die meisten Menschen erschaffen übrigens zuerst erdige, etwas schwere Realität, so können sie lernen, es lichtvoll umzukehren.

Liebe Leserseele, dein Licht ist mittlerweile so stark, dass du Berge versetzen kannst, und das an einem Tag, und zwar mit der Kraft deiner Manifestation. Wie manifestiert man? Genau, die innere Einstellung ist sehr wichtig dabei. Du kannst noch so positiv aussenden und handeln, wenn die innere Einstellung querläuft, dann erschaffst du Begebenheiten, die dich blockieren. Das, was du innerlich bist, erlebst du im Außen.

Schon gehabt, sagst du? Ja, stimmt, aber daran siehst du, wie mächtig du über den Geist bist. Mit deinen gebündelten mentalen Kräften kannst du dir die Leichtigkeit des Seins förmlich heranziehen.

Ein Tipp von Erzengel Michael, wenn es schwer fällt, beständig positiv zu denken, weil die Realität, die du dir erschaffen hast, so zäh ist: Übergib mir die destruktiven Gedanken. Und immer, wenn du darauf zurückgreifen willst, dann erinnere dich daran, dass du mir das schwere Päckchen gegeben hast und du deswegen nicht darauf zurückgreifen brauchst.

Klar helfen wir Engel dabei, wir tun, was wir tun dürfen, und das ist viel. Aber die Lichtträger in eine Erkenntnis hineintragen, das dürfen wir nicht, sonst würdet ihr es ja nicht lernen.

Stell dir mal vor, was wäre, wenn wir dir jedes Mal jede Blockade und alles Schwere aus dem Weg räumen würden? Was wäre dann? Ja, genau, nichts. Du würdest nicht weiterkommen.

Du kannst deinen Seelenvertrag nicht erfüllen, ohne selbst Erfahrungen zu machen. Das ist der Unterschied: Wir Engel lernen rein übers Bewusstsein, der Mensch lernt über das Leben und das Bewusstsein.

Was ist besser? Ja, du hast Recht, die Mischung macht es. Ein wenig ausruhen auf der rosaroten Wolke, weil man sich am Tag zuvor etwas erarbeitet hat, ist doch sehr gut fürs Gemüt.

Du hast mal leichte Tage und schwebst, dann hast du wieder etwas schwerere Tage, an denen du von dieser Schwebekraft zehrst. So balancierst du so lange, bis du Fülle erschaffen kannst.

Ich sprach vorhin die Neuerungen an, die das Leben in der Energie der Quelle allen Seins mit sich bringt.

Dazu gehören:

- Starke Manifestationskraft,
- hohe Anziehungskraft in Sachen Seelenübereinstimmung,
- schwere bis keine Anpassungsfähigkeit bei allem, was unbeseelt, nicht im Einklang mit deiner Seele ist,
- tiefe Sehnsucht nach Ruhe, Frieden und Liebe,
- der Wunsch nach Selbstverwirklichung und einem erfüllten Leben,
- sehr starke Heilerqualitäten, die stetig ansteigen,
- das Phänomen der allumfassenden Spontanheilung.

Die Selbstheilung ist bei vielen Lichtträgern ein großes Thema. Was passiert mit Lichtarbeitern, die vergessen, sich selbst zu heilen?

Sie erleiden etwas, sie werden entweder krank oder haben dauernd andere Wehwehchen. Es kann auch die Psyche sein, die wund ist. Und wenn die Psyche wund ist, ist es auch der Körper.

Ihr Lieben, ich möchte keinesfalls werten oder mit dem Finger auf jemanden zeigen. Der Pfad der Selbstläuterung führt, auf welchem Weg auch immer, ins volle Bewusstsein. Respekt, liebe Leserinnen und Leser, gerade irdische Meister prüfen sich selbst ganz schön hart.

Es gibt übrigens keinen Engel im Himmel, der nicht heilen könnte. Jeder Aufgestiegene Meister kann heilen. Sogar die berühmten Räte des Lichts heilen auf sehr vielseitige Weise.

Was würde passieren, wenn wir das nicht praktizieren oder uns der Heilung verschließen würden? Wenn wir nicht bewusst wären, was wäre dann? Das ist unvorstellbar? Ja, du hast Recht.

Für einen Engel ist es nie zu spät. Du bist ein Erdenengel, und du darfst dir sicher sein, dass du heilen kannst.

Erdenegel gehen durchs Feuer, sie sind unsere irdischen Kollegen. Und schließlich heilen wir immer Hand in Hand. Du heilst dich also mit der Energie der Geistigen Welt.

Ich, Erzengel Michael, bitte dich um eins: Sei einfach offen und lebe lichtvoll. Behandle andere Menschen lichtvoll. Lichtvoll zu denken, zu sprechen und zu fühlen genügt in dieser Zeit nicht mehr. Auch das Handeln zählt.

Lichtvoll zu handeln ist einfach und fängt bei dir selbst an. Wie behandelst du dich? Wie gehst du mit Unzulänglichkeit um? Klar, kann es immer mal wieder passieren, dass du mit dir unzufrieden bist. Was machst du dann? Liebst du dich und siehst es mit Humor, oder bestrafst du dich?

Viele Lichtträger bestrafen sich unbewusst, indem sie sich nicht erlauben, voll in der Fülle zu leben. Aber für einen Engel ist es nie zu spät. Und wir haben vielerlei Möglichkeiten, euch zu helfen. Doch leben dürfen wir Erzengel nicht für euch.

Darum, liebe Leserseele, sei bitte achtsam und zärtlich mit dir. Sei ganz du selbst, ohne ein schlechtes Gewissen. Sei lichtvoll und vertraue.

Da ich gerade höre, dass unser Erdenengel Harry nach uns ruft, schlage ich vor, wir sehen nach ihm.

Harry ist ein gutes Beispiel, wenn es darum geht, etwas in die Heilung zu bringen, was sich hartnäckig festgesetzt hat.

Es geht vielen Lesern genauso, sie hadern immer wieder mit den gleichen Problemen. Schließlich ist es ihnen dadurch so schwer ums Herz, da kommt ein gelebtes Beispiel, wie man da wieder rauskommt, doch gerade recht.

Sieh an, Harry, der Erdenengel, hat sich zurückgezogen, er wartet auf uns, und er ist nicht allein.

Wohlan, dann lasst uns zu ihnen gehen.

Harry:

Ja, ich habe euch gerufen, aber dieses Mal lasse ich ihm den Vortritt, unser Freund hier hat eine wichtige Botschaft für euch. Und ich denke, es ist höchste Eisenbahn, denn die Tumulte auf der Welt werden mehr statt weniger.

Dieses Weltgeschehen macht vielen Menschen Angst. Es ist immer gut, einen Freund zu haben, der eine weitere Sicht auf die Dinge hat und einen beruhigen kann.

Er gehört zu den berühmten Räten des Lichts, so sei herzlich begrüßt, Martin, die Seele von Martin Luther King.

☆☆☆

Die Seele von Martin Luther King: Die Angst davor, dass es schlechter wird statt besser

Viele Menschen sind im Sog der Krisen-Berichterstattungen gefangen. Nicht immer sind diese Nachrichten ehrlich, sondern man versucht, euch im Glauben zu halten, dass alles schlechter wird statt besser. Das stimmt jedoch nicht. Jeder Tumult, all die schlimmen Ereignisse auf der Welt, sind zwar heftig, das bedeutet aber nicht, dass es in einer endlosen Spirale nach unten geht.

Es ist wichtig, das Angstfeld der Menschen in die Balance zu bringen, denn es ist wie eine Zündschnur für weitere Konflikte.

Meistens seid ihr es nicht, die diese Zündschnur mit dem Feuer in Kontakt bringen. Was ich damit sagen will ist, dass das hereinströmende himmlische Licht mittlerweile sehr viele Bürger erreicht hat. Das ist gut so, denn die vielen Lichtträger halten dagegen, was Zerstörung und Terror betrifft.

Aber viele sind noch gefangen im Angst- und Befürchtungsfeld. Sie haben eine dementsprechend destruktive Einstellung, was ihre Zukunft betrifft. Und genau diese Tatsache wird von den Schattenspielern benutzt, um wieder Feuer zu legen und böse Tatsachen zu erschaffen.

Das, was ihr dann mitbekommt, ist nur ein kleiner Teil dessen, was auf der Welt passiert. All die guten und lichtvollen Geschehnisse serviert man euch nicht auf dem Silbertablett, sondern das, womit man viel Aufmerksamkeit erregt und was somit viel Umsatz bringt.

Ich kann ein Lied davon singen, denn in meiner Inkarnation als Martin Luther King jr. war das nicht anders. Der Unterschied ist, dass die modernen Medien heutzutage eine schnelle Verbreitung bieten. Die sozialen Netzwerke sind den Despoten ein Dorn im Auge, weil sie befürchten, dass die Wahrheit zu schnell durchsickert.

Und genauso ist es auch, die User auf der ganzen Welt sind so wundervoll miteinander vernetzt, dass es für die Mächtigen immer schwerer wird, Tatsachen zu verschleiern und Lügen zu verbreiten.

Aber ihr werdet immer noch ihre Versuche bemerken, die Menschen in die Irre zu leiten. Die Despoten versuchen, die Bürger mit getürkten Nachrichten zu umweben, sodass die Menschen im Angstfeld der Starre bleiben. Wer Angst hat, ist manipulierbar!

Die Menschen haben Angst davor, dass die Versorgung zusammenbricht, die Katastrophen nicht abreißen und es immer schlechter wird statt besser. Angst vor Seuchen, Armut, Terror und Krieg.

Sie raten euch dazu, alles Nötige für den Notfall zu bunkern, und indem sie euch suggerieren, dass ihr selbst für eure Sicherheit und Versorgung sorgen sollt, schüren sie eure Angst.

Der Wind der Transformation bringt alles an die Oberfläche, was transformiert werden muss. Das heißt aber nicht, dass alles schlechter wird. Im Gegenteil: Es wird besser, und zwar jeden Tag. Der Weltfrieden kündigt sich an, indem die Sehnsucht nach Frieden in den Herzen der Menschen immer stärker wird.

Das Positive zeigen euch aber die Nachrichten kaum. Was euch überwiegend gezeigt wird, sind Hass, Neid, Streit, Fehden, Verfolgung, kriegerische Auseinandersetzungen, Mord und Todschlag. All die guten Taten und lichtvollen Nachrichten werden, wenn überhaupt, nur am Rande erwähnt.

Da, wo ihr eure Aufmerksamkeit hinlenkt, erschafft ihr Realität. Diese Tatsache wird von den lichtvollen Menschen genutzt, um Gutes zu erschaffen. Leider wird das Aufmerksamkeitsprinzip auch von der Schatten-Elite benutzt, um Böses zu erschaffen.

Darum möchten wir deine Aufmerksamkeit auf den guten Ausgang und die lichtvollen Gegebenheiten lenken. Somit erschaffst du in der Gemeinschaft der Lichtträger eine bessere Welt. So wirken wir mit euch zusammen Hand in Hand.

Nun, zugegeben, es ist aus menschlicher Sicht nicht immer leicht, zuversichtlich und in der Liebe zu bleiben. Aber es wird immer leichter werden, denn die hereinströmende göttliche Energie hebt die Schwingung der Erde und ihrer Menschen immens an. Diese Frequenz unterstützt euch enorm bei eurem Lichtdienst.

Nichts ist klärender, Bewusstseinserweitender und heilender als das Schöpferlicht, das Licht der Quelle allen Seins.

Liebe Leserinnen und Leser, da ich weiß, wie sehr ihr euch nach Leichtigkeit und Liebe sehnt, öffne ich nun das Fenster zum Erdenengel Harry. Möge das nachfolgende Kapitel Inspiration sein und euer Herz erfreuen.

Die Seele von Martin Luther King

☆☆☆

Das Leben ist ein Kraftakt

Harry, der Erdenengel, kam gerade zu der Überzeugung, dass er für heute genug gearbeitet hätte, schließlich war es bereits spät in der Nacht.

Harry wollte eigentlich noch diese Akte durcharbeiten, aber er hatte keine Chance, denn ihm fielen die Augen zu. Er versuchte, sich zusammenzureißen, aber trotzdem sackte sein Kopf alle paar Minuten auf seine Brust.

So traf ihn Erzengel Michael an…

„Du kämpfst mit dem Schlaf, Harry. Warum gehst du nicht zu Bett?" Der Erzengel sah sich den Erdenengel genau an. Und wenn Erzengel genau hinsehen, dann leuchten sie dir bis tief in die Seele. Ihnen bleibt nichts verborgen.

Erzengel Michael wusste, dass einige Fragen auf Harrys Seele brannten und er nicht schlafen konnte, weil diese Fragen ihn umtrieben.

„Ich kann in deine Seele sehen, Harry, ich weiß, was du hast. Und ich antworte dir gerne auf deine Fragen, damit du danach ruhig schlafen kannst. Du musst nichts sagen, ich kann dich auch so hören. Lehne dich einfach bequem zurück und hör mir zu."

Und weil ich weiß, dass diese Fragen vielen Leserinnen und Lesern am Herzen liegen, antworte ich, Erzengel Michael, heute euch allen.

Ja, die Geistige Welt ist bei euch, und auch wenn ihr uns meistens nicht sehen könnt, sind wir doch da. Immer wenn ihr zum Beispiel die erste Seite dieser Buchreihe aufschlagt, wenn ihr anfangt zu lesen, dann beginnt unsere gemeinsame Zeit.

Ihr öffnet die Tür, und wir, die himmlischen Freunde, begleiten euch. Die Seelenverträge sind eine gute Möglichkeit zu spüren, dass wir ein Team sind.

Klar geht das auch bei anderen spirituellen Büchern. Ihr werdet von euren Engeln geführt, sie zeigen euch, was euch weiterhilft.

Engel haben viele Möglichkeiten, um auf etwas aufmerksam zu machen. Es kann sein, dass ihr zu den Seelenverträgen gekommen seid wie die Jungfrau zum Kind. Aber Zufälle gibt es nicht, gerade die Begegnungen, die zufällig aussehen, sind es meistens nicht.

Nun, ich möchte nicht zu viel von uns Engeln reden, vielmehr möchte ich nun mit dir reden, ja, mit dir, liebe Leserseele.

Ich, Erzengel Michael, möchte dir sagen, dass keiner deiner Schritte umsonst war. Du hast es nicht besonders gern, wenn du schnelle Entscheidungen treffen sollst, weil du das Gefühl hast, als hättest du dich in deinem Leben schon mal falsch entschieden?

Mein Engel, es gibt kein Falsch und Richtig, weil du ohnehin den Wegweisern deines eigenen Seelenvertrags folgst.

Es ist Zeit für eine kleine Energiedusche, ein Geschenk aus der Geistigen Welt, damit du aus dem Zweifeln herauskommst. Oh, du zweifelst nicht? Lieber irdischer Engel, das Zweifeln ist euch angeboren. Außerdem ist das Hinterfragen, die Suche nach dem Sinn des Lebens, ein Grundstein für das Erwachen. Egal, wie du es nennst, du kannst auch Lichtwerdung dazu sagen.

Ich möchte, dass du weißt, dass die Stoßgebete, die Bitten, das Flehen, die Gebete – es kommt alles bei uns an.

Schau, ich zeige dir den Ort, den deine Seele nachts aufsucht, um Heilung, Energie, Zuversicht, manchmal auch eine zündende Idee zu finden.

Hier ist die Stimmung, das Licht so, als wenn du in einen Raum kommen würdest, der vom Kaminfeuer beleuchtet ist. Nicht zu hell, nicht zu dunkel. Der Lichtschein in Goldorange hat einen warmen Schimmer und wirkt sehr heimelig.

Vielleicht hast du, wenn du nachts schnell die Augen öffnest, weil dich etwas aufgeweckt hat… vielleicht hast du dieses wunderschöne Licht schon einmal in deinem Schlafzimmer gesehen? Wenn du plötzlich wach wirst, kehrt deine Seele nämlich sehr schnell zu dir zurück. Das Tor zum himmlischen Raum ist dadurch noch eine kleine Weile offen, und du kannst hineinsehen.

In den Seelenverträgen Band 10 und 11 haben wir mehrere Beispiele gegeben, wie so ein himmlischer Raum aussehen kann. Ein Kaminzimmer oder ein Strand mit Sonnenuntergang. Ein Balkon mit einer himmlischen Hollywoodschaukel, auf der du dich ausruhen und auftanken kannst. All das sind nicht nur Geschichten, sondern Türöffner für deinen eigenen himmlischen Raum. Die Seele erkennt die Energiegeschenke und nimmt sie durstig an.

Wenn deine Seele nachts zu uns reist, begleitet sie immer ein Erzengel. Der erste Weg deiner Seele ist hierher. Hier findest du deine kuschelige Komfortzone. Hier reinigen sich Seelen gern. Ja, reinigen, denn das ist das Erste, was Seelen tun, wenn sie in die Geistige Welt reisen, sie nehmen eine Energiedusche.

Im Eingangsbereich deines himmlischen Raums ist eine solche Vorrichtung installiert, du kannst hereinkommen und sofort duschen. Du öffnest die Tür oder deine Engel halten diese für dich auf. Dann gehst du hinein und stellst dich unter die himmlische Dusche. Von Kopf bis Fuß, bis alles Schwere von dir geht und du ganz durchleuchtet bist mit dem göttlichen Licht.

Das ist ein wenig anders als in euren Häusern. Auf der Erde steht die Dusche meistens nicht im Eingangsbereich. Das wäre aber klug, denn dann könntet ihr gleich aus dem Arbeitsmodus frisch erholt in den Feierabend starten.

Du kannst dieses Energiegeschenk mitnehmen und deine Engel bitten, dir am Platz deiner Wahl eine Energiedusche einzurichten. Dann stell dich genussvoll darunter und labe dich an dieser herrlichen Energie. Selbst wenn du es nur in Gedanken tust, hat das eine enorme Wirkung. Du wirst sehen, es tut dir nicht nur gut, sondern diese energetische Reinigung hat auch eine große Heilkraft.

Unsere Freunde aus dem All benutzen übrigens eine Vorrichtung, in der sie sich waschen und Energie tanken. Außerdem waschen sie gleichzeitig ihre Kleidung in dieser Duschvorrichtung. Obwohl waschen nicht der richtige Ausdruck ist, denn Energieduschen arbeiten individuell und natürlich rein energetisch, ohne Wasser.

Klar kannst du auch deine weltliche Dusche als Energiedusche benutzen. Dann wirst du eben nass dabei, das ist doch lustig. Wir Engel lieben es so, wenn ihr euch nass macht. Es gibt nichts Schöneres für uns, als plätscherndes Wasser und ein Erdenkind, das sich daran erfreut.

Eure Sternengeschwister haben die galaktischen *Allround-Duschen* perfektioniert. Sie stellen sich voll bekleidet darunter und reinigen alles, tanken auf und hören gleichzeitig ihre Lieblingsgeräusche. Es gibt auch Starpeople, die gerne irdische Formel-1-Geräusche unter der Dusche hören. Während des Energieduschens werden sie nicht nass, aber trotzdem vom Scheitel bis zu den Schuhen frisch.

Nun, Starpeople sind in der Regel nie schmutzig. Wovon auch, sie halten sich in der hohen Schwingung auf, da gibt es weder Staub, noch Schmutz. Eure Sternengeschwister riechen übrigens nie nach Schweiß, weil in den hohen Vibrationen kein Körpergeruch entsteht. Ihre Körper werden weder müde, noch alt, und erst recht nicht krank. Es gibt auch keine Körperausdünstungen, wenn sie mal auf die Toilette gehen. Eure Sternengeschwister duschen ja nur der Energie wegen und weil sie dabei Spaß haben.

Das Reinigen ihrer Kleidung wäre eigentlich auch nicht nötig. Doch Starpeople halten sich schon mal in anderen Raumschiffen oder auf der Erde auf. So stellen sie sich danach wieder auf ihren Heimatplaneten ein, indem sie eine *Allround-Dusche* benutzen.

Oh ja, ich kann deine Gedanken hören, liebe Leserseele. Wenn ihr zusammen mit der Erde in höhere Dimensionen aufsteigt, werdet ihr merken, dass der Körper anders riecht. Ihr nehmt allenfalls einen Transformationsgeruch wahr, keinen Schweißgeruch mehr.

Langsam aber sicher werden auch die Räume, in denen ihr euch aufhaltet, staubfreier. Und wenn ihr geputzt habt, dann bleibt es länger frisch.

Vielleicht ist es dir schon aufgefallen, dass du weniger Staub wischen musst als noch vor Jahren? Dass dein Körper anders riecht und deine Kleidung nicht so verschmutzt? Dass du, wenn du Essen zubereitest, nicht mehr so nach den Essensgerüchen riechst. Deine Körperbalance bleibt stabil, was heißt, dass deine Haut wie ein natürlicher Schutzwall wirkt.

Übrigens gibt es aus der Sicht der Geistigen Welt auch keine Wechseljahre, weder bei der Frau, noch beim Mann. Kann es sein, dass dies eine Erfindung eurer Pharmaindustrie ist, die diese Geschichten um die Wechseljahre in den Medien breitgetreten hat, weil damit sehr viel Geld verdient werden kann?

Und eure Körper haben reagiert, denn wo ihr eure Aufmerksamkeit hinlenkt, das lebt ihr auch. „Dir geschehe nach deinem Glauben“ – ein irdisches Sprichwort, das seine Richtigkeit hat.

Die Hormonumstellung in reiferen Jahren ist ein natürlicher Vorgang. Es ist seit jeher so, dass die Wahrscheinlichkeit einer natürlichen Empfängnis mit den Lebensjahren abnimmt. Aber mit einem Körper, der immer mehr Licht integrieren kann, kristallin wird, gelten die alten Regeln nicht mehr.

Wenn eure Haut, die Haare, die Knochen, die Muskeln, die Hormone sich dem Alter entsprechend verändern, dann hat das mehr zu tun mit den teilweise immer noch dichten Energiefeldern auf der Erde als mit den Lebensjahren.

Aber im Allgemeinen werden eure Körper immer lichter, was alles aufhebt, was man euch aufgebürdet hat. Jedoch ist es wichtig, die eigenen Einstellungen zu den Themen der Überlagerung zu überprüfen. Und es ist wichtig, dass ihr euch neu ausrichtet auf das gesunde Ziel, und nicht auf das, was ihr eigentlich gar nicht erleben wollt. Was die Überlagerungsprogramme der Seelenjager angeht, da gibt es viel zu erlösen, zu verändern und zu heilen.

Nun komm, liebe Leserseele, lass uns nach ihm sehen, bevor er gänzlich einschläft, schließlich ist unser Harry einer von uns. Er hat etwas auf dem Herzen und spricht meistens das aus, was sehr viele Leser denken.

In Liebe,
euer Erzengel Michael

Tabula Rasa, reinen Tisch machen, es folgt ein Neubeginn

Harry:

Was ich auf dem Herzen habe? In Kürze steht ein Neubeginn ins Haus, aber ich habe Angst davor. So fällt es mir schwer, die nötigen Schritte zu unternehmen, die in das neue Leben führen.

Ich kann alles erarbeiten und tun, aber wenn es um diesen Neubeginn geht, dann streiken meine Hände und der Kopf. Ich bin in der Sache wie gelähmt, kann keine Entscheidungen fällen. Und ich weiß nicht, was ich tun soll. Weißt du es, Erzengel Michael?

Erzengel Michael:

Du hast keine Angst, was die neue Lebensphase betrifft, du hast Angst vor der Veränderung, vor dem Loslassen. Das ist es, was dir Sorge bereitet. Harry, du sitzt hier in deinem Büro, es ist spät nachts. Um diese Uhrzeit sind die Probleme immer größer als bei Tageslicht. Manches Mal ist es gut, wenn man Dinge nüchtern betrachten kann, das bringt weniger Verwirrung. Ihr Menschen neigt dazu, sehr viel Emotion in Problemlösungen zu stecken, was die Gefahr birgt, dass ihr aus dem Tief nicht mehr herausfindet.

Einige Beispiele: Wenn etwas unausweichlich scheint – es steht ein Umzug ins Haus, du befürchtest eine Trennung, ein Krankenhausaufenthalt steht an, du brauchst eine neue berufliche Herausforderung, die Kinder werden zu schnell groß –, dann rate ich zu Gelassenheit. Manchmal schützt es auch, wenn ihr etwas mehr im Vertrauen seid.

Lass es auf dich zukommen. Mach keine Probleme, wo keine sind! Leicht gesagt, ich, Erzengel Michael, weiß das. Auf der irdischen Ebene fällt manchmal sogar das Atmen schwer, weil die persönlichen Dramen sein können wie eine Dunstglocke.

Wer in dieser Dunstglocke lebt, dem fällt nicht auf, dass diese selbst erschaffen ist, und sie verschwindet, sobald du deine Einstellung zu den Dramen überprüfst. Das kannst du in der Situation meistens nicht erkennen.

Aber darum sind wir himmlischen Freunde doch da, wir stupsen dich an, damit du erkennst.

Das Überprüfen dessen, wie über ein Problem gedacht wird, das allein genügt schon. Somit haben deine Engel wieder eine Möglichkeit, um dir zum Beispiel mit Begegnungen zu helfen, die rein zufällig aussehen.

Eine scheinbar zufällige Begegnung kann jemand sein, der die gleiche Krise bewältigt hat, in der du jetzt steckst. Und dieser Mensch kann durch sein lichtvolles Beispiel dafür sorgen, dass du selbst deinen Weg aus der beschwerlichen Lebenssituation findest.

Engel haben viele Möglichkeiten, um ihren Schützlingen zu helfen. Eine davon ist, auf das Tabula Rasa-Prinzip aufmerksam zu machen. Das Tabula Rasa-Prinzip, kennst du es? Das bedeutet: Fang an aufzuräumen, mach reinen Tisch, und zwar so, dass du überall, wo du Spuren hinterlassen hast, mit reinem Gewissen in den Neuanfang gehen kannst. Mach deinen Kopf frei. Sei positiv gestimmt. Tu dir nicht selbst weh, indem du deinen Werdegang verurteilst. Sorge dafür, dass der Neubeginn nicht mit den alten Problemen belastet wird.

Wir Erzengel sind zwar keine Magier, aber eins können wir sehr gut, nämlich bis tief in eure Seele blicken. Wir wissen, was ihr braucht, und wir tun, was in unserer Macht steht, um euch das zu erfüllen, was ihr euch wünscht.

Manches Mal sind Worte nicht genug, dann zählt nur selbst Erlebtes oder vielmehr eine veränderte Realität, mit der ihr gut zurechtkommt. Lesen kann sehr erhebend sein. Und wenn die Botschaften der Geistigen Welt in eurem Herzen ankommen, fällt euch auch das Umsetzen leichter.

Eine veränderte Einstellung zum Neubeginn, alte Glaubenssätze auf ihre Nützlichkeit überprüfen, nicht ständig in die Probleme hineinzudenken – das alles ist wichtig, damit euch das Leben auch wirklich die heißersehnte Neuerung bringen kann. Lasst es nicht zu, dass ihr immer wieder mit alten Gelübden, die ihr einst ausgesprochen habt, belastet werdet.

Belastende Gelübde:

- Ich will einen Fehler wiedergutmachen, erst dann darf ich mich selbst leben.
- Ich habe es nicht verdient, glücklich zu sein.
- Ich arbeite nicht, also habe ich auch keinen Wohlstand verdient.
- Ich erlaube es mir nicht, gesund zu sein, weil ich Angst vor dem habe, was ist, wenn ich voll einsatzfähig bin.
- Die Krankheit gibt mir das Recht, mich um mich selbst zu kümmern, auszuruhen.
- Ich traue mich nicht, mehr Zeit für mich einzufordern.
- Wenn ich mich nicht voll *ausgepowert* habe, darf ich nicht genießen.

- Ich befürchte, dass ich nicht glücklich und gesund alt werden kann.
- Mein Körper hat viele Baustellen, darum ist das Gesundbleiben schwierig.
- Ich bete zu Gott und den Engeln, glaube aber nicht an die Kraft der Gebete, weil ich glaube, dass Gott und die Engel zu weit weg sind, um mir helfen zu können.
- Gott hilft immer anderen, mir nicht.
- Ich komme nie aus dem Dilemma heraus, weil ich ein gutes Leben nicht verdient habe.
- Ich habe tolle Ideen, mich verlässt aber sogleich wieder der Mut, weil ich glaube, dass der Markt übersättigt ist mit dem, was ich beruflich machen will.

Das alles sind Beispiele für Gelübde, alte Glaubenssätze sagt ihr auf der Erde dazu. Es ist wichtig, dass diese Gelübde in die Heilung gehen dürfen, und zwar, indem ihr aufhört, danach zu leben. Wer alten Gelübden Raum gibt, lebt diese auch. Diese selbst erschaffene Realität ist aus meiner Sicht wie ein Blindflug. Da ist es gut, wenn ein Erzengel vorbeikommt und Klarheit bringt.

Die Einstellung dazu zu überprüfen, etwas in Erwägung zu ziehen, ist schon ein erster Schritt für das Loslassen der alten Gelübde.

Nun, es wird Zeit, Harry, du schläfst ja am Schreibtisch ein, komm, ich begleite dich. Und ich bleibe bei dir, bis du fest eingeschlafen bist. Das tun wir Engel oft. Wir halten eure Hand, bis ihr in die Traumwelt gleitet, die euch einen erholsamen Schlaf garantiert. Träume können wie Balsam sein.

Komm, lieber Erdenengel, lass uns dieses Kapitel schließen. Lass dich von mir, Erzengel Michael, in den Arm nehmen, ich halte dich und wiege dich zärtlich. Du kannst in diesem sicheren Feld in meiner Energie verweilen, so lange du magst. Du kannst jederzeit in meine Arme zurückkehren, ein Gedanke an meine blaue/heilende/schützende Energie genügt, und ich bin bei dir.

So sei es.

In Liebe,
euer Erzengel Michael

☆☆☆

Die Seele von Lady Diana: Träume sind keine Schäume

Nächtliche Träume sind immer ein guter Hinweis darauf, was sich im Leben lösen will, und vieles mehr. Tagträume haben ebenfalls eine hohe Manifestationskraft, jedoch haben es die Menschen leider verlernt, bewusst zu träumen.

Ich bin die Seele von Lady Diana, ich war selbst eine Frau, die immer an ihre Träume glaubte. Jetzt wird sicher die eine oder der andere schmunzeln, denn welches Mädchen hat nicht den Traum, Prinzessin zu werden, und schließlich habe ich es gelebt. Und, und das ist noch viel wichtiger, ich habe die Herzen der Menschen erreicht und berührt.

Aber ich bin nicht meinetwegen gekommen, sondern melde mich zu Wort, weil ich euch in etwas einweihen will.

Ja, ich habe einen weiteren Blick auf das Wesentliche. Außerdem bietet die Geistige Welt die Möglichkeit, Träume zu realisieren.

Und genau darum bin ich hier. Denn was ich kann, das kannst du auch, davon bin ich überzeugt.

Wünsche zu realisieren, das hat doch auf der weltlichen Ebene noch viel mehr Gewicht und Sinn, denn dass der Himmel das kann, ist hinreichend bekannt. Wichtig ist nur, dass du dir ganz sicher bist. Kannst du damit umgehen, wenn dein Traum in Erfüllung geht?

Warum ich diese Anmerkung mache? Nun, ich spreche aus Erfahrung. Ich habe es zwar in die Herzen der Menschen geschafft, mich aber selbst dabei immer wieder verloren. Und wiedergefunden, ja, das auch. Meine lieben Kinder haben mich immer wieder in meine Mitte geführt.

Eigene Kinder zu haben, das war auch ein Mädchentraum von mir, der sich realisiert hat. Es ist wunderschön, Mutter zu sein, aber es ist auch der härteste Job der Welt. Denn das Mutter-Sein endet nie, eine Mutter ist immer im Dienst. Auch wenn das irdische Kleid verblichen ist, eine Mutter ist immer in Sorge um ihre Kinder. Sie freut sich mit ihnen, sie lacht und weint mit ihnen. Diese Liebe, die ich hier beschreibe, ist unendlich, sie endet nie.

Wenn ihr eure Haustiere liebt, auch dann ist diese Liebe unendlich. Eure Lieben, die euch vorausgegangen sind, sind innig mit euch verbunden. Sie leben mit euch, solange sie nicht vergessen sind. Es genügt ein Gedanke an die liebe Seele im Himmel, und schon richtet sie ihre Aufmerksamkeit auf euch. Wenn himmlische Wesen ihre Aufmerksamkeit auf euch richten, dann ist das immer ein großer Segen.

Je mehr liebe Seelen du in der Geistigen Welt hast, die dir schon zu Lebzeiten nah und wichtig waren, umso mehr hält das Leben Segnungen für dich bereit. Dass man jemanden, der verstorben ist, ob Mensch oder Tier, nicht vergisst, wenn man wohlwollend an jemanden denkt, hat eine hohe Manifestationskraft. Auch so können Wünsche in Erfüllung gehen, indem die Mutter in der Geistigen Welt alle Engel zusammentrommelt, damit sich der Traum ihres geliebten Kindes auf der Erde erfüllt.

Das klappt natürlich nur, wenn die Gedanken und Gebete an uns ganz rein sind, also ohne Erwartung, Forderung, Begrenzung und Eigennutz.

Wie oft hat man mir in Adelskreisen gesagt, dass ich aufhören soll zu träumen. Man hat mir nachgesagt, ich würde vor der Realität flüchten. Dabei war es immer umgekehrt. Mir war, als wenn die Realität vor mir geflüchtet wäre.

Meine Tagträume waren eine gute Möglichkeit, um mit der Realität zurechtzukommen. Die englische Krone kann schwer aufs Haupt drücken. Vor allem dann, wenn der Traum von einst sich zu etwas entwickelt, was Hell und Dunkel in sich vereint.

Die Annehmlichkeiten und die Mühseligkeiten, die mit dem Leben im Königshaus verbunden sind, das meine ich damit.

Schließlich bin ich froh, dass ich meinen Seelenauftrag voll und ganz erfüllt habe. Alles andere würde dazu führen, dass ich wiederkommen will.

Aber kommen wir zurück zum Thema. Die Kraft der Wunscherfüllung verbirgt sich im Bewusstsein des Träumens.

Kennt ihr das? Ihr habt schon lange davon geträumt, diese Schuhe, die Tasche, ein neues Handy in den Händen zu halten. Und dann ist es so weit, die gewünschten Gegenstände stehen vor euch. Nur noch eine Entscheidung, und die Gegenstände gehören euch.

Und dann, ist das befriedigend? Plötzlich ist der erwünschte Gegenstand da, ein Klick, und er gehört euch. Das ist die herkömmliche Art, so erfüllen sich die meisten Menschen ihre Wünsche. Wunscherfüllung geht aber anders, oder?

Bei Konsumgütern, Gebrauchsgegenständen weicht die Freude am Besitz sehr schnell der Gewohnheit. Andererseits, wer schwer krank war und gesund geworden ist, wird immer wohlwollend an die Erfüllung des Wunsches zurückdenken. Wenn eine Mutter am Bett ihres kranken Kindes gesessen hat, und plötzlich wurden ihre Gebete erhört und das Kind wurde wieder ganz gesund, dann wird die Mutter ihren erfüllten Wunsch nie vergessen.

Die Macht der Gewohnheit hat keine Chance, den erfüllten Wunsch ins Vergessen geraten zu lassen, wenn euer Traum in Erfüllung gegangen ist wie ein Wunder. Ein Wunder, ihr Lieben, ist zur Hälfte himmlischen Ursprungs, die andere Hälfte ist irdisch.

Wer sich etwas wünscht, hat eine gute Chance, das in die Realität zu bringen, wenn der Wunsch in Übereinstimmung mit dem eigenen Seelenplan ist.

Wer etwas braucht, sollte also ruhig fest an die Wunscherfüllung glauben. Es kann schließlich nichts schiefgehen. Ihr könnt ja nur das erhalten, was ihr im Inneren schon seid.

Wer gesund werden will und sich dauernd krank denkt, wird eine zähe Wunscherfüllung erleben. Wer wohlhabend sein will, sich dauernd mit Mangeldenken beschäftigt, wer andere klein hält, neidvoll denkt, wird einen müden Finanzfluss erleben.

Was also tun, damit ein lang gehegter Traum wahr werden kann? Die innere Einstellung ist das eine, aber es geht in dieser Zeitqualität vielmehr um euer göttliches Herz. Das göttliche, wohlgesonnene Herz, das euch ständig daran erinnert, lichtvoll zu handeln.

Wer das göttliche Herz lebt, wird alles erhalten, was gebraucht wird, weniger das, was gewollt wird.

Sich einen Traum zu erfüllen ist schön. Wenn sich ein Traum wie ein Wunder erfüllt, dann, ihr Lieben, ist das ein Zeichen, dass ihr mit dem göttlichen Herzen erschaffen habt.

Vergesst bitte nie: Ihr seid die, auf die die Geistige Welt gewartet hat. Wir haben darauf gewartet, dass ihr euch erinnert, dass ihr selbst Engel seid. Ihr habt die himmlischen Fähigkeiten und Talente nie verloren, sondern nur vergessen, sie anzuwenden.

So lebt bitte danach, lebt euer göttliches Sein.

Seid bessere Engel als ihr es je wart.

In tiefer Anerkennung und Liebe,

Diana, die Seele von Lady Diana

Sarinah:

Und plötzlich war sie da. Ich bin ziemlich überrascht, denn ich habe nicht damit gerechnet, dass sie an dem Abend auftaucht.

Sprichwörtlich, denn es ist ihre eigene Art – sie taucht einfach auf, ganz plötzlich. Allein der Duft nach Rosen kündigt sie an, und schon ist sie da.

Und sie ist nicht allein gekommen. Ich sitze in der untergehenden Sonne auf einer Bank und schaue zu ihnen hoch. Sie stehen wortlos da und lächeln.

Bezaubernd finde ich dieses Lächeln. Ich denke, es wird Zeit, dass ich die beiden vorstelle, oder ahnst du ohnehin, wer da gekommen ist? Sie sprechen von einer Einweihung, und ich soll darüber berichten.

Warum, was, hier?, frage ich. Wieder ernte ich statt einer Antwort nur ein Schmunzeln. Ich weiß, dass die beiden über das Herz mit mir kommunizieren. Ich war nur vorhin so in Gedanken, dass es mir nun schwerfällt, mich auf diese Frequenz einzustellen. Aber schließlich klappt es doch.

Und nun verrate ich dir, warum die beiden gekommen sind. Sie sind nicht wegen mir hier, sondern wegen dir. Ja, ich meine dich, liebe Leserseele, für dich sind die nachfolgenden Kapitel. Mögest du viel Freude daran haben.

Lady Rowena mit deinem Schutzengel: Dein Geschenk

Ich bin die Aufgestiegene Meisterin Lady Rowena und begrüße dich in den turbulenten Zeiten des Wandels.

Wir sind gekommen, um dir ein Geschenk zu machen, ja, dir, liebe Leserseele. Ich weiß, wie sehr du dich danach sehnst, diese göttliche Liebe zu spüren.

Gerne lasse ich, Lady Rowena, deinem Schutzengel den Vortritt, denn er wartet schon die ganze Zeit auf eine Gelegenheit, mit dir zu sprechen.

„Ich bin es, dein Schutzengel, und ich habe diese Gelegenheit beim Schopf gepackt, um dir etwas mitzuteilen. Ich möchte, dass du weißt, dass Schutzengel keine kleinen Engel sind. Im Gegenteil, wer Schutzengel werden will, muss im Himmel eine harte Ausbildung durchlaufen. Auf der Erde würdet ihr sagen, der Engel muss sich erst beweisen.

Schutzengel sind persönliche Engel, im wahrsten Sinne des Wortes. Weißt du, jetzt, wo du mir so schön zuhörst, möchte ich dir sagen, dass ich nie aufgehört habe, dich zu lieben. Ich bin bei dir, jeden Tag, jede Minute des Tages, immer. Ich bin dein Schutzengel, ich bin da. Auch wenn du dereinst heimkehrst, werde ich an deiner Seite sein.

Ich heile dich in der Nacht, ich halte deine Hand beim Einschlafen. Nun ja, falls da nicht schon ein Erzengel an deinem Bett sitzt, der den Job übernimmt. ☺

Ich wecke dich sanft auf. Das tue ich übrigens jeden Morgen, manchmal schläfst du einfach weiter. Dann wecke ich dich noch einmal, dieses Mal etwas energischer.

Weißt du, uns Schutzengeln ist viel erlaubt, nur eins dürfen wir nicht: in den freien Willen eingreifen. Trotzdem habe ich Möglichkeiten, dich vor Katastrophen zu bewahren. Ich darf das, weil wir uns schon im Himmel so nah waren. So manche Krise haben wir beide mittlerweile überstanden. Und gerade dann, wenn du vor lauter Stress ganz vergessen hast, dass es mich gibt, gerade dann habe ich besonders gut auf dich aufgepasst.

Wie sehr ich dich liebe, wie sehr. Ich bin ein göttlicher Engel im himmlischen Gewand. Und du bist ein göttlicher Engel im irdischen Gewand. So haben wir beide viel gemeinsam. Und nun will ich deine Neugierde nicht länger auf die Folter spannen.

Schau, wir sind hier in deinem himmlischen Raum, der Schlüssel zu diesem Raum ist dieses Buch.

Komm und staune, hier findet gleich die Einweihung statt.

Was für eine, fragst du? Na, du bekommst endlich die Weihe des Erdenengels. Endlich, es beginnt…

Es dankt dir dein Schutzengel."

Sarinah:

Wir sind im himmlischen Raum, Erzengel Michael hat dir diesen Energieraum vorgestellt. Dieses Buch ist die Eintrittspforte dafür. Du kannst jederzeit hierher zurückkommen, sobald du das Buch aufschlägst, öffnet sich diese Pforte. Ja, ich weiß nur zu gut, den Schlüssel zum Glück vergisst man schon mal im Alltag. Wir sind oft so sehr im Verstand, dass der Zugang zum heiligen Herzen versperrt scheint. Da ist es doch gut, einen sicheren Weg zu haben, um einzutauchen in diese wundervolle, göttliche Liebe. Die Liebe, die in uns wohnt. Und ich werde mein Bestes tun und so gut wie möglich berichten, damit du hautnah dabei sein kannst.

Atme bitte tief durch, liebe Leserseele. Atme und genieße das, was kommt.

Wenn die Welt nur aus solchen Orten bestehen würde, dann wäre das Leben für uns alle ein reines Vergnügen. Und genau darin sehe ich unsere Aufgabe. Wir leuchten mit unserem Licht anderen Menschen nicht nur den Weg, sondern öffnen ihnen das Tor für den eigenen himmlischen Raum.

Ich weiß nicht, wie ich es ausdrücken soll, diese Atmosphäre im Raum der Kraft, Heilung und Liebe ist so wundervoll, dass mir die Worte dafür fehlen.

Aber wenn die Worte fehlen, dann sind Sinneseindrücke doch genau das richtige.

Das Erste, was mir aufgefallen ist, als wir den himmlischen Raum betreten haben, ist dieser himmlische Geruch. Hier riecht es wie im Himmel, höre ich dich sagen, und ja, so stelle ich mir den Himmel vor.

Der Duft der Geistigen Welt! Wer ihn mal geschnuppert hat, wird feststellen, dass es so einen wundervollen Duft auf der Erde nicht mal im Ansatz gibt. In einem Gespräch mit Erzengel Michael nannte ich es mal spaßeshalber „euer himmlisches Parfum."

Aber es ist nicht nur dieser Geruch, der an die Urquelle, die Geistige Heimat, erinnert. Es ist auch dieses Licht. Siehst du es? Eine besonders heimelige Beleuchtung.

Das Licht ist golden-kristallin, durchscheinend, warm und doch sehr intensiv, ohne dass es blendet.

So komm, liebe Leserseele, lass uns ein wenig relaxen.

Ich schaue in deine verwunderten Augen, ja, du darfst diesen Raum nach deinem Geschmack einrichten. Du kannst ihn auch immer wieder neu gestalten.

Und kaum habe ich die Augen für einen Moment geschlossen, hast du für uns beide bequeme gepolsterte Liegen manifestiert.

Du setzt dich und streckst die Hand nach mir aus, eine wundervolle Idee. Wir ruhen ein wenig, bevor es losgeht, schließlich sollte man sich vor einer Einweihung einstimmen.

Mit Behagen und bequem ausgestreckt auf der Liege, höre ich dein vergnügtes Kichern, denn dein Schutzengel ist nun aufgetaucht. Er steht vor uns in Robin Hood-Pose, er ist so weise und süß.

Ich nehme wahr, wie dein Schutzengel mit dir flüstert. Lieb, wie er dich beim Namen nennt, das hört sich so vertraut und zärtlich an.

Ich frage mich, wer die Einweihung vornimmt? Und schon wird meine Frage beantwortet, denn ich erkenne dieses weiße Licht, es ist der Schöpfer selbst…

☆☆☆

Der Schöpfer: Die Weihe der Erdenengel

Ich bin der Schöpfer, die Urquelle allen Seins, ich bin die unendliche Liebe.

Als du damals die Reise zur Erde angetreten hast, hast du nicht gewusst, was dich erwartet, denn trotz Seelenplanung gibt es auf der Welt einige Unwägbarkeiten.

Ja, du hast dir deine Eltern, deine Familie ausgesucht, und doch hast du nicht genau gewusst, wie sie sich mit dir zusammen entwickeln, schließlich besteht das Risiko, dass die engsten Vertrauten durch deine Lichtwerdung von dir weggespült werden.

Du hast loslassen müssen, immer und immer wieder. Ja, ich weiß, das ist schmerzhaft. Gerade am Anfang des Weges hast du oft überlegt, was du getan haben könntest, dass sich Menschen gegen dich wenden.

Weißt du, ich bin jede Minute deines Lebens bei dir. Und ich kann dir sagen, du magst denken, dass du Fehler gemacht hast, diese waren aber nur Erfahrungen, die dir noch fehlten.

Mein liebes Kind, nun bist du hier, deine Engel haben dich hierhergeführt, und ich habe geduldig auf dich gewartet.

Ich bin dein himmlischer Vater und deinen Engeln sehr dankbar, denn sie haben dich wieder in meine Arme geführt.

Komm in meine Arme und ruhe dich ein wenig aus. Dein Lebensweg war nicht immer einfach. Liebes Kind, du hast manches Mal eine Art, mit deinem Körper umzugehen, nun ja, man könnte meinen, du wärst unverletzbar.

Das ist die Unwägbarkeit, die ich ansprach. Euer Körper ist weltlich, aus Fleisch und Blut. Auch wenn er immer lichter wird, habt ihr doch ein irdisches Kleid, das durchaus zerbrechlich ist.

Darum ist eure Lichtwerdung so wichtig, ihr heilt nicht nur euch, sondern auch die Welt. Je mehr Licht du in deinem Leib halten kannst, umso mehr Licht kommt auf die Erde.

Du hattest große Herausforderungen zu meistern, doch du hast dich nie verhärmt oder erzürnt von mir abgewendet.

Manchmal geschieht es, dass Menschen sich von der Urquelle allen Seins abwenden. Sie schlagen um sich und wenden sich gegen den eigenen Seelenplan. Doch die Liebe der göttlichen Quelle ist unendlich, und ich fange sie liebevoll auf, wenn sie wieder in meine Arme zurückkehren.

Mein liebes Kind, während du dich in meinen Armen ausruhst, während du die unendliche Liebe in deinem Herzen spürst, erzähle ich dir eine kleine Geschichte.

Wenn die Bäume sich im Wind wiegen, wenn du den Wind auf deinem Gesicht spürst, dann flüstern die Engel deinen Namen. Sie tun das, um Mutter Erde mitzuteilen, dass sie gut auf dich aufpassen soll. Der Schutz der Engel ist das eine, aber die Erde beschützt die Erdenengel genauso. Das ist etwas, was nur wenige Menschen wissen.

Ist dir schon einmal aufgefallen, dass dein Licht nicht nur für dich wie ein Schutzwall ist, sondern auch für deine Umgebung? Wenn Naturgewalten zuschlagen, wenn die Erde sich reinigen muss, dann sind die Lichtträger oft mittendrin. Sie sind Teil des Geschehens, um die Gemeinde zu schützen. Lichtträger sorgen mit ihrem Licht dafür, dass die Erde nicht allzu heftig transformieren muss.

Gewitter, oh ja, da tauchen Erinnerungen in dir auf. Siehst du, so ist es, wenn die Erde transformiert. Gaia muss grollen, denn sonst würde sie im alten Energiefeld förmlich ersticken.

Ein unglaublich wertvoller Lichtdienst. Die Erdenengel sorgen mir ihrer Lichtwerdung dafür, dass das Energiefeld der Dualität von Mutter Gaia weichen kann.

Du kommst manches Mal in Kontakt mit Menschen, die so viel selbst auferlegte Dramen gelebt haben, dass sie graue Energieschleier um sich haben. Jeder Blick von dir, jedes Wort, das du an diese Menschen richtest, allein deine Aufmerksamkeit genügt schon, und die grauen Schatten weichen.

Ja, dein Lichtdienst ist sehr vielfältig, manche Aufgaben hast du auch freiwillig übernommen. Das ehrt dich sehr. Nichts ist ohne Wirkung, alles hat seinen Sinn.

Wenn du beim Lesen dein Licht mit den anderen Lesern bündelst, das geschieht übrigens automatisch, dazu musst du nichts tun. Wenn also euer Licht in der Gemeinsamkeit erstrahlt, dann ist das sehr wohltuend, **denn ihr heilt nicht nur euch selbst und eure Umgebung, nein, eure Liebe hält Ausschau nach Seelen, die in Körpern gefangen sind, Seelen die sich nicht entfalten können.** Wohlweislich, eure Energie, euer gebündelter Strahl der unendlichen Liebe kommt immer an! Manche Menschen nehmen lieber Heilung durch das Licht ihrer Mitmenschen an, sie öffnen sich erst später für das weiße Licht der Schöpfung.

Durch diesen gemeinsamen Lichtdienst seid ihr natürlich absolut geschützt. Die grauen Schatten können euch nichts anhaben. Richte deine Aufmerksamkeit allezeit auf das, was du erleben willst, und du wirst sehen, die Wunder kommen in dein Leben.

So segne ich dich und weihe dich ein, ich schenke dir die Krone der Weisheit. Mögest du diese Krone als Zeichen des heiligen Herzens immer bei dir tragen.

Möge die Weihe des Erdenengels dir ein sicheres Zuhause sein, in das du jederzeit zurückkehren kannst, wann immer du magst. Du kannst in diesem Zuhause verweilen, dich ausruhen, auftanken, genießen, heilen und dich mit deinen himmlischen Freunden treffen. Was immer dein Herz begehrt, du wirst es hier im himmlischen Raum finden!

In tiefer Liebe,
dein himmlischer Vater

Lady Rowena:

Der himmlische Raum, in dem ihr diese unendliche Liebe nicht nur spüren, sondern auch leben könnt, ist sehr wichtig.

Je höher die Erde schwingt, je mehr du selbst das Licht bist, umso mehr wird dieser Raum Realität. Erst trägst du ihn in dir, dann manifestiert er sich auch im Außen. Bald schon wird es für dich nichts Wichtigeres geben, als immer wieder zurückzukehren in die behagliche Liebe deiner Heimat.

Du trägst diesen heiligen Raum mit dir, er weitet sich wie dein Bewusstsein. Und du kannst dich dadurch wunderbar mit anderen Erdenengeln verbinden. Oder deinen himmlischen Raum auf die ganze Welt ausdehnen. So ist der Himmel immer in und mit dir. Dein Himmelsraum, den deine Seele nachts im Traum aufsucht, ist also nun auch auf der irdischen Seite verkörpert zugänglich.

Außerdem findest du in diesem Raum die allumfassende Heilung. Wenn du geschlafen hast, war deine Seele schon lange, bevor du gewusst hast, dass es ihn gibt, zur Erholung und Heilung dort. Und es finden Treffen statt im Raum der Liebe und Behaglichkeit. Treffen mit deiner geistigen Familie.

Hätte ich zu Lebzeiten davon gewusst, ich wäre bestimmt glücklicher gewesen. Ich suchte immer nach Liebe, dabei war diese in mir. Das, was ich suchte, war die ganze Zeit tief in mir verborgen. Wenn ich geahnt hätte, dass man dieses Energiereservoir des heiligen Raums auch anzapfen und nutzen kann, dass dann erst wahre Liebe gelebt werden kann…, ich wünschte, ich hätte es zu Lebzeiten gewusst.

Alle meine Erdenkinder schenken mir Freude und führen mich heute noch in dieses große Glück. Ich spüre, wenn eins meiner Kinder an mich denkt oder gar Sehnsucht nach mir hat.

Die Liebe einer Mutter hört nie auf. Sie nimmt ihre Kinder in die Arme, um sie zu trösten, ihnen zu helfen und ihnen Liebe zu schenken.

Die unendliche Liebe macht es möglich, sie erlaubt es den Seelen, lebendig zu sein. Lebendig im Sinne von: Ich bin da. Darum ist der Zugang zum heiligen Herzen und zum himmlischen Raum so wichtig. Hier bist du eins mit all jenen, von denen du dachtest, sie für immer verloren zu haben. Eins mit der Geistigen Welt.

Und du wirst sehen, schon bald darfst du immer in dieser wundervollen Liebe leben, denn diese Schwingungsschwankungen, die so viel Kraft kosten, hören allmählich auf.

Wer die Balance des Himmels innehat, kann beständig im Glück und in der Fülle leben. Das ist eins der goldenen Geschenke der Geistigen Welt.

Es war nicht leicht, an dieses Geschenk heranzukommen und es zu leben, nicht wahr?

Trotzdem bist du jetzt hier, du hast zu diesem Buch gefunden. Oder hat dieses Buch dich gefunden?

Nun, es ist nur wichtig, dass du jetzt da bist. Außerdem bist du in bester Gesellschaft. Das ist unsere gemeinsame Zeit, genieße es, lieber irdische Engel.

Atme tief durch und labe dich an dem, was kommt.

In Liebe und Dankbarkeit,
Lady Rowena

☆☆☆

Erzengel Uriel: Tränen geweint? Komm in meinen Arm

Wenn Erdenengel weinen, dann lauscht die halbe Geistige Welt. Die geistigen Mentoren horchen, um herauszufinden, wie sie euch helfen können.

Nun, so gesehen könnte man sagen, dass ehrliche Tränen eine große Wunscherfüllungskraft haben, denn ihr manifestiert auch mit dem Gefühl. Außerdem, wenn viele himmlische Mentoren ihre Aufmerksamkeit auf dich lenken, bringt das sehr viel Segen in dein Leben.

Jetzt denkt bestimmt so manche Leserin/mancher Leser daran, wie viele Tränen schon geweint wurden und wie ungnädig die Geistige Welt war, weil ein Herzenswunsch nicht erfüllt wurde.

Ihr Lieben, gerne möchten wir jeden Wunsch erfüllen, aber dabei würden wir euch mehr schaden als nutzen.

Selbst wenn du nur ein Ziel hast, du möchtest zum Beispiel wieder gesund werden, können wir dir nur so weit helfen, wie deine Seelenplanung es zulässt.

Bisweilen ist es so, dass die Menschen ihre Lektionen in Sachen Gesundheit ziemlich schnell lernen. Sie haken die Lernaufgaben ihres Seelenvertrags fast im Akkord ab. Erst dann dürfen wir heilen, und zwar allumfassend.

Wer durch eine Krankheit in die volle Heilerkraft kommt, wer dadurch in die Berufung findet oder sein Leben wieder einen neuen Sinn erhält, dieser Mensch braucht die Erfahrung, um zu wachsen. Leid ist wie eine sichere Treppe, die in ein höheres Bewusstsein führt. Und somit ist gelebtes höheres Bewusstsein sehr dienlich, wenn es darum geht, ein erfülltes Leben zu haben.

Darum habt ihr im Seelenvertrag im übertragenen Sinn auch die Tränen verankert, denn durch sie entsteht Klarheit. Sich dem Tränenfluss hinzugeben hat durchaus Vorteile, denn **nicht** geweinte Tränen verstopfen das menschliche Chakrensystem, und das würde mit der Zeit sogar den gesündesten Menschen krank machen.

Wenn Erdenengel weinen, dann tun die himmlischen Engel alles, um ihnen die Steine aus dem Weg zu räumen. Wenn die Steine jedoch nötig sind, um zur eigenen Stärke zu finden, dann führen euch eure Engel so, dass ihr Brücken vorfindet. Und so könnt ihr die Schwierigkeiten im Leben überwinden.

Als ich, Erzengel Uriel, eines Nachts nach dir sah, schlummertest du nicht, sondern lagst wach, mit Sorgenfalten auf der Stirn. Die Gedanken, die um das Problem kreisten, hielten dich wach. Dabei war es gar nicht nötig, wach zu bleiben, denn dein Problem löste sich am nächsten Tag sowieso in Luft auf.

Aber dieses Sorgenkarussell, kann ganz schön hartnäckig sein, stimmt's? Leider haben auch Sorgen eine hohe Manifestationskraft. Darum ist es so wichtig, dass du dein eigener Motivationscoach bist. Um bei Problemen wieder herauszufinden aus dem Urwald der destruktiven Gedanken, braucht es jedoch oft mehr. Viel mehr! Nämlich einen hartnäckigen Erzengel, der dich immer wieder aufmuntert und dich so ablenken kann mit seinen Späßen, dass du wieder Licht am Horizont siehst.

Oh, wir Erzengel dürfen vieles, und wir sind sehr einfallsreich, wenn es darum geht, euch aufzumuntern. Des Öfteren zeigen wir euch auch den Weg aus dem Sorgenwald. Wir zeigen euch den Weg aus den Bedenken oft in euren Träumen. Manchmal entscheidet ihr euch jedoch, im Feld der müden Gedanken zu bleiben.

Wir Erzengel tun viel für euch, nur eins dürfen wir nicht: Wir dürfen uns nicht über euren freien Willen hinwegsetzen. Doch löst sich ein Problem am nächsten Tag in Luft auf, dann hatte immer ein Engel seine Hände im Spiel.

Und so saß ich also in dieser Nacht an deinem Bett, hielt deine Hand, trocknete deine Tränen, flüsterte leise mit dir und sang dir Schlaflieder vor. Ich streichelte deine Wange, kitzelte ein wenig deine Ohren, und dann schliefst du endlich ein. Du brauchst deinen Schlaf, er ist wichtig. Gerade dann, wenn es dir nicht gut geht, ist Schlaf eine gute Möglichkeit, um Trost und Heilung zu finden.

Wenn ihr tagsüber sehr im Problem seid, in Gedanken, dann leidet auch euer Schwingungsfeld, es wird dichter. Es ist zwar die halbe Geistige Welt an eurer Seite, aber ihr könnt uns in dieser Situation nur sehr schwer wahrnehmen.

Schau, liebe Leserseele, es tröstet doch nichts mehr, als Engelberührungen zu spüren. Zu fühlen, dass wir da sind.

Wenn ihr traurig seid und denkt, die Engelwelt wäre weit weg, dann berühren wir euch im Schlaf, und wir heilen euch, wenn ihr träumt. So stellen wir den Kontakt zur Geistigen Welt wieder her.

Auch wenn du dich am Morgen nicht daran erinnern kannst, ist diese Verbindung hergestellt, bis zu der Stunde, in der du dich wieder verlierst. Dann setze ich mich wieder an dein Bett und halte zärtlich deine Hand. So führe ich dich wieder in das Energiefeld der unendlichen Liebe.

Oh, Erzengel sind äußerst geduldige Wesen, wir kommen immer wieder, und wir können warten.

Ja, diese Schwingungsschwankungen hören allmählich auf. Lady Rowena hat davon gesprochen. Diese Schwankungen im Wohlbefinden werden allerdings nicht auf einmal weg sein. Du kannst es dir aber so vorstellen, als wenn du Tagebuch führst und zurückblätterst. Dann wirst du bemerken, dass die Phasen, in denen du in der Liebe verweilen kannst, immer länger werden.

„Die unendliche Liebe fühlt sich an wie das allergrößte Glück", hast du eines Nachts zu mir gesagt. Erinnerst du dich? Nein?

Oh, es ist nicht schlimm, wenn du keine Erinnerung an die Engelgespräche hast, denn Worte hallen ja nach.

Aber eins hast du ganz bestimmt: Unsere Liebe und die volle Aufmerksamkeit und Loyalität deiner himmlischen Mentoren.

Schön, endlich lächelst du. Wie sehr ich es liebe, wenn du den Mund so verziehst. Das hast du übrigens schon als kleines Kind getan. Deine Mutter wusste dann nicht, ob du zu weinen anfangen oder lachen wolltest.

Lachen und Tränen liegen nah beieinander, sagst du? Ja, und auf Regen folgt immer Sonnenschein.

Jede Träne, die geweint wird, ist eine kleine Perle der Heilung und Erleichterung.

Komm, liebe Leserseele, es wird Zeit, lass uns zur nächsten Station wandern.

Gib mir, Erzengel Uriel, die Hand, ich führe dich in das Spüren der unendlichen Liebe.

☆☆☆

Erzengel Uriel: Liebe ist nicht nur ein Wort

Wer in dieser Zeit nach Liebe sucht, wird erst einmal nach innen geführt, in das eigene Innere Kind. Das Leben ist es, mit all den Menschen, die euch begegnen, das euch nach innen führt, bis tief in die Seele hinein. Wenn ihr dann das eigene Seelenselbst wahrnehmt, gibt es kein anderes Gefühl als Liebe.

Doch wenn man durch seine Mitmenschen nach innen geführt wird, ist das ganz schön mächtig, da bleibt kein Stein auf dem anderen. Ich möchte damit sagen, dass du mit dem großen Rucksack gar nicht durch diese winzige Öffnung gepasst hättest.

So führt dich das Leben also in das Loslassen. Dinge, Sorgen, Glaubenssätze, gesellschaftliche Normen, Verhaltensweisen und auch Menschen musstest du loslassen. Eigentlich führt dich nicht das Leben, sondern dein Seelenvertrag.

Die Reise zu sich selbst ist ein wenig wie eine Geburt. Es gibt Phasen, in denen wird es dunkel und schmerzvoll. Dann kommt die Geburt, da ist jeder Schmerz vergessen. All das haben wir gemeinsam gemeistert. Ich bin sehr stolz auf dich, mein lieber Erdenengel.

Und schon ist der neue Engel geboren, und was dann? Ja, dann gilt es, groß zu werden, zu wachsen. Wir, die Geistige Welt, behüten euch wie Eltern, damit ihr sicher seid. Damit ihr in einer beschützen, von Liebe getragenen Heimat aufwachsen und leben könnt, dafür tun wir viel. Nun, das irdische Elternhaus ist nicht immer das Beste. Leider ist es so. Aber das himmlische Elternhaus ist immer das Beste, denn wir lieben und beschützen unsere Kinder immerdar.

Ihr Lieben, hier flattert dauernd der Schutzengel herum, er traut sich nicht zu sagen, was er von mir will. Nun, auch Schutzengel dürfen lernen, also lassen wir ihn noch eine Weile flattern, bis er lernt, dass man Erzengel immer ansprechen darf und wir immer im Dienst sind.

Liebe, so scheint es, ist für viele Menschen wirklich nur ein Wort. Manche Partner sind irgendwann nicht mehr in der Lage, ihre Gefühle zu zeigen, weil sie in der Sicherheit, dass ihr Partner sowieso da ist, der Bequemlichkeit einer Ehe, förmlich einschlafen.

Das ist gefährlich, denn kein Mensch kann ohne Liebe, Zärtlichkeit und Anerkennung leben. Dann wird Liebe oft ersetzt, und zwar durch Angewohnheiten oder die Liebe zu Konsumgütern. Auch verständlich. So habt ihr es ja gelernt.

Aber in diesen hohen Schwingungen, die sich ständig aktualisieren, ist es schwierig, eine erfüllte Liebe zu leben, ohne die Liebe zu sich selbst entdeckt zu haben.

Bei der Reise zu sich selbst gibt es auch einsame Phasen. Zeiten, in denen man sich nichts sehnlicher wünscht, als Ruhe und Zeit für sich selbst zu haben.

Und genau in dieser Phase triffst du auf die Seele, die du liebst wie deinen Zwilling.

Nach nichts sehnt sich der Mensch mehr als nach erfüllter Liebe. Und ich wäre nicht Erzengel Uriel, wenn ich nicht den halben Himmel in Bewegung setzen würde, um dir zu helfen.

Erzengel sind jedoch niemals verliebt, wir sind immer in der Liebe. Das ist es, was ihr auch leben werdet: beständig in der Liebe sein.

Erschrocken? Ach, dieses Verliebt-Sein hat es doch in sich, denn wer sich verliebt, kann sich auch leicht ent-lieben oder sich verlieren, indem nur noch für den Partner gelebt wird... das ist ein Zustand, der wenig erfüllend ist und durchaus gefährlich.

Denn wer sich selbst aufgibt, nur noch für die Partnerschaft lebt, ist gefährlich nah am Abgrund… wenn das Verliebt-Sein übergeht in den Alltag oder gar über Trennung gesprochen wird.

Das Wort Liebe wird so oft benutzt, aber trotzdem ist es das Wort der Neuen Zeit.

Wer sich selbst gefunden, die Liebe zum eigen Seelenselbst entdeckt hat, wird auch die erfüllte Liebe erfahren dürfen.

Ihr seid Liebe und lebt die allumfassende Liebe, so, wie es in euren Lebensabsprachen steht. Mal in einer Partnerschaft bis zum Lebensende, mal als Single. Oder solo, bis der richtige Partner kommt. Wie auch immer ihr Liebe lebt, eins ist sehr wichtig: **Ihr könnt nur das im Außen erhalten, was ihr im Inneren bereits seid!**

Bist du innerlich voller Liebesleid, führt dich das Leben in das nächste Liebesleid. Wenn du innerlich voller Schmerz bist, wird dich das Leben immer wieder in den Schmerz führen, so lange, bis du dich selbst erkennst und deinen Schmerz loslässt.

Bist du beständig die Liebe selbst, führt dich das Leben immer wieder in Begegnungen, in denen du mit dieser Liebe in Berührung kommst.

Bist du ständig damit beschäftigt, mehr zu bekommen, weil du zu wenig hast, wird dich dein Umfeld so lange in den Mangel führen, bis du lernst, dass du nur das erhalten kannst, was du innerlich bist.

Oho, nun aber schnell, lasst uns den Schutzengel fragen, was er auf dem Herzen hat. Es wird Zeit, der kleine Kerl ist ja schon ganz aufgeregt…

Schutzengel:

„Erzengel Uriel, wie soll ich als Schutzengel denn helfen? Wenn für meinen Schützling gerade die Welt untergeht, dann nimmt er doch uns Engel nicht mehr wahr. Lieber Uriel, komm bitte mit und hilf."

Liebe Leserinnen und Leser, so verabschiede ich mich für diesen Moment und eile mit dem Schutzengel davon.

Seid gesegnet, euer Erzengel Uriel

Sarinah:

Wenn das Leben zur Zerreißprobe wird, ist plötzlich auch die Engelwelt so diffus, weit weg. Zumindest fühlt sich das so an. Ich weiß, wie es sich auswirkt, wenn man in einer Lebenssituation steckt, die ganz und gar herausfordernd ist.

Und weil ich es auch erlebt habe, möchte ich gerne Licht in das Dunkel bringen. Ich kann sicher nur schwer trösten, wenn du gerade im Schockzustand bist. Dann würde dir nur eins helfen, nämlich das, was geschehen ist, rückgängig zu machen.

Niemand kann die Vergangenheit ändern, das, was passiert ist, ist passiert. Aber selbst in den dunkelsten Tagen sind unsere himmlischen Helfer ganz nah.

Wenn wir etwas erleben, das uns schwer auf der Seele liegt, dann reagieren wir unterschiedlich, ja, das mag sein. Aber eins ist immer gleich: Wir möchten so schnell wie möglich aus der schwierigen Phase des Lebens heraus.

Na ja, wir möchten nicht nur so schnell es geht Hilfe haben, wir brauchen diese auch dringend. Denn wenn sich unser Licht etwas reduziert, sind wir in Gefahr, dass wir müde werden und erkranken.

Unsere Körperschwingung reduziert sich, wenn wir in Sorge sind, Angst haben oder im Stress sind. Und es stresst nichts mehr, als wenn das Leben plötzlich zur Zerreißprobe wird.

Durch leidvolle Erfahrungen lernen wir am meisten. Ich mag diesen Satz nicht, aber er scheint zu stimmen.

Doch ich finde, es reicht! Es muss doch einen anderen Weg geben?

Ich selbst habe gerade dann Wunder erlebt, wenn ich mit dem Rücken zur Wand stand und nicht weiter wusste. Und ich möchte dieses Tor der Wunder auch für euch öffnen. Ich möchte, nein, ich will, dass das Leben für alle Menschen mit Fülle und Liebe gesegnet ist.

Ein heroischer Wunsch? Nicht möglich bei Selbstläuterung, sagst du?

Liebe Leserseele, da bist du ja wieder. Süße Energieschauer rieseln immer dann über meine Haut, wenn ich mit dir in Kontakt bin. Lass uns für einen Moment innehalten. Magst du mit mir kommen? Ich bin sicher, dass sie schon auf uns warten. Das ist immer so, denn die geistigen Freunde können in unser Herz sehen, sie wissen, was wir vorhaben und brauchen.

So öffne ich für uns den Raum der inneren Weisheit. Möge diese Energie sich wohlbringend auf unsere Transformationswunden legen.

☆☆☆

Die berühmten Räte des Lichts: Wenn das Leben zur Zerreißprobe wird

Die Seele von Martin Luther King:

Wer zu wenig Geld hat für ein erfülltes Leben, hat immer zu kämpfen. Da gibt es Menschen, die sagen, dass man kein Geld braucht, um ein erfülltes Leben zu haben. Nun, das ist sicher Ansichtssache. Ich bin der Meinung, das Zahlungsmittel auf der Erde ist nun mal Geld. Und wenn jemand ohne Geld leben möchte, sollte das eine freie Entscheidung sein, keine aufgezwungene.

Jeder Mensch sollte die Wahl haben. Wenn jemand seiner Berufung nachgeht, sollte er auch davon leben können. Zum Glück erreicht das göttliche Licht sehr viele Menschen. Und das ist gut so. Sonst wäre die Erde in Gefahr, von einigen bösen Wichten in die Luft gesprengt zu werden.

Ein paar Wichtigtuer können viel Schaden anrichten. Aber keine Angst, die Erde wird gut beschützt, es wird euch nichts passieren. Niemand hat das Recht, den Blauen Planeten zu zerstören. Der Schöpfer selbst und viele lichtvolle Helfer aus dem All achten darauf, dass Gaia nichts passiert, was nicht im Logbuch der Erde steht.

Und was haben die Seelenjäger stattdessen gemacht? Ja, sie haben einen Teil der Bevölkerung in die Armut gestürzt, indem sie dieses Dogma wie einen Fluch ausgesandt haben.

Nun, ich spreche ziemlich energisch, das ist meine Art, so war ich schon zu Lebzeiten. Ich fand immer, dass es nicht gut ist, sich zu verzetteln. Mir sind klare, ehrliche Worte lieber, als alles andere. Leider habe ich zu Lebzeiten auch für meine Art der Rede gebüßt, denn ich war nicht überall gerne gesehen und beliebt. Man macht sich Feinde, wenn man sich für den Teil der Bevölkerung einsetzt, der keinen sozialen Status hat. Wer arm ist, nicht der gesellschaftlichen Norm entspricht, wird an den Rand der Gesellschaft gedrückt. Das ist eine Schande und muss sich dringend ändern.

Wie können wir den Menschen helfen, die der Ungerechtigkeit ausgesetzt sind, in Armut zu leben? Aufgezwungener Mangel hat viele Gesichter. Wenn jemand über andere richtet und sie ausnutzt, ihnen das Geld raubt, das finde ich sehr armselig.

Wer sich immer wieder armselig verhält, kann so viel Geld haben, wie er will, dieses Verhalten wird ins Jammertal führen.

Die Seelenjäger sind auch nicht gesünder als ihr, ganz im Gegenteil, sie leiden oft an unheilbaren Krankheiten. Sie sind zwar reich, erleben aber Armut, weil der Körper dem schnellen Verfall ausgesetzt ist.

Ihr Lieben, Gerechtigkeit sucht sich immer ihren Weg, ein irdisches Sprichwort, aber es stimmt. Die kosmischen Gesetze gelten für alle Menschen, nicht nur für die spirituellen. Diejenigen, die kaum genug zum Leben haben, brauchen unsere Hilfe. Ja, Mangel kann auch selbst erzeugt sein, das ist richtig. aber die Menschen, die sich selbst läutern, kommen genauso schwer aus der Falle des Mangels heraus.

Die Falle des Mangels ist ein Begriff, der bezeichnet, wie die Menschen sich fühlen müssen.

Wer in der Falle sitzt, kommt da wie wieder heraus? Mit dem eigenen, eisernen Willen? Mit staatlicher Hilfe? Mit List? Mit Hilfe von Familie, Freunden? Oder gar mit eigener Kraft?

Nun, ich denke, dass Freunde sehr hilfreich sein können. Und darum arbeiten wir, die himmlischen Freunde, mit den irdischen Lichtträgern Hand in Hand. Denn Armut ist kein Attribut der Neuen Zeit.

Das Schöpferlicht, das die Erde einhüllt und liebevoll wachküsst, ist das Gegenteil von Mangel, nämlich Fülle und Liebe. Wenn dieses Licht auf die irdischen Zustände trifft, auf schreiende Ungerechtigkeit zum Beispiel, was passiert dann? Ja, genau, Transformation setzt ein, und zwar sofort.

Und genauso helfen wir euch. Wir transformieren das Mangelbewusstsein. So kann sich allmählich niemand mehr erdreisten, die Menschen in Armut zu halten, weil die Energie dafür nicht mehr vorhanden ist. Was nicht heißt, dass es ab sofort nur noch Fülle gibt auf der Erde. Denn auch wenn wir die grauenvollen Energieschleier in Licht auflösen, dauert es, bis diese Energien aus dem Energiefeld der Menschen verschwunden sind. Warum? Weil die Menschen ihren freien Willen haben. Sie dürfen leben, was ihnen kraft ihrer Glaubenssätze und der inneren Ausrichtung zufällt.

Aber nun möchte ich das Wort an dich weitergeben, lieber John. Vielleicht siehst du einen anderen Weg aus der Krise?

Die Seele von John F. Kennedy:

Es wäre schön, wenn die Räte des Lichts alle Probleme mit einem Fingerschnipsen lösen könnten. Leider geht das nicht. Aber wir können Rat gebend zur Seite stehen, schädliche Energien aus dem Erdmagnetfeld lösen und vieles mehr.

Martin Luther King hat von der Falle des Mangels gesprochen. Und wahrlich, das ist ein dickes Problem. Die Menschen macht nichts mehr lethargisch und kraftlos, als wenn sie die Verantwortung abgeben.

Der Mangel, der euch aufgebürdet wird, drückt schwer auf eure Seele. Und wenn etwas auf eure Seele drückt, dann reagieren der Körper und, vor allem, das Herz.

Auf der einen Seite seid ihr Erdenengel, die sehr hohe Energien in sich tragen. Auf der anderen Seite erlebt ihr immer wieder diese unleidlichen Begebenheiten. Das führt zu Auseinandersetzungen. Eure hohe Energie kollidiert mit diesen Dualitätsenergien, die euch das Leben schwer machen.

Das ist jedoch unvermeidbar, und schließlich ist es die Aufgabe der Lichtträger, Dunkles zu transformieren. Aber trotzdem sind Energiefelder, die sich unversöhnlich gegenüberstehen, sehr ermüdend für euer Körper-, Geist- und Seelensystem.

Andererseits ist es ein Glück, dass der Körper der Lichtträger mittlerweile an diese wunderbaren göttlichen Vibrationen gewöhnt ist. Der Leib labt sich so sehr daran, dass er diese göttlichen Frequenzen voller Ungeduld und Sehnsucht in sich aufsaugt.

Lange musstet ihr dürsten nach dem heilenden Licht aus der Quelle allen Seins. Trotzdem, je höher eure Körperfrequenz, umso unerträglicher ist es, wenn ihr etwas ertragen müsst, was mit alten Energien behaftet ist. Und hier ist eure Mithilfe gefragt, denn die alten Energien sind auch in Konsumgütern, Filmen und Serien zu finden. „Es ist mehr denn je wichtig, dass die Menschen darauf achten, was sie in sich aufnehmen!“ Das sagte Erzengel Michael während einer Ratssitzung, und er hat Recht.

Gerade Menschen, die Mangel leben, werden mit Werbung und Konsumgütern zugeschüttet, die Dualitätsenergien in sich tragen. Was ihr einkauft, liegt in eurer Verantwortung, und das Fernsehprogramm könnt ihr selbst wählen. Aber die Werbung manipuliert euch so, dass ihr womöglich das konsumiert, was die Seelenjäger euch vorsetzen. So versuchen sie, das Seelenlicht zu vernebeln, damit ihr euch mit dem Mangel abfindet.

Seelenjäger rechnen nicht damit, dass ihr Verhalten des Betrugs und der Intrigen sie selbst in die Knie zwingt. Wer betrügt, lügt, verletzt und manipuliert, lebt in einem selbsterzeugten, verdichteten Energiefeld. Es gibt nichts, was mehr schwächt, gefährlicher ist, als wenn sich das Energiefeld verdichtet. Außerdem kommt jeder Betrug, jede Lüge ans Licht, nichts bleibt geheim.

Es ist unsinnig, jemandem etwas wegzunehmen. Aus unserer Sicht ist es sogar unsinnig, bei der Steuererklärung zu schummeln, weil der Mensch unweigerlich das wieder verliert, was nicht konform geht mit seinem *Seelenlicht.*

Aber diese Seelenjäger haben auch nicht mit dem schnellen Anstieg des Bewusstseins der Menschheit gerechnet. Sie dachten, dass der verkörperte Aufstieg der Menschheit ins Licht noch ewig dauert. Und genau darum hat der Schöpfer verfügt, dass das Bewusstsein der Erdenbürger sich so schnell es geht klären darf. Das jedoch ist anstrengend, denn du musst ja auch deinen täglichen Pflichten nachgehen.

Darum rate ich dir, solltest du Tage haben, an denen es dir nicht gut geht, Tage, an denen du schwarz siehst und an dir zweifelst: Zieh dich zurück in dein heiliges Herz. Die göttliche Liebe wird dich niemals verlassen, in die Irre führen oder gar verraten.

Es ist nichts heilender und klärender als das heilige Herz. Die Verbindung zur allumfassenden Liebe ist das heilige Herz.

Genau diese Verbindung wollte man euch kappen. Schließlich wollten die Seelenjäger sogar das heilige Herz krank machen, indem sie versuchten, diesen Energieraum zu verschmutzen, und zwar mit Manipulation, Konsummüll, Selbstzweifeln, Lügen und Ängsten.

Eine destruktive Einstellung zum Leben kann wie ein Bumerang sein und schließlich auch einen selbst umwerfen.

Wir dürfen nicht in euren freien Willen eingreifen, noch den Seelenplan abändern. Aber wir dürfen euch daran erinnern, dass ihr selbst mächtige Erdenengel seid. Bedenkt bitte, jeder Mensch entscheidet selbst, womit er sich in der Freizeit beschäftigt und wie viel er davon aufnimmt.

Wir, die weisen Räte des Lichts, haben für euch das getan, was das Leben auf der Erde sehr viel leichter machen wird. Wir haben, und tun dies noch immer, die Programme der Seelenjäger unschädlich gemacht, indem wir die dunkle Energie neutralisiert haben. So entsteht bei denen ein Vakuum, die anderen wehtun, die sich mit ihrem Verhalten gegen die Menschlichkeit wenden. Sowohl jeder, der sich in diesem Vakuum befindet, wird extrem mit dem eigenen Handeln konfrontiert.

Nun, ich weiß sehr gut, warum ich die Intrigen der Seelenjäger anspreche. Ich hatte zu Lebzeiten viel Ärger mit Menschen, die üble Machenschaften ausführten. Schließlich kostete mein Widerstand gegen diese Machenschaften der Seelenjäger mich sogar das Leben.Keine Angst, ihr Lieben, diese Klientel kann euch nichts mehr anhaben, außer ihr öffnet ihr selbst die Tür.

Niemand kann euch in dieser Zeit zu Fall bringen, außer ihr selbst!

Ihr öffnet den Seelenjägern übrigens die Tür, indem ihr gierig, neidisch und urteilend reagiert. Indem ihr konsumiert, statt selbstbestimmt zu genießen. Möge der Segen der Schöpfung jedes Lebewesen auf der Erde erreichen. Ihr seid niemals ohne den Schutz der Geistigen Welt.

Euer John,
die Seele von John F. Kennedy

Die Seele von Mahatma Gandhi:

Es ist mir eine große Ehre, mit euch sprechen zu dürfen. Schließlich seid ihr die, die die Erde mit uns gemeinsam in höhere Dimensionen führen.

Liebe Leserinnen und Leser, ihr seid nicht nur Mitreisende, sondern sehr viel mehr, als ihr denkt. Ihr seid involviert in das Beste, was jemals auf der Welt geschehen ist: der lichtvolle Wandel der Erdbevölkerung. Wie oft habt ihr schon davon gelesen? Manche Worte bleiben leer, weil davon zu lesen das eine ist. Aber es zu leben, das macht das Gelesene doch erst richtig wertvoll.

Außerdem weiß ich nur zu gut, was Bildung Gutes bringen kann. Bildung hat nicht nur mit Schulbildung zu tun. Ihr könnt alles Mögliche studieren, und doch ist ein abgeschlossenes Studium nicht zu vergleichen mit Lebenserfahrung.

Wenn wir, die berühmten Räte des Lichts, so wie jetzt das Fenster zum Erdgeschehen öffnen, dann macht uns das, was wir sehen, demütig, denn es gibt so viele wundervolle Erdenengel. Sie halten sich bei jedem Sturm aufrecht und sind ein gutes Beispiel für andere. Dann gibt es Menschen, die das Gegenteil sind – mächtig, böse und gewalttätig.

Das ist der Kontrast zur heutigen Lichtqualität. Was ihr auf der Welt seht, ist Licht und Schatten.

Je heller das Licht ist, umso mehr Transformationskraft hat es auch. Umso dunkler erscheinen euch die Schatten, die vom Licht an die Oberfläche gespült werden.

Es ist die Aufgabe jeden Lichtträgers, bei sich zu bleiben, im Licht zu bleiben, wenn Katastrophen geschehen.

Naturkatastrophen sind das eine. Was euch aber viel mehr Sorge bereitet, sind die Geschehnisse, die euer Leben nachhaltig schwer machen.

Und genau darum bin ich jetzt hier. Ich, die Seele von Mahatma Gandhi, will, dass ihr wisst, dass ihr vor nichts Angst haben müsst. Der Schutz der Geistigen Welt ist so enorm, dass ihr keine Bedenken haben solltet. Ja, solltet, denn es ist aus menschlicher Sicht nicht so leicht, immer positiv zu sein und zu vertrauen. Das ist wie Training des Geistes. Schließlich gilt auch hier: Übung macht den Meister!

Das, was die Lichtträger nicht mehr ertragen können, sind Diskriminierung, Ungerechtigkeit, Terror und Gewalt. Und genau damit hat die dunkle Seite seit jeher manipuliert. Sie setzt euch genau das vor, nämlich Diskriminierung, Ungerechtigkeit, Hass, Terror und Gewalt.

So gehen die Seelenjäger auf Jagd, sie versuchen, eure Aufmerksamkeit auf das Böse zu lenken, damit sie weiterhin Böses erschaffen können. Darum ist es so wichtig, deine Strahlkraft zu nutzen. Lebe Hand in Hand mit deinen Engeln, sie schützen dich. Du zeigst den Engeln dein Vertrauen, indem du die kosmischen Gesetze achtest und lebst.

Das liest sich einfach, doch das Leben stellt dich immer wieder auf die Probe?

Nun, nutze ruhig die Kraft der himmlischen Freunde, wir sind da, auch wenn du uns nicht sehen kannst.

Manches Mal ist es nur eine Eingebung, eine Idee, so kommen Engel selbst an deinen müden Tagen zu dir durch.

Ich kann dir nicht versprechen, dass dein Leben immer ohne Probleme sein wird. Aber ich kann dir versichern, dass du durch diese herausfordernde Zeit in Kontakt kommst mit wahren Wundern.

Ein Wunder der Neuen Zeit bist du selbst. Der Engel, der das himmlische Dasein auf der Erde fortsetzt. Der Engel, der den Himmel verlassen hat, um Mensch zu sein und der nun lebendig zurückkehrt.

So bitte komm, liebe Leserseele, ich öffne das Fenster für dich. Schau und staune, hier siehst du dein eigenes Leben. Du fragst, wer die Leute sind, die mit dir diesen Weg gehen? Das sind Engel! Sie gehen mit dir, um in deiner Nähe zu sein, weil sie dir sofort zu Hilfe eilen, wenn du strauchelst und müde wirst.

Du brauchst nur nach der Hand deiner Engel zu greifen, sie sind da. Du greifst nach der Hand deiner Engel, indem du sie beauftragst, um Hilfe bittest, indem du ihnen vertraust.

- Vertrauen heißt, nicht kontrollieren zu müssen, frei von Zweifeln zu sein.
- Vertrauen heißt, nicht zwanghaft zu versuchen, etwas zu verändern, was man nicht verändern kann.
- Vertrauen heißt, vergeben zu können.
- Vertrauen heißt, das Leben auf der Erde zu ehren.
- Vertrauen heißt, dem Fluss der Zeit zu vertrauen. Geduldig zu sein.

So gehst du Hand in Hand mit deinen himmlischen Freunden durchs Dasein.

Ich versichere dir, diese Liebe, die deine Engel mit dir teilen, macht das Leben zur Bereicherung.

So sei gesegnet,
die Seele von Mahatma Gandhi

Die Aufgestiegene Meisterin Lady Rowena:

Die Menschen haben viele Probleme, die für sie schnell zur Zerreißprobe werden.

Wie oft am Tag denkt ihr diesen Satz? „Ach, hätte ich doch diese Entscheidung nicht getroffen, wenn ich das vorher gewusst hätte."

Selbstzweifel tarnen sich gut, sie tarnen sich auch, indem man anderen die Schuld am eigenen Dilemma gibt. Aber dadurch wird nichts besser, im Gegenteil. So hält man den Zustand, der zu den Problemen geführt hat, nur fest.

Ab einer gewissen Erdfrequenz, wenn euer Licht innerlich leuchtet, könnt ihr nur noch das leben, was zu der Lichtfrequenz passt, in der ihr euch bewegt.

Jede Einstellung, jede Tat, die dem Licht gegenübersteht, führt dazu, dass ihr euch unwohl fühlt und der Körper und die Psyche leiden.

Klar können die Menschen auch weiterhin lügen. Sie können weiterhin hasserfüllt und missgünstig leben. Sie können auch weiterhin urteilend denken, reden, fühlen und handeln. Aber in dem Fall ist es sehr schwer, gesund zu bleiben.

Lügen haben kurze Beine, das ist ein weltliches Sprichwort, und es ist wahr. Wer lügt, dessen Unwahrheit bleibt nicht lange unentdeckt. Außerdem, wer lügt, darf nicht erwarten, dass andere Menschen das mit Aufrichtigkeit honorieren.

Lügen haben in dieser Zeit eine sehr kurze Aufdeckphase. Das ist gut, so kommt alles ans Licht, was man sonst vor euch versteckt hätte. Es tut aber auch weh, gerade dann, wenn es im privaten Leben passiert. Ihr vertraut und werdet belogen. Was dann? Sich mit dem Verursacher streiten? Auf Wahrheit und Genugtuung pochen?

Hat das einen Sinn? Sich das eigene Leben schwerzumachen, sich zu besudeln mit dem Lügengebilde des Gegenübers? Sich dessen Ausflüchte anhören und mitbekommen, wie sich der andere dadurch noch mehr in seine Unwahrheit verstrickt?

Das ist nicht sehr erquickend, oder?

Im Inneren wissen die Lichtträger genau, welches Verhalten gut oder schlecht für sie ist, doch es ist nicht immer leicht, sich an die kosmischen Gesetze zu halten.

Schließlich kommt euch das hereinströmende Licht aber zu Hilfe. Schon bald könnt ihr nur noch das leben, was mit diesen hohen Energieströmen übereinstimmt. Sobald jemand sich mit seinen Angewohnheiten gegen das Licht wendet, reagieren nicht nur der Körper und die Psyche, sondern auch das Umfeld.

Dein Umfeld geht in Resonanz mit deinem Verhalten und gibt dein Inneres wieder. Das kann das Dasein ganz schön schwer machen, oder auch leicht, denn du kannst das Gesetz der Anziehung für oder gegen dich arbeiten lassen.

Wie oft hast du dein Herz geöffnet, und wie oft wurdest du enttäuscht? Unzählige Male, stimmt's?

Aber sein Herz zu verschließen ist auch keine Option. Dann kann nämlich das wohltuende Licht der Schöpfung dein Herz nicht so erreichen, wie es nötig wäre, um es gesund zu halten.

Wer sein Herz verschließt, tut das meistens nicht mit Absicht. Das Herz zu verschließen ist ein Schutzverhalten und geschieht bei emotionalen Verletzungen automatisch.

Angelogen zu werden kann wirklich viel Schaden anrichten. Dabei geht es mir nicht unbedingt um den Schaden im Außen, sondern um dein Seelenwohl.

Die Seele leidet sehr wohl, wenn ihr Körper extremen Situationen ausgesetzt ist. Auch wenn du dich mental nicht wohlfühlst, weil dich das Verhalten von anderen Menschen verletzt, leidet die Seele. Um für das Seelenwohl zu sorgen, ist es wichtig, dass du auch bei Tumulten bei dir bleibst. Wie verhält sich ein Kind, wenn ihm etwas nicht passt? Ja, es sucht bei der Mutter Schutz.

Im übertragenen Sinne ist das Licht der Geistigen Welt die göttliche Mütterlichkeit par excellence.

Manchmal rutscht dir vielleicht selbst eine Notlüge über die Lippen, aber vergiss bitte nicht, dass du Spiegel bist für deine Nächsten. Du spiegelst ihnen auch ihre Unaufrichtigkeit. So kann es vorkommen, dass du dich in Kontakt mit deinem Gegenüber in einem Verhalten wiederfindest, das du längst abgelegt hast. Das soll aber nicht zur Rechtfertigung der Lüge dienen. Ich möchte nur, dass du dich nicht selbst verurteilst. Ich, Lady Rowena, möchte dich daran erinnern, dass es sehr wichtig ist, dir selbst und anderen zu vergeben.

Hellsicht kann sehr nützlich sein. Aber tut es dann nicht noch mehr weh, wenn du siehst, dass du belogen wurdest?

Und genau das ist der Grund, warum viele Menschen ihre Bewusstseinstalente nicht leben. Sie haben Angst, dass das Leben dadurch aus den Fugen gerät.

Die Menschen haben am Anfang meistens sehr viel mehr Angst vor den Veränderungen im eigenen Leben als Freude an den Neuerungen. Das Licht in sich anzunehmen bringt unweigerlich private Veränderungen mit sich. Es ist alles gut, vertraue dir selbst, trau dich, freu dich. Du schöpfst immer aus den Absprachen deines eigenen Seelenplans. Du bist ein Teil der Schöpfung und schöpfst immer die Lernaufgaben, die du brauchst. Der Mensch braucht Lernerfahrungen, sonst kann er nicht wachsen.

Vergiss nicht, du bist ein irdischer Engel. Du bist mit deinen himmlischen Fähigkeiten hier auf der Erde. Diese Fähigkeiten möchten gelebt werden. Selbst wenn du die Bewusstseinstalente nur im privaten Leben anwendest, bedeutet das, dass die göttliche Energie fließen kann.

Lehnst du aber den göttlichen Teil von dir ab, dann stellt dich das Leben auf den Kopf, und zwar so lange, bis du alles Unnötige loslassen kannst und bereit bist, das Wesentliche zu leben. Wer das Wesentliche lebt, hat sicher ein glücklicheres Leben.

Der Mensch strebt nicht nach dem einfachen Glück, sondern nach Glückseligkeit.

Wie schön ist es, dein Leuchten zu sehen. Ich verneige mich vor deinem Sein.

Mit Segen für dich, mein liebes Erdenkind,
die Aufgestiegene Meisterin Lady Rowena

Sarinah:

Die berühmten Räte des Lichts, laut Erzengel Michael hat dieser Kreis über 100 Mitglieder. Jeder von ihnen hat sich auf der Erde in der Öffentlichkeit bewährt. Ihr Name ist heute noch in aller Munde.

Dabei gibt es wohl ein Auswahlverfahren, nicht jeder wird aufgenommen. In den Kreis der berühmten Räte kann nur eine Seele aufgenommen werden, die sich zu Lebzeiten für Freiheit, Gerechtigkeit, Frieden und Gleichberechtigung eingesetzt hat.

Ich bin so ergriffen von dem, was sie uns mitteilen. Oft ist es so, dass ich im Alltag eine Frage habe. Wenn es zum Beispiel eine politische Frage ist, dann meldet sich die Seele von John F. Kennedy dazu. Seine Antwort ist immer sehr liebevoll, ehrlich und anschaulich, sodass ich sie gerne aufschreibe und mit in das Buch aufnehme.

Der Kontakt zu den himmlischen Freunden ist inniger denn je. Es kommt oft vor, dass sie sich von sich aus melden. Des Öfteren diskutiere ich dann mit ihnen, weil mir ihre Antwort nicht gefällt, um dann später festzustellen, dass sie doch Recht hatten. Voll ins Schwarze getroffen! Da stellen sich bei uns Menschen nicht selten die Haare auf. Etwas geht in aufbrausende Resonanz, und man will es nicht glauben… zum Beispiel, dass die Menschen ihr Leid tatsächlich sehr oft selbst erschaffen.

Liebe Leserseele, ich liebe es, wenn du so nah bist. Ich kann förmlich deinen Herzschlag hören. Weißt du, ich sehe in dein Herz, und siehe da, du hast ja die gleiche Sehnsucht wie ich.

Du liebst Engelberührungen? Dann komm, lass uns weiterwandern, tiefer hinein in den himmlischen Raum. Wir werden sicher auf Engel treffen, die unser Herz berühren.

Wenn Engel dich berühren, dann hält die Welt den Atem an. So fühlt es sich zumindest an. Sie berühren und heilen dich. Engel sind sehr vorausschauend, sie wissen, was das Herz wünscht.

Es gibt Menschen, die möchten gerne eine Engelberührung, und endlich klappt es. Aber sie zucken dann vor Schreck zusammen. Klar sind Engel vorsichtig, sie möchten uns nicht erschrecken, das dürfen sie auch nicht.

Mir hat Erzengel Michael gesagt, dass Engel eins niemals tun, nämlich den Menschen Angst einjagen. Wenn jemand wünscht, dass eine Engelberührung stattfindet und dann erschrickt, ist die Zeit noch nicht reif für das Geschenk.

Liebe Leserseele, deine Engel waren die ganze Zeit an deiner Seite. Als du das Buch aufgeschlagen hast, haben dir deine Engel über die Schulter geguckt.

Übrigens, Erzengel haben ihre Ohren überall. Sie können zwar gut Geheinisse wahren, aber trotzdem bleibt nichts unentdeckt. Unsere himmlischen Freunde sind die geduldigsten Zuhörer, die es gibt.

Es ist mir und allen, die sich in diesem Buch zu Wort melden, eine Ehre, dir nahe sein zu dürfen.

Bis gleich, Sarinah

☆☆☆

Erzengel Michael: Berührt sein

Engelberührungen fühlen.

Wenn Engel dich berühren, tun sie das auf sehr unterschiedlich Weise. Deine Empfindsamkeit und Stimmung entscheiden, wie du Engel wahrnimmst. Aber Engel berühren immer sehr liebevoll, fürsorglich und heilend.

Liebe Leseseele, als ich vor kurzem bei dir war – dein Herz hatte mich gerufen, so schaute ich nach dir –, da bemerkte ich, dass du dir so viele Gedanken machst über Begebenheiten, die dann doch zu deinen Gunsten ausfallen.

Dein Herz ist so rein wie das eines Kindes, du willst niemandem schaden, hast eigentlich nur den einen Wunsch: Liebe. Doch durch die vielen zwischenmenschlichen Begegnungen hast du dir zusätzlich eine Art Schutz um dein Herz erschaffen. Das ist der Grund, warum es dir manchmal schwerfällt, etwas zu fühlen. Dieser Schutzwall um dein Herz mag abmildernd wirken, aber mit der Zeit würde dein Herz dadurch leiden. So kommen Menschen in dein Leben, die mit ihrem Verhalten diesen Schutzwall durchdringen.

Um es dir leichter zu machen, haben deine Engel dich zu diesem Buch geführt, damit du mit deinen himmlischen Freunden an der Hand durchs Leben gehen kannst.

Du brauchst diesen Puffer um dein Herz nicht, liebe Leserseele. Gib ihn mir, ich, Erzengel Michael, löse alles auf, was dein Herz nicht fühlen wollte.

Sei unbesorgt, dir kann nichts geschehen. Wir sind bei dir, wir haben zwar oft etwas ungewöhnliche Wege, um dir zu helfen, aber das Ungewöhnliche ist es ja, was euch in die Schöpferkraft bringt.

Auf den ausgetretenen Pfaden werden deine Sensoren müde. Und die Macht der Gewohnheit ist es schließlich, die dir vorgaukelt, als wenn nichts in Erfüllung gehen würde, was du dir wünschst.

Aber nichts ist niemals nichts! Gerade in Zeiten, in denen du eine Veränderung herbeisehnst, passiert sehr viel, nämlich innerlich.

Es gibt jedoch Phasen, in denen ist es für euch besser, auf den gewohnten Wegen zu bleiben, weil die innere Umstrukturierung und Lichtwerdung sehr viel Kraft kosten. So könnt ihr euch im Alltag ein wenig ausruhen, weil alles so wie immer ist.

In der Phase der Umstrukturierung eurer Zellen würde euch der Beginn eines neuen Lebenswegs überfordern. Erst beginnt das Neue innerlich, dann kann es sich im Außen manifestieren.

Manche Lichtträger sind sehr ungeduldig, sie investieren ihre ganze Freizeit, um sich spirituell weiterzuentwickeln. Aber bedenkt bitte, die Weiterentwicklung muss erst innerlich ankommen, und das dauert ein wenig. Und schließlich könnt ihr eure spirituelle Entwicklung nur so weit vorantreiben, wie es euer Seelenplan zulässt.

Manche Menschen denken, sie wären im falschen Beruf, nicht frei genug, nicht vermögend genug, um sich lichtvoll zu wandeln. Das stimmt jedoch nicht. Es gibt keine Zufälle, das Leben ist immer richtig. Auch wenn du denkst, du hättest eine Ausfahrt verpasst, etwas versäumt, so sage ich dir, es ist alles gut, wie es ist.

Wenn es Zeit ist, wird sich der menschliche Erdenengel erheben und durchstarten. Erdenengel sind Multitalente. Sie können vieles gleichzeitig tun, sie sind Organisationsprofis und denken oft von sich selbst, dass sie nicht erfolgreich genug sind. Das ist typisch Erdenengel, ihr denkt, ihr wärt erfolgreicher, zielorientierter, wenn das, was ihr im Blick habt, eintrifft.

Dabei hast du deinen Seelenvertrag fast überkorrekt eingehalten, doch immer wieder sind Selbstzweifel hinzugekommen. Und die Selbstzweifel sind der Grund, warum du dich manchmal so abgeschnitten wahrgenommen hast.

Schau, wir, deine himmlischen Freunde, sind bei dir, nicht nur wenn du das Buch in deinen Händen hältst. Wir sind dir immer ganz nah.

Und nun liebe Leserseele, gib mir deine Hand, lass dich von Erzengel Michael berühren. Ich berühre dich zärtlich und hülle dich ein in meinen blauen Mantel des Schutzes und der Liebe.

Ich küsse zärtlich deine Stirn und wiege dich liebevoll in meinen Armen.

Liebe Leserseele, weil ich weiß, was du brauchst, wird Sarinah im Anschluss das wiedergeben, was ich am Anfang des Kapitels angekündigt habe. Berührt sein! So genieße es, mein Engel. Wie sehr ich dich liebe, wie sehr…

So sei es.
Dein Erzengel Michael

☆☆☆

Sarinah: Eine kleine Wanderung in das Berührt-Sein

Neulich, als ich mit dir am See der Heilung war, blieben wir noch ein wenig länger, und du sagtest zu mir: „Sarinah, es gibt keinen besseren Ort, um aufzutanken. Ich möchte am liebsten ganz eintauchen in dieses Wasser, das sich so seidig und warm anfühlt."

Liebe Leserseele, der beste Ort für das Berührt-Sein ist die Natur, du hast Recht. Ich denke, es wird Zeit, dass wir Gaia unsere Dankbarkeit zeigen. Sie hat uns schon so oft erfreut, uns mit ihrer Pracht bezaubert. Manchmal höre ich, wie der Wind meinen Namen flüstert. Ich weiß, das ist ein Gruß von ihr, von Mutter Erde. Manchmal nehme ich aber auch wahr, wie sie in diesen stürmischen Zeiten ächzt und stöhnt. Dann schlägt mein Herz schneller, ich kann ihr nur mit meiner Liebe und Achtsamkeit helfen.

Es ist, als wenn das Kind im Bauch der werdenden Mutter ganz still wird, weil die Mutter gerade etwas Aufregendes erlebt. Ich bin berührt, wie oft sagt man das einfach so? Aber wer von uns kennt das Berührt-Sein wirklich?

Ich ahne, dass es da noch etwas gibt, was um ein Vielfaches intensiver ist als das, was wir erlebt haben. Und doch möchte ich keine großen Erwartungen heraufbeschwören. Es ist besser, wenn du es fließen lässt. So kann das Erlebnis zu dir kommen, wann immer der richtige Zeitpunkt für dich ist.

In Wahrheit bin ich mir ziemlich sicher, dass meine Worte nicht ausreichen, um das zu schildern, was nun kommt. Weißt du, liebe Leserseele, wie oft habe ich dich schon so angesprochen, und dabei kennen sich unsere Herzen gut. Wenn man über das Herz kommuniziert, braucht man keine Namen, weil alles im Fluss ist. Aber wenn man miteinander spricht, von Herz zu Herz, von Seele zu Seele, kommt es sehr oft vor, dass man den Seelennamen unwillkürlich ausspricht.

Der Seelenname ist sehr kostbar, niemals würde ich deinen Seelennamen einfach so herausposaunen. Ich weiß, wer du bist, und du weißt, wer ich bin, das genügt doch. Ja, ich bin Sarinah, das ist aber nicht mein Seelenname.

Unsere Engel rufen uns manchmal, indem sie unsere ursprünglichen Namen flüstern. Sie tun das sehr zart, und unser Herz reagiert immer darauf. Auch wenn du dich nicht erinnerst, deinen Seelennamen je vernommen zu haben, darfst du sicher sein, tief in dir schwingt dieser heilige Name. Es ist dein Ursprungsname.

Der Name der Seele ist einzigartig und beständig. Ein Seelenname ändert sich nie.

In der Geistigen Welt ist der Name unserer Seele wohlbekannt, und Gaia kennt ihn auch.

Wenn es ganz still in uns wird, wenn die Wellen der Liebe uns einhüllen und wir uns behaglich zurücklehnen, dann wird alles zeitlos. Wichtig ist nur, dass der Augenblick niemals aufhört.

Darum geht es, offen zu sein für den richtigen Augenblick. Das Berührt-Sein macht diesen Augenblick zeitlos. Wir Menschen suchen unser ganzes Leben nach Zeitlosigkeit und Liebe. Schöne Begegnungen und Momente würden wir am liebsten festhalten, damit es nie aufhört. Dabei sind wir ja die Zeit, und alles, was wir in tiefer Liebe erleben, ist ewig.

Du sagtest, du willst ganz eintauchen in das heilige Wasser, in die Energie der Liebe?

Wenn sich die Energien des Himmels und der Erde vereinen, dann ist der besondere Augenblick da. Der Augenblick, der unsere Seelen so berührt, dass wir eins sind mit dem, was ist.

Und so tauchen wir ganz ein, komm, gib mir deine Hand. Folge einfach diesen Zeilen, ohne das, was du liest, zu bewerten. Fühle diesen besonderen Augenblick, wenn die Welt um uns herum ganz still wird. Es zählt nur noch das Empfinden. Nichts muss, alles darf.

Das Wasser des Sees der Heilung ist ein Sinnbild dafür, wie es ist, wenn sich Himmel und Erde vereinen. Diese Energie ist immerdar, sie ist Liebe in der Unendlichkeit.

Wir können uns fallenlassen in der Gewissheit, dass es jetzt gerade nichts gibt, was wir tun müssen. Es ist wie ein Bad in den Wellen, und du hast plötzlich Lust, eins zu sein mit den Wellen. Du brauchst nichts tun, außer dich treiben lassen, fühlen und genießen.

So nehme ich deine Hand und gleite mit dir immer tiefer hinein in diese wunderbare Energie der unendlichen Liebe.

Ich bitte dich, lenke deine Aufmerksamkeit voll und ganz auf die Liebe. Atme Liebe, sei Liebe.

Und nun lass dich hineinsinken, so, wie du dich in ein warmes Bad hineingleiten lässt. Während ich deine Hand halte, beginnt es, in uns still zu werden. Eine behagliche Ruhe breitet sich aus. Ich wende den Kopf und blicke in deine Augen. Ja, das Leuchten ist in uns. Konzentrieren wir uns auf diesen leuchtenden Punkt tief im Inneren. Dann weitet sich dieser Punkt und verbindet uns mit dem Leuchten der unendlichen, göttlichen Liebe.

Das Baden in den Wellen der Quelle allen Seins ist immer möglich. Dazu benötigst du nur das Gefühl und das Vertrauen.

Wir sind mit der Erde verbunden, unser Körper darf die Urquelle genießen.

Es ist, als würde ich mit dir Hand in Hand durch Raum und Zeit gleiten. Erinnerungen tauchen auf und gehen wieder. Das, was wir erlebt haben, fließt an uns vorbei. Und wie erholsam ist es, wenn wir nicht urteilen und nicht bewerten.

Wir sind eins mit dem, was ist, wir sind Liebe, um uns ist Liebe. Es zählt nur noch das Jetzt. Die süße Energie der allumfassenden Liebe hüllt uns zärtlich wissend ein. Alles, was geschehen ist, zieht an uns vorbei, ohne dass wir danach greifen möchten. Alles, was uns Sorgen gemacht hat, löst sich in dem Moment in Wohlgefallen auf. Zuversicht breitet sich in uns aus.

Es ist alles gut. Wenn wir so im Fluss, im Vertrauen sind, werden wir zeitlos. In der Energie der unendlichen Liebe hört jedes Zweifeln auf, und das Gedankenkarussell darf mal Pause machen. Wir befinden uns in der wohligen Energie derer, die sich in diesem Buch zu Wort melden. Es gibt nichts, was schützender, heilsamer, behaglicher ist als die Liebe der Schöpfung.

Während uns die Geistige Welt segnet, lassen wir uns einfach treiben. Wir atmen die Luft der Erde, unser Körper und unsere Seelen sind Liebe.

So lauschen wir den Worten von Erzengel Raphael, der nun anfängt zu sprechen. Seine Sätze sind wie Wellen, die uns zärtlich daran erinnern, dass Berührt-Sein in uns selbst beginnt.

☆☆☆

Erzengel Raphael: Das Leben hat dich ein wenig entzaubert? Hier kommt dein Energiegeschenk

Wie oft werden wir Erzengel um Hilfe gerufen, gar angefleht, wenn sich eine Krankheit manifestiert hat. Unsere Heilung ist allumfassend. Das bedeutet, dass wir nicht nur die Symptome zudecken, darüberstreichen und gut ist es. Allumfassend heißt, dass wir umfassend heilen, bis in die tiefste Schicht.

Leider ist es jedoch manchmal der Fall, dass die Menschen die Themen, die mit der Krankheit zu tun haben, nicht hergeben. Sie halten an Gewohnheiten, alten Glaubenssätzen und, vor allem, an ihrer Einstellung fest. Da könnte selbst Gott nicht umfassend heilen, und so sind uns die Hände gebunden.

Ich bin Erzengel Raphael, und ich bin zu dir gekommen, um dich daran zu erinnern, dass du ein göttliches Wesen bist.

Weißt du, die Menschen haben vergessen, dass sie selbst das weiße Licht der Schöpfung in sich tragen. Mal erinnert ihr euch daran, dann lässt euch der Alltag wieder vergessen, dass ihr selbst göttliche Wesen seid. Und schon ist der Erdenengel wieder eingeschlafen.

Oh, ihr seid lichtvoll erwacht, das stimmt. Mit einschlafen meine ich, dass ihr vergesst, dass ihr selbst hohe Bewusstseinstalente habt. Diese könnt ihr jederzeit anwenden. Und wenn ihr jemanden beauftragt, medial für euch tätig zu sein, dann ist das wie eine Brücke zu euren eigenen Talenten.

Liebe Leserseele, sag, wie geht es dir? Wie fühlst du dich heute? Wenn ich nach deinem Befinden frage, dann tue ich das, weil es dich öffnet, wenn du mir antwortest. Dass du dein Herz öffnest, mit dem Herzen dabei bist, ist wichtig, nur so kommen die energetisierten Zeilen bei dir an.

Wie oft werden wir Erzengel gefragt, warum Heilung unterschiedlich ankommt bei den Menschen. Dabei liegt die Antwort klar auf der Hand. Unsere Heilstrahlung kommt nicht unterschiedlich bei den Menschen an, ihr reagiert nur unterschiedlich darauf. Die Heilenergie kommt also immer beim Patienten an, jedoch nicht jeder Körper reagiert gleich. Manchmal spüren die Lichtträger nichts und denken, das Heilungswunder würde nicht geschehen. Dem ist nicht so, Heilung wirkt immer, auch in aller Stille.

Wie offen ihr für eine Heilübertragung seid, spielt natürlich auch eine Rolle, denn wir dürfen euren freien Willen nicht brechen.

Ja, liebe Leserseele, du hast Recht, manche Menschen reden davon, dass sie offen sind, aber sie sind es keineswegs. Dass sie nicht empfangsbereit sind, fällt zum Beispiel auf, wenn die Lichtträger viele unterschiedliche Berater beauftragen, damit diese ihnen die anfängliche Botschaft bestätigen.

Der Zweifel tarnt sich gerade bei lichtvollen Menschen gut. Das beste Tarnkleid für den Zweifel ist die Ungeduld. Ungeduld ist ein menschliches Gebaren, das weit verbreitet ist. Es ist ok, ungeduldig zu sein, schneller geht es aber deswegen nicht, im Gegenteil.

Wer ungeduldig ist, wird viel warten dürfen.

Wird ausgebremst, sagst du? Genau, das hätte ich nicht besser ausdrücken können, liebe Leserseele.

Wer zweifelt, hat es leider schwerer, gesund zu werden, weil jeder negativer Gedanke sich querstellt und die Selbstheilungskräfte bremst.

Die größten Zweifler sind oft sehr hohe Heiler, die auf der Erde inkarniert sind, um sich und ihr Umfeld gesund zu machen.

Nun, der Zweifel tarnt sich gut. Die großen Heiler glauben zwar an sich selbst, aber sie sehen die Heilqualitäten von anderen Menschen nicht.

Wer bezweifelt, wird bezweifelt und erlebt diese Zerrissenheit immer wieder, so lange, bis erkannt wird, was am eigenen Verhalten zu verändern ist.

Nebenbei sei gesagt, dass jeder Mensch die Fähigkeit hat, über den Geist zu heilen. Aber nicht alle Menschen wenden ihr Talent an.

Es ist verständlich, dass ihr manchmal strauchelt. Schließlich ist der Schleier des Vergessens etwas, was selbst in der Erinnerung noch seine Wirkung hat.

Ich, Erzengel Raphael, weiß, wie schwer es ist, dauernd im Feld der Liebe zu bleiben. Ja, Licht sein ist leicht und wunderschön, aber dann passiert das Leben, und ihr werdet wieder herausgerissen aus der wunderbaren Energie. Daher gebührt euch der Respekt der Geistigen Welt. Wir ehren das irdische Leben. Wir wissen, wie es euch geht, wir wissen es…

Wir sind immer an eurer Seite. Wir sind da, um Hand in Hand mit euch durchs Leben zu gehen. Wahrhaftig, so ist es.

Die allumfassende Liebe der Schöpfung, die das Leben immens bereichert, ist eins der goldenen Geschenke an euch.

Um fühlen zu können, was ich mit dem letzten Satz meine, möchte ich dir gerne ein Geschenk machen. Ein Energiegeschenk, das du immer wieder anwenden kannst, dafür musst du nichts tun, außer dein Herz öffnen und weiterlesen.

Viel Freude, liebe Leserseele, genieße es…

☆☆

Nun ist es Zeit für eine kleine Reise, eine Reise zum Herz.

Hier hast du all die Erlebnisse gespeichert, die dich an den Rand deiner Kräfte gebracht haben.

Das emotionale Herz, eine Wohltat, wenn es dir gut geht, aber wenn du dir selbst Druck machst, wenn du gegen dein Herz entscheidest und lebst, dann ist dein emotionales Herz dein wunder Punkt.

Herzpochen, Atemnot, Albträume und schweißgebadet aufwachen, kennst du das? Das sind Zeichen dafür, dass du deinen Seelenweg mühevoller beschreitest, als du es im Seelenplan verankert hast.

Höchste Zeit, um Heilung zu bringen? Ja, das habe ich, Erzengel Raphael, heute gefühlt, als ich dir beim Aufwachen zugesehen habe.

Dein emotionales Herz ist kein Speicherorgan, es kann destruktive Gefühle nicht speichern. Und so reagiert dein Herz, es tut genau, was es soll. Es pocht schneller bei mühevollen Lebensphasen, es erinnert dich daran, wenn etwas nicht rund läuft.

Nun, vielleicht merkst du nichts davon. Aber mit der Zeit würde sogar das gesündeste Herz krank werden, wenn sich Energien anreichern, die spaltend wirken.

Jeder Gedanke, der Druck erzeugt, der urteilend ist, auch gegen dich selbst, trennt dich von deinem Herzen. Und über das Herz bist du schließlich verbunden mit der Geistigen Welt.

Wie sehr ich dich liebe, wie sehr…, und ich möchte, dass es dir gut geht. Darum befreie ich dein Herz von all den Energien, die es schwer gemacht haben.

Ich, Erzengel Raphael, befreie dich hiermit von all den Energien, die deinem Herzen nicht guttun.

Liebe Leserseele, atme einige Male tief und bewusst ein und aus. Dann richte bitte deine Aufmerksamkeit auf deine Hände.

Schau dir deine Hände genau an, taste liebevoll über deine Haut. Wie fleißig diese Hände sind, wie wunderschön sie sind.

Nun richte deine Aufmerksamkeit auf deine Handinnenflächen, wie einzigartig diese Linien verlaufen. Deine Herzlinie, deine Lebenslinie, das ist ein wundervolles Bündnis, sie berühren sich nicht und sind doch vereint.

Nimmst du wahr, wie sehr deine Hände danach dürsten, gestreichelt zu werden?

Dein Herz will auch gepflegt sein, es will Streicheleinheiten, Liebe, und genau das schenke ich dir nun.

Zärtlich nehme ich deine Hände in meine. Und ich heile dich von all dem, was dein Herz belastet hat. Sogleich fließt meine heilende Energie in deine Handchakren. So verteilt sich diese wohlbringende Energie von selbst, bis sie schließlich beim Herzen ankommt.

Menschliche Herzen sind sehr sensibel, darum geben wir Erzengel unseren Heilstrahl erst einmal in einen etwas weiter entfernten Bereich des Herzens. So verteilt sich diese Energie im Körper und kommt dann beim Herz an, wenn ihr bereit dafür seid.

Vergiss bitte das Atmen nicht, liebe Leserseele, atme tief und bewusst.

Bist du so weit? Wohlan, fahren wir fort. So berühre ich dein Herz, indem ich dir sanft über deinen Rücken streichle. Ich, Erzengel Raphael, verbinde mich nun innig mit dir. Ich schenke dir das Berührt-Sein, indem dich mein Heilstrahl zärtlich einhüllt. Ich knie nieder, um deine Füße in meine Hände zu nehmen. Das Kitzeln an deinen Fußsohlen? Schön, das bin ich… vielleicht spürst du wenig, aber sei dir sicher, meine Energie kommt immer an.

Zärtlich liebkose ich deine Fußchakren, so fließt mein Heilstrahl durch den ganzen Körper. Bei den Hauptchakren angekommen, beginnt mein göttlicher Heilstrahl sich im Kreis zu drehen. So wird dir warm oder auch etwas kalt, je nachdem, was dein Körper gerade braucht.

Heilenergien der Geistigen Welt sind sehr intelligent und universell. Göttliche Heilung wirkt auch immer individuell und kommt so an, wie sie benötigt wird. Wir behandeln immer Körper, Geist und Seele, niemals nur ein Organ oder einen Körperteil.

Während ich meine Erzengelenergie fürsorglich um dich lege wie eine weiche Decke, während ich zärtlich dafür sorge, dass du, so lange du möchtest, verweilen kannst, warm und sicher eingehüllt in die Energie der Regeneration und der göttlichen Liebe, während ich dich zum Abschied segne, beginnt die göttliche Liebe in dir zu wirken.

Nichts lässt die Körpersäfte besser fließen, kurbelt die Selbstheilungskräfte besser an wie eine Heilung, die du bewusst aufnimmst. So wie jetzt.

Darum bat ich dich vorhin immer wieder, tief und bewusst zu atmen. So bestätigst du diese Heilung nicht nur, du kannst das Energiegeschenk auch jederzeit bei anderen Menschen anwenden.

In tiefer Ehrfurcht vor deinem Erdendasein mit dem Segen der Geistigen Welt.

In Liebe,
dein Erzengel Raphael

☆☆

Sarinah:

Liebe Leserseele, wie schön, dich so entspannt zu sehen. Und nun? Möchtest du weiterwandern? Oder möchtest du eine kleine Lesepause einlegen? Ich liebe es, wie diese Kapitel nachklingen. Manchmal lehne ich mich zurück, schließe meine Augen und fühle, wie mein Brustkorb sich automatsch hebt und senkt. Sobald ich meine Wahrnehmung auf meine Atmung lenke, wird diese ruhiger, und ich sinke in mich hinein. Zeitlos, im Bewusstsein, dass es nichts gibt, was uns von dieser göttlichen Liebe trennt, genieße ich diesen Augenblick. Wir, die wir hier im Buch zu Wort kommen, lieben diese gemeinsame Zeit mit dir so sehr.

Mir fehlt jedoch noch jemand, und ich werde langsam unruhig. Ich will wissen, warum er schweigt. Das ist nicht seine Art, ja, da hast du Recht. Also bitte, komm mit, lass uns nach ihm sehen. Schließlich hat er uns schon so oft geholfen, in uns selbst etwas zu erkennen und zu klären.

☆☆☆

Der Erdenengel Harry: Und dann passiert das Leben

Wer urteilen kann, der kann auch vergeben, finde ich zumindest. Aber zu urteilen ist leichter, als zu vergeben. Das ist ein Dilemma, denn uns selbst zu vergeben und anderen zu verzeihen, das ist unsagbar wichtig. Sonst kommt man nicht aus dem Beschwerdekreis der Zerrissenheit heraus.

Schließlich spiegelt das Geschehen auf der Erde den Zustand der Gemeinschaft der Menschen wider. Frieden wünschen sich viele Menschen. Sie leben aber nicht im Frieden, weder mit sich selbst, noch mit ihren Mitbürgern. Vergebung ist also etwas, was uns und auch die Erde heilt.

Wie oft habe ich mich dabei ertappt, dass ich andere Menschen herabstufe. Und kaum ist es mir gelungen, das Verhalten zu ändern, passiert es mir wieder.

Leider muss ich zugeben, dass ich mich nicht immer an die Ratschläge der Geistigen Welt halten kann. Geht es euch genauso? Oh, da seid ihr ja. Es ist schön, dass ihr mich, den Erdenengel Harry, nicht vergessen habt.

Wir sind doch auf der Erde, um zu lernen. Gehört es da nicht dazu, Fehler zu machen? Fehler sind es ja nicht, es sind Erfahrungen, die uns noch gefehlt haben. Das macht es aber auch nicht besser. Jedenfalls ist das Befinden, nachdem man jemanden herabgestuft hat, nicht gerade das beste.

Ja, da stimme ich euch zu, und man wird selbst wieder herabgestuft.

Kennt ihr das? Habt ihr auch Tage, an denen ihr euch am liebsten in die Engel-Komfortzone verkriechen möchtet? In der Hoffnung, dass euch da niemand aufstöbert und stört?

In der Energie der göttlichen Quelle zu sein, tut so unendlich gut, und es ist zusätzlich sehr heilsam.

Und dann passiert das Leben, der Alltag holt uns ein.

Das ist ok, schließlich gibt es die Seelenverträge, so finden wir immer wieder den Zugang zum heiligen Herzen.

Heilig, das Wort benutze ich nur für wirklich außergewöhnliche Begebenheiten.

Für unsere verstorben Verwandten und Freunde sind wir so etwas wie Helden. Sie wissen von unseren Seelenabsprachen. Sie kennen unsere Zukunft genau, und ja, auch die vergangenen Leben sind ihnen bekannt.

Die Seelen in der Geistigen Welt finden menschliches Gebaren, wie andere herabzustufen, zu fluchen, oder gar über den eigenen Stolz zu stolpern, nicht besonders schlimm. Für unsere lieben Seelen ist das ein Zeichen, dass wir dazulernen können.

Nun, ich selbst werde auch ständig herabgestuft. Das ist die Resonanz auf mein urteilendes Verhalten, klar.

Wie stelle ich mein Verhalten ins Licht?

Diese Frage habe ich eines Nachts Gott gestellt. Hier ist die Antwort von Gott:

„Wenn du dein Verhalten ändern möchtest, dann stelle dich darauf ein, dass es ein wenig dauert. Du lebst auf der Erde, und da befinden sich nun mal Energien, die dich dazu bringen, etwas auszusenden, was du im Nachhinein nicht an dir leiden magst. Du darfst dich genauso annehmen und lieben, wie du bist, nicht wie du irgendwann sein wirst. Deine Seele will Liebe, Zuspruch und Akzeptanz.

Eine gute Möglichkeit, das eigene Verhalten ins Licht zu stellen ist, die Gegensätzlichkeit zu leben. Es gibt keinen einzigen Menschen auf der Erde, der immer heilig gelebt hat.

Es ist eure Aufgabe, Fußspuren zu hinterlassen. Die Spuren sind es, die es anderen ermöglichen, eurem Beispiel zu folgen. Fußspuren entstehen, wenn ihr Erkenntnisse sammelt und lebt.

Es ist verständlich, sich zu wünschen, für immer schweben zu können. Aber bedenkt, dass ihr Erdenengel seid. Die können beides, leben und schweben. So mancher Erzengel wünscht sich nichts sehnlicher, als einen Körper zu haben, um erdige Erfahrungen machen zu können. Aber seit eurem Aufstieg ins Licht können Erzengel beides, sie erfahren sich durch euch, und sie schweben.

Ein Engel kam eines Nachts zu mir und sagte: „Lieber Gott, mir ist das hier im Himmel zu langweilig. Ich will wieder auf die Erde. Ich will Mensch und Engel gleichzeitig sein. Sende mich mit einem Auftrag los, lieber Gott, damit ich endlich wieder irdische Erfahrungen machen kann."

Und genau das habe ich getan. Ich habe dich mit einem Auftrag auf die Erde gesandt, Harry, erinnerst du dich noch? Erinnerst du dich, wie dein Auftrag lautete? „Bringe denen dein Licht, sei denen ein Beispiel, die sich durch ihr Verhalten vom Licht der Schöpfung abgewandt haben."

Und du, Harry, hast diesen lichtvollen Auftrag bravourös erfüllt. Du bringst etwas in den lichtvollen Wandel, indem du auch die Schattenseite des Lebens durchwanderst.

Ohne Schatten kein Licht.

Du bist Licht, dein Verhalten ist ein Aspekt des Lichts.

Du bist ein göttliches Wesen, und erinnerst du dich daran, stellt sich dein Verhalten automatisch in das Licht.

In Liebe, es segnet dich der Vater aller Seelen in ALLES-WAS-IST.

Der-Ich-bin-GOTT."

Mit dieser Antwort von Gott geht es mir gleich besser. Trotzdem frage ich mich, wie es möglich ist, dass wir immer wieder auf dem Parkour der alten Gewohnheiten, die uns nicht guttun, ausrutschen?

Dabei mangelt es mir nicht an lichtvollen Begegnungen. Trotzdem folge ich nicht immer den Ratschlägen der Engel.

Oh, sie geben Tipps, das ist richtig. Die Engel erwarten jedoch nichts. Auch nicht, dass man das tut, was sie einem raten.

Wenn ich das nur auch könnte. So ohne Erwartung zu sein, könnt ihr das?

Nicht immer, stimmt's?

Ich denke, es wird Zeit, dass wir ihn zu uns rufen.

Er kann so wundervoll lustig sein, dass einem beim Loslachen die Luft wegbleibt vor Glück. Und er kann uns heilen, reinigen von all dem Gedankenmüll, den wir uns selbst aufgeladen haben.

Bis gleich,
euer Erdenengel Harry

☆☆☆

Erzengel Uriel: Heilung der Seelenwunden, Ahnenheilung und mehr

Du hast Sorgen? Hier findest du Zuversicht.

Kommt doch mit in unseren gemeinsamen himmlischen Raum der Begegnung.

Ich weiß, wonach ihr euch sehnt. Ihr seid viel zu ernst, mit Humor lässt es sich doch gleich viel leichter leben.

Wo ist eigentlich der galaktische Bengel Marix? Hat er etwa meinen Weckruf nicht gehört?

Als ich, Erzengel Uriel, vorhin bei euch ankam, habe ich in eure Herzen gesehen. Es berührt mich tief, wenn ich sehe, worum ihr euch Gedanken macht. Ich bin im Allgemeinen davon überzeugt, der Mensch denkt zu viel und lebt zu wenig.

Bevor wir in den himmlischen Raum der Begegnung wandern, öffne ich das Fenster zum Erdgeschehen, denn ich bin sicher, dass es euch aufmuntern wird, was ihr da erblicken werdet.

Sarinah:

Sobald Uriel das Fenster zum Erdgeschehen geöffnet hat, fängt es an zu leuchten. Dieses Glitzern ist überall. Ein goldenes Leuchten ist auf der Welt zu sehen, als würde die Menschheit etwas feiern.

Da ist kaum noch ein dunkler Fleck, der nicht beleuchtet ist. Das ist unser Werk? Ja, das ist es! Die Botschafter des Lichts haben einen guten Dienst getan. Es ist gut, dass wir unser Wirken mit etwas weiterem Blickwinkel betrachten können, denn die Medien zeigen uns nur das, was wir glauben sollen. Die lichtvollen Geschehnisse werden nur am Rande erwähnt.

Aber in Wahrheit hat das Licht bereits gesiegt. Wenn wir uns auf das fokussieren, was uns guttut, wenn wir innerlich und durch unser Tun das Licht der Schöpfung leuchten lassen, dann unterstützen wir den Wandel enorm.

Seht ihr das? Es ist tatsächlich jeder kleinste Ort auf der Erde mit dem Licht der Quelle durchleuchtet.

Ja, die Plätze, an denen noch gekämpft wird, sind genauso hell. Das wundert mich nun, aber ich weiß, dass gerade dort viel göttliche Energie vorhanden ist, wo es noch ordentlich kracht.

Doch die Lords des Lichts müssen den Transformationskampf zulassen, in uns und auch im Außen. Also haben wir noch viel zu tun. Mir geht es aber wie euch, ich will erst einmal diese wundervollen Bilder nachwirken lassen.

So schließt Erzengel Uriel das Fenster wieder. Erzengel wissen, wonach man sich sehnt. Das ist das Schöne beim Kontakt mit Erzengeln. Sie sind allwissend. Ohne dass man sich ihnen erklären muss, wissen sie genau, wonach man sich sehnt. Und Erzengel tun eins sehr gern: Sie geben Liebe und heilen so viel wie möglich. Dabei gehen sie schon mal an die Grenzen ihrer Zuständigkeit und lehnen sich für uns weit aus dem Fenster. Darum sollten wir ihnen Respekt entgegenbringen, und das tun wir, indem wir ihnen vertrauen.

Ich weiß nicht, wie es euch geht, aber ich bin müde. Der Tag war ziemlich vollgepackt mit Aufgaben. Lasst uns zum gemütlichen Teil übergehen…

Erzengel Uriel:

So kommt mit mir, liebe Freunde, es ist Zeit, unseren gemeinsamen himmlischen Raum der Begegnung aufzusuchen. Dort steht alles für euch bereit, was ihr braucht, um aufzutanken. Möchtet ihr noch jemanden einladen? Oh, der galaktische Botschafter des Lichts, Marix, und Harry, der Erdenengel, warten im himmlischen Raum auf uns.

Sarinah:

Liebe Leserseele, wir sind angekommen im himmlischen Raum der Erzengel. Es ist eigentlich so etwas wie ihr Gesellschaftsraum. Durch unseren Aufstieg ist dieser nun auch für uns zugänglich.

Ich weiß, du kannst die Atmosphäre fühlen, und damit du siehst, wie es hier aussieht, beschreibe ich es genau.

Um ehrlich zu sein, die Erzengel brauchen eigentlich keinen Raum für Begegnungen. Meine Eingebung sagt mir, dass sie den nur für uns eingerichtet haben, damit wir uns hier gemeinsam treffen können.

Erzengel haben ein Faible für die Farbe Weiß, und sie lieben Pflanzen. So sieht es hier aus wie in einem kuscheligen Wintergarten. Die Sitzgelegenheiten sind mit dicken, weißen Kissen ausgestattet. Es gibt eine weiße Couch, auf der flauschige, rote Decken zum Einkuscheln bereit liegen.

Weißt, du liebe Leserseele, ich möchte so gerne von dir wissen, wie du es geschafft hast, trotz aller Schwierigkeiten zum Licht deiner Seelenplanung zurückzufinden?

Du blickst mir in die Augen, da nehme ich es wahr. Tief in dir sehe ich die Seelenwunde, die sich schon etwas verschlossen hat, also heilt sie auch. Ich fange an zu weinen. Nicht aus Mitleid, sondern weil ich genau weiß, was das für Empfindungen waren, die zur Seelenwunde geführt haben.

Wie oft hat man genau in deiner wunden Stelle gestochert, mit Worten und Taten? Ich denke, genug ist genug! Als Erstes möchte ich meine Hand auf dein Herz legen, wenn ich darf... darf ich? Damit diese ewigen, mühseligen Spiegelungen aufhören, berühre ich nun deine Seelenwunde. Ich weiß, dass Erzengel Uriel zusieht, er gab mir im Vorfeld diesen Rat. Hiermit lege ich meine Hand auf dein Herz und heile die Wunde der Gespaltenheit. Möge niemand mehr in Resonanz gehen und dich dort hineinschubsen, wo es für dich am schmerzhaftesten ist.

Die Abwesenheit der Liebe ist der größte Schmerz der Menschheit. So sei gesegnet, liebe Leserseele. Hiermit hast du die immerwährende Anbindung an diese wundervolle göttliche Liebe, die hier im Raum zu spüren ist. Was du daraus machst, das liegt bei dir. Du kannst jederzeit hierher zurückkommen. Dieses Buch, dieses Kapitel führt dich in den himmlischen Raum der Begegnung. Du kannst auch eine Meditation dafür nutzen, um hierher zu kommen. Du weißt ja, dahin, wo du deine Aufmerksamkeit lenkst, das erlebst du.

Erzengel Uriel: Ahnenheilung

Liebe Leserseele, bevor wir uns dazusetzen, möchte ich dir noch etwas sagen. Ich weiß, was dein Herz braucht. Dein Herz braucht noch eine Begebenheit, um wieder stark zu sein. Sarinah wird bei der Zeremonie dabei sein, um darüber zu schreiben. Also fangen wir an.

Vertrau mir, bitte gib mir deine Hand. Ich führe dich zu dieser Ahnentafel, hier sind alle deine verstorbenen Verwandten verewigt. Die Ahnentafel zeigt alle Seelen, die zu deiner Familie gehören, und zwar in Bildern, so, wie sie zu Lebzeiten waren.

Ich, Erzengel Uriel, bin ganz nah bei dir, ich berühre dich. Weiß ich doch, dass du Halt brauchst. Dein Blick wandert über die Ahnentafel, du schaust dir die Gesichter deiner Ahnen genau an. Plötzlich spüre ich dieses Beben, du zitterst. Das ist die Seele, für die du diese Auflösung der *Abgespaltenheit* auf dich genommen hast? Oh, was für eine Liebe da fließt und Dankbarkeit, all das geht von diesem Bildnis aus, das du betrachtest.

Schau bitte in diese Augen, schau sie dir genau an... erkennst du es? Ja, es ist der gleiche Schmerz zu sehen, den du auch im Leben auf dich genommen hast.

Ich weiß, dass Sarinah so still ist, weil sie mit ihrer vollen Aufmerksamkeit bei uns ist. Wenn Sarinah still wird und gut zuhört, dann wirkt das beruhigend wie eine innige Umarmung.

Liebe Leserseele, nun wird es Zeit für die Zusammenführung. Die Seele, deren Bildnis du eben so lange betrachtet hast, darfst du nun treffen. Magst du?

Dein Blick wandert immer wieder zu unserer Autorin. Du siehst sie verwundert an. Oh, Sarinah kann nicht anders, sie weint schon die ganze Zeit. Sie spürt eure Verbindung und empfindet die Liebe, die diese Seele für dich hat.

Traust du dich? Zusammen mit mir, deinem Erzengel Uriel? Ein Ahnentreffen kann sehr wohlbringend sein.

Wenn es für dich stimmig ist, dann sag Ja dazu ... Ja zu diesem Heilungsweg, der dir Versöhnung, innere Freiheit und neue Kraft verleiht.

Liebe Leserseele, du hast die Kraft, die alten Verletzungen zu heilen, und zwar für euch beide... deine Liebe ist wie Balsam für die liebe Ahnenseele. Bist du bereit?

Während du noch etwas unschlüssig neben mir stehst, geht die Tür auf, und eine Lichtgestalt kommt herein. Ja, so schön sehen Seelen aus. Bist du überrascht?

Du fängst an zu weinen, ich wiege dich sanft in meinen Armen.

Ich weiß, was du fühlst. Beruhigend lege ich meine Hand zwischen deine Schulterblätter.

Komm bitte mit. Die liebe Seele, deren Körper verstorben ist, wartet auf dich. Sie darf nicht von alleine auf dich zugehen. Aber wenn du ihr entgegengehst, ist das ein Startzeichen für diese Begegnung.

Mit einem Lächeln auf den Lippen schreitest du auf sie zu. Die Seele, die zu deiner Familie gehört, hebt jetzt die Hände, um sie dir vorsichtig entgegenzustrecken.

Weißt du, liebe Leserseele, ich denke, es wird Zeit für dieses Ahnentreffen, weil ihr zwei euch so ähnlich seid. Beide habt ihr gedacht, dass der Abschied für immer wäre.

In der Geistigen Welt und in dieser Schwingung leben die Menschen ja seit geraumer Zeit. In der Geistigen Welt gibt es jedoch keinen Verlust und kein Ungleichgewicht. Daher ist es wichtig, alles in die Balance zu bringen, sonst erinnert euch irgendwann das Herz daran, und das kann unangenehm sein.

Mit meiner Hand, die immer noch auf deinem Rücken liegt, schiebe ich dich zart in ihre Richtung. Ich bleibe ganz nah bei dir.

Sarinah ist mit ihrer ganzen Aufmerksamkeit bei uns. Keine Sorge, liebe Leserseele, alles ist gut, lass uns beginnen.

Wieder schaust du mich verwundert an. „Womit denn anfangen?“, fragen deine Augen.

Mit der Zeremonie der Ahnenheilung! Es wird Zeit, weil sonst noch jemand von deiner Familie mit einsteigt in das Seelenmuster deiner Ahnen. Schließlich – Vergangenheit ist Vergangenheit. Es ist gut, dass sich nun endlich das auflöst, was deine liebe Ahnenseele zu Lebzeiten nicht lösen konnte.

So segne ich euch und lege nun deine Hände in ihre. Dein Herz ist nun bereit, deine Seelenwunde beginnt zu heilen.

Spürst du, wie nun alte Verkrustungen bei dir heilen? Du bist überrascht, nicht wahr? Du hättest nicht gedacht, dass da so viel Druck auf deinem emotionalen Herz lastet.

Die Seele, die dich die ganze Zeit liebevoll angesehen hat, weint nun ebenfalls. Sie spricht dich zärtlich mit dem Kosenamen deiner Kindheit an. Du lächelst unter Tränen.

Sanft berühre ich deinen Rücken. Ich tue jetzt etwas, was der Heilung sehr dienlich ist. Ich, Erzengel Uriel, berühre die liebe Seele, die vor uns steht, in der gleichen Weise wie dich. Und so verbindet sich das, was schon seit Urzeiten zusammengehört: eure Herzen. Die Herzensverbindung zu den nächsten Ahnen ist wichtig, denn sonst lebt ihr wie auseinandergerissen.

Diese Seele hat viel auf sich genommen, um dich hier zu treffen. Hättest du abgelehnt, wäre es für sie gewesen, als müsste sie noch einmal sterben.

Diese Zeremonie bedeutet für dich das pulsierende Leben. Du lebst mit einem Körper auf der Erde. Das ist eine Gnade und wird in der Geistigen Welt hoch geachtet. Dein Körper-, Geist- und Seelensystem braucht vor allem eins: Liebe und Aussöhnung/Frieden.

Längst liegt ihr euch in den Armen. Die Ahnenseele fühlt sich an wie reine Energie, weich, umhüllend, heilend und aufbauend. Es ist unbeschreiblich schön, euch beide so innig zu sehen. Endlich, nach so langer Zeit.

Ich höre, wie sie immer wieder deinen Namen aus der Kindheit flüstert. Sie spricht so zärtlich mit dir, dass Sarinah, die uns zusieht, wieder anfängt zu weinen.

Es braucht nicht viele Worte. Deine Ahnenseele und du, ihr versteht euch auch so. Ja, so geht die Kommunikation über das Herz. So einfach und leicht.

Sarinah kommt nun auf uns zu, ich werde euch nun alle segnen.

Während du deiner Ahnenseele ganz nah bist, während die allumfassende Heilung endlich in deinen Körper Einzug hält, erlöst du gleichzeitig all jene Seelen aus deiner Familie, die die gleichen Themen hatten und es nicht geschafft haben, diese zu Lebzeiten zu lösen.

Die Themen: Selbstwert, Selbstachtung, Beeinflussung von außen und das Thema der Abgespaltenheit. All das löst sich nun in Liebe auf.

Darum hat dich dein Verstand in Situationen gebracht, in denen du an dir gezweifelt hast. Weil sich das Zweifeln lösen sollte, nichts trennt mehr als der Zweifel. Nichts ist heilsamer als Vertrauen in die unendliche Liebe.

So danke ich dir, liebe Leserseele. Lasst uns zusammen das, was nun kommt, genießen.

So segne ich, Erzengel Uriel, alle Anwesenden, möge euch das Licht der Schöpfung allezeit leuchten. Möge sich der heilende Strahl der unendlichen Liebe wie Balsam über eure Seelenwunden legen. So wahr wir alle aus einer Quelle stammen.

In Liebe, euer Erzengel Uriel

Marix:

Ich habe gemeinsam mit Harry auf euch gewartet. Oh, ich bin Marix, ich gehöre der Galaktischen Föderation des Lichts an. Ich bin galaktischer Botschafter, mein Aufgabengebiet ist sehr groß, daher bin ich froh über jede Pause. Hier, im himmlischen Wintergarten, liegt ein Zauber in der Luft, der mich schweben lässt. Gut, dass ich schon sitze. Ich halte mich mit einer Hand an Harry und mit der anderen Hand an der Polsterung der weißen Couch fest. Das tue ich, damit ich nicht das Gefühl habe abzuheben. Mag sein, dass galaktische Botschafter taff wirken, sie mögen aber eins nicht, nämlich Schwankungen.

Danke, dass wir alle so hautnah dabei sein durften, liebe Leserseele. Lasst uns zusammen das, was nun kommt, genießen.

Ich weiß nicht, wie es euch geht, aber mir ist nach einer gemütlichen Runde. Und Sarinah will sich sicher etwas ausruhen und einfach schwelgen. Jedoch, ich vermisse jemanden, er ist ein wirklich wundervoller Autorenkollege. Seine Werke sind weltberühmt. Leider ist er nicht mehr am Leben.

Während wir uns alle behaglich zurücklehnen und uns an den bereit stehenden Getränken laben, rufe ich im Geist nach ihm. Möge er das nächste Kapitel so schildern, dass es uns ein Lächeln auf die Lippen zaubert. Er gehört zu den berühmten Räten des Lichts.

Herzlich willkommen Mark, die Seele von Mark Twain.

☆☆☆

Die Seele von Mark Twain: Backen, gemeinsam mit Erzengel Uriel

Es ist mir eine Ehre, dass ich euch durch das nächste Kapitel geleiten darf. Während ich mir den himmlischen Wintergarten genau ansehe, fällt mir auf, dass Erzengel Uriel ein rotes Taschentuch in der Hand hält. Ihr sitzt alle auf der großen Couch, und Uriel, wie sollte es anders sein, thront in der Mitte. Engel wählen ihren Platz immer so, dass sie möglichst alle Anwesenden erreichen.

Gespannt starrt ihr auf Erzengel Uriel, der mit dem roten Taschentuch herumfuchtelt. Er tut so, als wolle er sich die Nase putzen. Jedoch haben Erzengel wenig Ahnung davon, wie das geht.

Sarinah, Marix, der Erdenengel Harry und, last but not least, du, liebe Leserseele, schaut belustigt und gebannt auf Uriels Hände.

Ach, was waren das noch Zeiten. Also zu meinen Lebzeiten hat man es generell vermieden, sich in der Öffentlichkeit das Näschen zu putzen.

Mich dünkt, dass unser Erzengel etwas vorhat, er lächelt so spitzbübisch. Da ich die Gepflogenheiten der Erzengel gut kenne, kann ich sagen, dass sie eins sehr gerne tun: andere aufheitern.

Grund gütiger, während Uriel die Lacher auf seiner Seite hat, sehe ich, wie sich im Wintergarten ein Licht ausbreitet, das mich sehr an das göttliche Strahlen erinnert.

Es scheint so, als hätte das Ahnentreffen, das eben stattgefunden hat, den göttlichen Segen erhalten.

Erzengel Uriel hat seine Arme weit ausgebreitet, so umarmt er euch alle. Ihr sitzt nah bei ihm, wie Küken bei der Henne.

Oh, verzeiht mir den Vergleich, aber das sieht doch allerliebst aus. So lausche ich den Worten von Erzengel Uriel. Der räuspert sich nun laut und tut so, als wenn er sich Gehör verschaffen müsste. Dabei sitzt ihr doch ohnehin da wie artige, aufmerksame Schüler.

Wenn Erzengel übertreiben, dann tun sie das nicht, um Aufmerksamkeit auf sich zu ziehen, nein, Erzengel übertreiben nur aus einem Grund: damit es etwas zu lachen gibt.

Ei, was erblicke ich da? Harrys Haut schimmert immer noch ganz rot. Da er ein weißes Hemd anhat, kann man die rote Stelle am Brustkorb gut sehen. Der Erdenengel hat sich die wunde Hautstelle wohl wieder zurückgeholt, weil er nochmal in das Programm der Zerrissenheit eingestiegen ist.

Zugleich erhasche ich einen Blick von dir, liebe Leserseele. Deine Augen sind ja ganz rot vor Weinen. Ach, was würde ich nun darum geben, wenn ich dir meinen väterlichen Trost geben könnte.

Ich war ein guter Vater und bin es noch immer. Das Vater-Sein hört ja nicht auf, nur weil man verstorben ist. Die lieben Verstorbenen haben alle ein liebevolles Auge auf ihren Nachwuchs. Das Umsorgen der lebendigen Erdenengel hat im Himmel einen hohen Stellenwert.

Darum geht es, um das Umsorgt-Werden, das gibt Geborgenheit, nicht wahr? Dann können durch das Übermitteln von Geborgenheit und Liebe Tränen trocknen und wunde Stellen am und im Körper heilen.

Erzengel können sehr aufheiternd sein, so, wie Uriel euch nun zum Lachen bringt, weil er gerade wild gestikulierend erzählt, wie Erzengel es vermeiden, nass zu werden. Sie baden schon mal gemeinsam mit der Leserschaft, ja, aber sie tun das mehr wegen der Gemeinsamkeit und weniger, weil sie ein Bad brauchen. Erzengel sind eins nicht gewohnt, und zwar spritzendes Wasser.

Mir blumigen Worten erläutert unser Uriel, dass nasse Kälte in der Geistigen Welt völlig unbekannt ist. Während Uriel euch zum Lachen bringt, weil er euch schildert, wie es für einen Engel ist, plötzlich sichtbar zu sein und Nässe zu spüren, fällt mir auf, dass ihr alle beseelt lächelt… ich betone: Ihr seht sehr glücklich aus.

Kein Wunder bei so viel unendlicher Liebe, der ganze Raum flirrt, so viel hohe Schwingung ist hier vorhanden.

Süß, wie ihr da alle auf der weißen Couch sitzt, so eng zusammen, kontaktsuchend, Schulter an Schulter. Nicht, weil nicht genügend Platz wäre, nein, es ist die himmlische Wärme, die euch so innig und nah sein lässt.

Bei eurem Anblick kommt mir das herzige Bild von den Küken und der Henne wieder in den Sinn.

Erzengel Uriel erklärt nun mit ausladenden Gesten, wie es für ihn ist, den Geruch von einem frischgebackenen Kuchen zu schnuppern. Mmh, da läuft mir das Wasser im Mund zusammen. Mein Appetit auf Kuchen war schon zu Lebzeiten als Mark Twain außergewöhnlich groß.

„Lasst uns gemeinsam einen Kuchen backen“, ruft unser Erdenengel Harry begeistert aus. Euer wohlwollendes Nicken lässt Erzengel Uriel aufspringen. Tatsächlich gibt es hier im Wintergarten auch eine Kochgelegenheit.

Ach, wie süß, wie kleine Kinder freut ihr euch auf das Backen.

Beim näheren Hinsehen kann ich erkennen, dass Sarinahs Handinnenflächen ganz rot sind. Das muss doch höllisch brennen. Wieder erwacht meine väterliche Fürsorge. Es scheint, dass Marix der Einzige von euch ist, der keine wunde Stelle hat.

Liebe Leserseele, deine rot geweinten Äugelein brechen meiner Vaterseele das Herz. Wie gerne würde ich dich nun tröstend in den Arm nehmen. Doch sieh einer an, Erzengel Uriel war schneller als ich.

Du liegst in den Armen von Uriel, und man kann an deinem Gesichtsausdruck genau sehen, wie sehr du es genießt. Schließlich streichelt Sarinah zusätzlich deinen Rücken. Harry und Marix tun es Uriel gleich, sie vergrößern die Kuschelrunde, indem sie sich einfach anschließen.

Fürwahr, ein Bild für Götter. Erzengel Uriel steht mit dir in der goldenen Mitte. Er wiegt dich zärtlich und küsst immer wieder deine Stirn. Das heilt bestimmt gleich deine roten Äuglein. Schließlich ist nichts heilsamer als die unendliche Liebe.

Die Zutaten für den Kuchen stehen bereit. Doch bevor es losgeht, möchte unser Uriel die wunden Hautstellen von Sarinah und Harry heilen.

Was muss ich, die Seele von Mark Twain, just in dem Moment erblicken? Igitt, aber lieber Uriel, heilen ist ja löblich, aber doch nicht so!

Der große rote Engel hat sich die bereit stehende Butter gegriffen und nimmt einen guten Batzen davon, um ihn sogleich wohin zu schmieren?

Famos, unser Erdenengel Harry hat sofort begriffen, was da los ist. Folgsam wie ein braver Schüler hat er sich das Hemd hochgezogen. So steht er nun da mit dem Hemd unter dem Kinn, seine Augen betteln um Hilfe.

Da wird doch jedes Herz weich bei diesem Anblick, denn Harrys Brust ist wirklich feuerrot.

Aber unser Uriel schmiert die Butter nicht auf Harrys Haut, sondern auf Sarinahs Hände, die ein wenig zusammenzuckt, damit hat sie wohl nicht gerechnet. Ahne ich doch, dass unserer holden Autorin eins nicht behagt, nämlich klebriges, fettiges Zeug auf der Haut.

Doch Uriel weiß, was er tut, er verteilt die Butter auf ihren Händen. Dann sieht er sie wortlos an mit einem Blick, der sagt: „So, nun heilt euch endlich gegenseitig!"

Und Sarinah tut, wie geheißen. Sie geht zu Harry und schmiert die Butter auf seine Haut. Sie tut das, ohne zu zögern, aber doch sehr behutsam. Dabei bedeckt sie Harrys wunde Haut ordentlich mit dem Fett. Sarinah zeichnet eine liegende Acht auf Harrys Brust. Dieser lässt die Zeremonie mit Engelsgeduld über sich ergehen.

Mir scheint, ich erkenne da sogar ein spitzbübisches Lächeln auf Harrys Lippen. Na, er wird gerade geheilt, und die roten Handinnenflächen von Sarinah heilen gleich mit.

Liebe Leserseele, du stehst da und grinst in dich hinein. Ja, du hast Recht, wofür die gute alte Butter alles gut sein kann!

Aber die Butter ist es nicht, die heilt. Mich dünkt, dass es jeder beliebige Schmierstoff sein könnte. Das, was Balsam auf eure Wunden legt, sind eure Berührungen, sie aktivieren die Selbstheilungskräfte. Und natürlich ist Erzengel Uriels liebevolle Aufmerksamkeit mehr als heilend.

Ei der Daus, da klappt einem doch die Kinnlade runter. Wer hätte gedacht, dass das Backen mit Uriel so anfängt?

Nun hat Sarinah aber genug gesalbt, findet zumindest Marix, der sich behände zwischen Harry und Sarinah drängelt. „Genug ist genug!", höre ich Marix rufen. Wenn seine Stimme ganz hell wird, dann merkt man ihm ordentlich an, dass er echauffiert ist. Jawohl, echauffiert! Unser galaktischer Held wirkt immer so gelassen und ruhig. Aber wenn er mal aus der Haut fährt, dann tut er das mit viel Aufsehen.

So nimmt Marix ein Geschirrtuch und wischt die restliche Butter weg, er putzt und poliert Harrys Brust, um sogleich wie eine sorgsame Mutter die Hände von Sarinah sauber zu wischen.

Aber ach, was erblicken wir da? Ja, die wunden Hautstellen sind verschwunden.

Nun kann die Backzeremonie endlich beginnen, denke ich zumindest. Aber mitnichten, unser Harry steckt sein Hemd so umständlich und langsam in den Hosenbund, dass der Erdenengel wieder einmal alle Blicke auf sich zieht.

Ah, endlich, in harmonischer Zusammenarbeit werden die Zutaten schnell zu einem Teig verrührt. Es ist allerliebst, euch so innig zu sehen. Die Köpfe zusammengesteckt und die Wangen rot vor Aufregung steht ihr da beim Backwerk.

Das ist genau das, was Erzengel Uriel im Sinn hatte. Er wollte euch dazu bringen, dass ihr euch achtsam umeinander kümmert.

Nichts heilt mehr als? Na, weißt du es noch? Genau, nichts heilt mehr als die unendliche Liebe.

So wird der Kuchen in die Form verfrachtet und in den Ofen geschoben. Gleich wird es hier im himmlischen Wintergarten unwiderstehlich duften.

Ach, zu meiner Zeit hat ein Mann niemals Kuchen gebacken, und wenn, dann tat er das heimlich. Du meinst, das sind nun moderne Zeiten? Wohl wahr, liebe Leserseele, wohl wahr, und das ist gut so.

Während sich der appetitanregende Geruch vom Backwerk ausbreitet, macht ihr es euch nochmal auf der weißen Couch gemütlich. Eng aneinander geschmiegt sitzt ihr da zusammen. Jetzt erst fällt mir auf, wie bemüht das am Anfang aussah. Und nun, beim Worte des Herrn, nun leuchtet die göttliche Liebe in euren Gesichtern.

Während Uriel eine seiner lustigen Geschichten erzählt, schleiche ich mich leise davon. Ich ziehe den Hut vor euch, liebe Freunde… Chapeau, was seid ihr doch für wunderbare Erdenengel.

Sehr wohl seid ihr durch das Feuer gegangen, das Leben hat euch einiges abverlangt. Doch das Leben hat euch nicht entzaubert, im Gegenteil. Das Licht der Schöpfung leuchtet in euch. Und dieses heilende Strahlen wird sogar noch intensiver, wenn? Richtig, wenn ihr euch gegenseitig berührt, in den Arm nehmt, wenn ihr euch fürsorglich heilt.

Um eure lichtvolle Runde nicht zu stören, tapse ich leise von dannen. Gehabt euch wohl, liebe Freunde. Bis zum nächsten Mal.

Euer Mark, die Seele von Mark Twain

☆☆☆

Erzengel Metatron: Die Antwort ist Liebe

Es ist wundervoll, euch so innig miteinander zu sehen. Wenn ihr euch über das Herz verbindet, entsteht eine solche Nähe, dass es scheint, als würden die Herzen vor Freude blinken. Die Vertrautheit der Geistigen Welt fühlt sich sehr behaglich und heilend an. Gerne würden wir euch immer in dieser Liebesschwingung sehen. Das ist etwas, was sich die meisten Menschen wünschen, im Fluss zu sein, die allumfassende Liebe zu spüren und zu leben. Leider ist das nicht so leicht, denn der Alltag holt euch nur allzu schnell wieder ein.

Wenn du siehst, wie die Welt scheinbar aus den Fugen gerät, weil eine Katastrophe nach der anderen die Menschheit erschüttert, ist es nicht so leicht, im Vertrauen zu bleiben, stimmt's? Die Katastrophen sind die Resonanz dessen, dass die Mehrheit der Menschen noch keinen inneren Frieden gefunden hat. In ihrem persönlichen Leben herrscht mal Harmonie, und dann, peng, gibt es ein persönliches Drama. Und schon ist die Balance vergessen, und der Mensch hat seine volle Ausrichtung auf die persönliche Katastrophe. Das ist menschlich und nachvollziehbar, denn eure Gefühle leiten das persönliche Schwingungsfeld. Das persönliche Schwingungsfeld wird etwas dichter, wenn das Barometer eurer Gefühlswelt auf Sturm steht.

Jedoch, wie wollt ihr Frieden auf der Welt erschaffen, ohne im persönlichen Leben dauerhaft im inneren Frieden zu leben?

Lasst uns zusammen eine bessere Welt erschaffen. So bitte ich euch, heilt euer persönliches Umfeld. Erst dann können Verbesserungen auf Erden beständig sein.

Ich bin Erzengel Metatron, und ich bin voller Liebe und Verständnis für euer Sein. Weiß ich doch, wie schwer es ist, beständig in der göttlichen Ausrichtung zu leben. Liebe Freunde, ihr habt die Chance, den Weltfrieden herbeizuführen, und zwar, indem ihr das Licht der Schöpfung integriert und lebt. Das heißt, dass jeder Einzelne von euch mächtiger ist als gedacht.

Das Wort Macht wird in der spirituellen Szene oft negativ dargestellt. Aber wie wollt ihr in eure göttliche Kraft kommen und eure Bewusstseinstalente voll und ganz leben, ohne dass ihr auch eure lichtvolle Macht annehmt?

Nun, der Mensch hat ein paar Eigenheiten, zum Beispiel das Verstandes-Ego und den Herdentrieb. Das sind durchaus gefährliche Eigenschaften, wenn der Mensch auf Despoten hört oder den falschen Vorbildern folgt. Wobei ich das Wort „falsch" nur verwende, um zu unterstreichen, wie gefährlich es sein kann, Vorbilder zu haben, die sich im Nachhinein als scheinheilig herausstellen.

Der Scheinheiligenschein ist eine Errungenschaft aus der Vorväter-Zeit. Menschen, die vorgaben, etwas zu sein, was sie nicht sind, die andere täuschten, gab es schon immer. Da ist es gut, wenn man ein wenig tiefer blicken kann. So bleiben die Täuschungen zwar nicht aus, aber man erkennt frühzeitig und vermeidet das Enttäuscht-Sein.

Nun, die Geistige Welt verurteilt niemanden, denn wir wissen von all den Seelenplänen. Gerade diejenigen, die eure Zeitungen als „faule Früchtchen" bezeichnen, sind ein Spiegel der Gesellschaft. Ein Spiegel für jeden Einzelnen von euch.

Tut es weh, geht etwas in aufbrausende Resonanz, was andere tun und sagen oder was ihr in ihnen seht? Dann gilt es, genau das bei sich selbst zu erlösen. Da kommt sicher der Gedanke auf: „Aber ich täusche niemanden, ich lüge nicht." Nun, das mag sein, aber was ist mit dir selbst? Wie oft hast du dich selbst infrage gestellt und bezweifelt? Wie oft hast du dir Heilung versagt, weil du keine Zeit hattest?

Wir Erzengel beobachten voller Mitgefühl, wie die Menschen sich selbst unter Druck setzen, indem sie sich dazu zwingen, etwas zu tun, was das Herz eigentlich gar nicht mehr will. Dann kommt diese Last wieder zurück, weil andere Personen euch auch unter Druck setzen, und so bildet sich ein Kreislauf.

Druck führt dazu, dass ihr euch unleidlich fühlt. Das Gute ist, dass ihr dann nach Lösungen sucht. Eine davon ist die allumfassende Heilung.

Jeder Mensch hat Heilkräfte, jeder! Möglich, dass der eine früher damit in Berührung kommt und der andere später. Aber der Schöpfer hat jedem von euch Menschen Heilkräfte mitgegeben, damit ihr das Leben auf der Erde überstehen könnt.

So seid ihr also fähig, euch in jeder Lebenslage selbst zu heilen mit dem göttlichen Lichtstrahl, der euch dafür zur Verfügung steht.

Wenn wir Erzengel das Fenster zum Erdgeschehen öffnen, wenn wir sehen, wie die Menschen unter den Seelenwunden leiden, dann sind wir voller Mitgefühl für euch. Jedoch, warum leidet der Mensch, obwohl er es ja nicht müsste?

Nun, die Antwort ist Liebe. Ihr tut es für eure Mitmenschen, weil ihr der Spiegel für eure Nächsten seid. Sie erkennen sich in eurem Verhalten und können durch dieses Erkennen leichter eine Veränderung herbeiführen.

Das ist löblich. Schließlich dient jedes Leid der Auflösung von Leid.

Doch es ist Zeit für die Fülle, meinst du nicht auch?

Ja, liebe Leserseele, genug ist genug, da hast du Recht. Du hast viel auf dich genommen und viel durchgestanden. Nun ist es Zeit für ein besseres Leben, voll in der Fülle. Die Geistige Welt kann sehr heilend und hilfreich sein, leben dürfen wir allerdings nicht für euch. Die Tipps und Ratschläge der Geistigen Welt möchten umgesetzt, gelebt werden. Mit meiner Energie der Entschlossenheit helfe ich euch gerne beim lichtvollen Umsetzen.

In Liebe und Dankbarkeit, es segnet euch
Erzengel Metatron

Erzengel Michael:

Viele Menschen suchen nach Ursachen, wenn es ihnen nicht gut geht. Ist die Ursache gefunden, dann versuchen sie, diese zu beseitigen. Klappt das nicht, sind die Menschen so sehr entmutigt und verständlicherweise auch kraftlos, dass sie keinen anderen Ausweg mehr sehen, als die Hände in den Schoß zu legen, um dann später festzustellen, dass das Drama, das sie geplagt hat, wieder da ist.

Nun, das ist nachfühlbar, so habt ihr es ja gelernt. Niemand hat euch in der Schule beigebracht, dass man Probleme nicht im Außen lösen kann. Tut man es doch, kommen diese immer wieder.

Sorgen bleiben Sorgen, so lange das Problem nicht gelöst ist. So denken viele Menschen. Aber dann ist das Auto repariert, die Bank hat den Kredit bewilligt. Der Partner willigt endlich ein, zu heiraten. Der Befund der letzten Krebsvorsorge fällt gut aus. Und doch bleibt die Befürchtung, dass es wieder schlechter werden könnte. Und schon fangen die Sorgen an einer anderen Stelle wieder neu an.

Wer sorglos leben will, braucht vor allem eins, nämlich Zuversicht. Mit ein wenig Optimismus lebt es sich doch gleich viel leichter. Trotzdem ist es nicht leicht, dauerhaft eine positive Einstellung zu haben, stimmt's?

Und weil ich weiß, was euch plagt, möchte ich mit euch zu ihm gehen.

Niemand kennt euch besser als er. Bei ihm sind eure Seelen zu Hause. Er weiß, was seine Kinder brauchen, er weiß es…

☆☆☆

Gott-Vater: Genug ist genug: Meine Kinder haben genug gelitten

Im Leben verläuft kein Weg gerade. Die Mühen lohnen sich aber, denn ihr werdet mit dem belohnt, was sich jeder Mensch wünscht: Fülle!

Die Abwesenheit von Fülle hat viele Gesichter, und eins davon ist, trotz Arbeit nie genügend Geld zu haben.

Das Erdenleben ist hart, ich weiß. Doch das muss ja nicht so bleiben. Denn ihr kommt aus der Fülle, diese ist eure Heimat, und es ist euer Geburtsrecht, in der Fülle zu leben.

Darum bin ich jetzt hier. Denn genug ist genug. Meine Kinder haben genug gelitten.

So kommt ruhig näher zu mir, ich bin der Vater aller Väter: Gott.

Man hat euch beigebracht, dass Gott erhaben ist und ihr respektvoll Abstand halten sollt?

Aber wieso denn? Wer sich in meinem Energiefeld aufhält, hält sich in der Liebe auf.

Wahrscheinlich ist der Grund dafür, dass die Menschen Abstand zu mir halten, das alte Dogma der Kirche. Nämlich der Glaube, dass Gott auch strafen würde. Dem ist nicht so, ich liebe alle meine Kinder. Die Menschen bestrafen sich selbst, indem sie gegen ihre eigene Seele handeln.

Ich freue mich sehr, wenn meine Kinder zu mir kommen. Ich habe immer ein offenes Ohr für eure Sorgen. Auch für die Sorgen, die eurer Ansicht nach nicht der Rede wert sind.

Aber dafür bin ich doch da! Väter behüten ihre Kinder, sie stellen sicher, dass es ihnen gut geht. Trotzdem möchten Väter gern, dass ihnen die Kinder ihre Sorgen vortragen.

Erzähl mir doch einfach, wie es um dein Herz bestellt ist. So übergibst du mir deine Sorgen vertrauensvoll. Was soll ich mit dem Rucksack voller Sorgen tun, den du mir übergeben hast?

Ja, ich nehme ihn für dich und trage die Sorgen für dich. So gehen wir gemeinsam durchs Leben, und ich trage für dich den schweren Rucksack. Wenn die Müdigkeit dich einholt, in einer Lebenssituation, die dich stark fordert, nehme ich dir nicht nur das schwere Gepäck des Erdenlebens ab, ich trage dich so lange, bis deine eigene Kraft zurückkehrt. Und ich werde alles dafür tun, dass dein Rucksack leichter wird.

Wenn du dann wieder optimistisch sein kannst oder wenigstens ein klein wenig zuversichtlich, dann gebe ich dir deinen Rucksack zurück. Er wird zwar nicht ganz leer sein, aber all die Schwere ist in Licht aufgelöst.

So bleibe ich an deiner Seite, und wenn du deinen Rucksack wieder schwermachst, weil du Befürchtungen hast, dann nehme ich dir dein schweres Gepäck wieder ab, um es neben dir herzutragen.

So kannst du deinen freien Willen behalten und jederzeit in den Rucksack greifen, wenn du willst. Aber ich trage ihn für dich, um zu verhindern, dass du unter der Last des Lebens zusammenbrichst.

Wenn die Nächte zur Qual werden, wenn du die Tage mit Warten auf eine gute Nachricht verbringst, dann bin ich für dich da, um dich in meine liebenden Arme zu nehmen.

Ich werde dich nicht davon abhalten, deine Lernerfahrungen zu machen, aber ich beschütze dich. Und wenn du wie jedes Kind eine Zeit hast, wo du dich vom Vater lösen willst, dann sende ich dir die besten Engel hinterher, damit dir nichts geschieht.

Die Engel werden dich auffangen, wenn du fällst, sie heilen dich nachts, wenn du krank bist, und sie sind die Verbindung zu mir – zu deinem Vater.

So freue ich mich, dass du heute zu mir gekommen bist. Erzengel Michael ist übrigens einer der Engel, den ich dir gesandt habe.

Du bist heute zu mir gekommen, zurück zur Quelle, zum Vater aller Väter.

So komm, liebes Kind. Gib mir deinen Rucksack, von dem du sagst, dass da nichts Schweres mehr drin ist.

Spürst du den Unterschied? Ja, auch Leere kann zur unerträglichen Last werden.

Leere hat viele Gesichter, eins davon ist die Abwesenheit von Liebe. Dabei geht es dir doch gut, du hast nur vergessen, woher du stammst. Klar, weißt du es sofort wieder, wenn du daran erinnert wirst, aber es geht dir ja schließlich um das Gefühl, zu Hause, in der Liebe zu sein.

Manchmal hast du einfach nur vergessen, dich selbst zu lieben, so fängt es meistens an. Und dann hast du deine eigenen Entscheidungen infrage gestellt. Mein liebes Kind, das ist verständlich und vollkommen normal. Jeder Erdenengel geht durch eine, ja, ich würde es Läuterungsphase nennen.

Wie hättet ihr denn eure Flügel testen sollen, wenn ihr ganz ohne Schwierigkeiten wäret?

Nun ja, ganz so viele Herausforderungen hätten es nicht zu sein brauchen, da bin ich ganz deiner Meinung. Jedoch, weißt du, lieber Erdenengel, die schweren Stunden sind dazu da, um zur eigenen Stärke und Kraft zu finden. Und eigentlich ist der Grund für jede Träne, die du geweint hast, dein unbändiges Verlangen nach der unendlichen Liebe.

Nichts scheint euch mehr von der allumfassenden Liebe abzuschneiden als Bitterkeit, Vorwürfe und Streit. Nichts bringt euch mehr in die Liebe als die Dankbarkeit und Freude an kleinen Dingen. Die Lebensfreude ist ein Grundrecht der Menschheit, so, wie auch die Fülle.

Die Lebensfreude kommt euch aber abhanden, wenn die Traurigkeit euch einholt. Und mir, der ich der Vater aller Seelen bin, bricht es das Herz, wenn ich euch weinen sehe.

Daher sage ich: Genug ist genug, meine Kinder haben genug gelitten!

So hebe ich das kirchliche Dogma der göttlichen Erhabenheit auf. Ihr seid meine Kinder, und die dürfen jederzeit zu ihrem Vater kommen.

Die göttliche Erhabenheit ist eine rein menschliche Erfindung. Weißt du den Grund, warum man euch in der Schule beigebracht hat, dass man nicht auf dem Schoß vom himmlischen Vater sitzen darf? Nun, die von der Kirche geprägten Obrigkeiten versuchen immer noch, euch vom eigentlichen Kern, dem Ursprung der Quelle, fernzuhalten, damit ihr nicht erkennt, dass ihr selbst göttlich seid. Jeder Mensch hat einen göttlichen Kern, jeder! Eure Seelen kommen alle aus der Quelle allen Seins.

Was die Religionsführer am meisten fürchten, ist die Erkenntnis ihrer Gemeindemitglieder, dass sie ganz und gar ohne Schuld sind. Es ist euch nichts auferlegt, rein gar nichts. Wenn ihr euch aber selbst etwas auferlegt, euch das Leben schwermacht, dann müssen wir euch gewähren lassen. Selbst ich, Gott-Vater, würde eins niemals tun, und zwar meine Kinder davon abhalten, zu lernen und zu wachsen.

Der freie Wille der Menschheit ist heilig. Und doch hat die Geistige Welt in Notfallsituationen, wenn der freie Wille zur Last wird, Möglichkeiten, euch aus der Gefahrensituation zu holen.

Deine Engel greifen ein, wenn du in Gefahr bist, deinen Seelenplan nicht einhalten zu können.

Und nun bist du hier bei mir, bei deinem himmlischen Vater. Und ich möchte, dass es dir wohl ergeht. Ich möchte, dass mein Kind glücklich ist.

So hebe ich das Dogma der Abgewandtheit von der Liebe vollständig auf.

Damit du beständig in der Schwingung der unendlichen Liebe leben kannst, brauchst du nur eins tun: dein Herz zu öffnen.

Wer fühlen kann, kann auch erschaffen.

Wie schön ist es doch, dich bei mir zu wissen. Wie schön, dass du heute zu mir gekommen bist.

Komm in meinen Arm, mein liebes Kind. Lass uns gemeinsam zuhören, was der Erdenengel Harry uns mitzuteilen hat. Das nächste Kapitel ist zwar noch ungeschrieben, doch er füllt es gerade mit seiner Liebe.

Es segnet dich der Vater aller Seelen in ALLES-WAS-IST.
Der Ich-bin-GOTT.

☆☆☆

Der Erdenengel Harry: Wer fühlen kann, kann auch erschaffen

Es ist tatsächlich so einfach, zu erschaffen, und doch so schwer. Mit den Gefühlen steuern wir durchs Leben, so ziehen wir uns entweder hoch, oder es zieht uns runter. Weil immer etwas passiert, was wir eigentlich gar nicht erleben wollten.

Aus Erdenengeln werden Meister. Die Meister wählen den Weg des Erschaffens, um zu testen, wie weit sie schon sind, was sie noch lernen sollten. Nun, das ist der sicherste Weg zur vollen Manifestationskraft, aber nicht der leichteste.

Es ist noch kein Meister vom Himmel gefallen, der Spruch scheint zu stimmen. Denn wer sich austestet, fällt zwar hin und wieder auf die Nase, aber durch das Aufstehen lernen wir doch am meisten.

Was ich eigentlich sagen wollte ist, dass die Schattenseite versucht, die Menschheit vom lichtvollen Erschaffen abzuhalten. Ein Beispiel dafür sind Medienberichte, die uns aufwühlen und traurig machen sollen.

Die positive Grundeinstellung zu behalten war in den letzten Jahren für viele Menschen nicht so leicht. Was verständlich ist, das Leben kann so schwer sein, seufz.

Oh, ich bin der Erdenengel Harry. Ich möchte dir durch mein Beispiel zeigen, dass du es auch schaffen kannst, in die volle Manifestationskraft zu kommen. Das ist der Hit, glaube mir, denn wir steuern unsere Wunscherfüllung schon lange mit den Gefühlen.

Aber wenn es darum geht, mich selbst auf die Fülle einzustellen, hat mir eins sehr gut geholfen: die Herausforderung des täglichen Lebens. Der Alltag, der so stressig sein kann, dass es einem angst und bange wird, wenn man an das nächste Jahr denkt. Was wird im nächsten Jahr wieder alles passieren?

Gut, dass ich nicht im Voraus wusste, mit welchen Krisen ich zu kämpfen habe. Hätte ich gewusst, dass die eine Entscheidung, die ich getroffen habe, so eine massive Veränderung in meinem Leben nach sich zieht, ich glaube, ich wäre lieber im alten, gewohnten Leben geblieben.

Jeder von uns hat das schon mal gedacht, ist es nicht so?

Weißt du, es geht gar nicht darum, immer richtig zu entscheiden. Es ist viel wichtiger, immer richtig zu fühlen. Richtig im Sinne von... was will ich erleben, was brauche ich für mich und andere.

Ja, das Leben kann so hart sein, seufz.

Ich wollte, er wäre jetzt hier, denn ich habe noch einen unerfüllten Wunsch. Schließlich ist er *prädestiniert* dafür, weil er zuständig ist für die Wunscherfüllung. Im wahrsten Sinne des Wortes, er bringt die Geschenke. Ja, genau, du hast es erraten: Santa Claus. Oh, nicht lachen jetzt. Es gibt ihn wirklich. Und er ist das ganze Jahr über tätig für uns, nicht nur an Weihnachten.

Wenn er doch jetzt nur hier wäre, seufz...

Santa Claus:

Wer mich mit so viel Gefühl ruft, nun, da kann ich nicht widerstehen.

Es ist zwar noch nicht ganz meine Zeit, aber ich bin immer im Dienst. Ich höre die Kinder, wenn sie nach mir rufen. Wenn sie ihren Wunsch mit Inbrunst in den Himmel pusten, dann kann man ihnen doch nichts abschlagen.

Und die Erwachsenen rufen auch nach mir, mit einem Ziehen in der Brust erinnern sie sich an ihre Kindheit und an mich.

Den Erwachsenen geht es mehr um den Weihnachtszauber, sie möchten zwar auch dicke Geschenke haben, aber sie sehnen sich in dieser Lichterzeit ganz besonders nach Liebe, Erholung, Ruhe und Harmonie mit der Familie. Ein gutes Essen mit der Familie, das ganze Haus voll von diesem Kram, der so überirdisch blinkt. Die Gerüche von Gebäck, das im besten Fall noch in der Dose ist und nicht schon weggenascht.

All diese Dinge lassen euer Herz höher schlagen.

Der weihnachtliche Zauber, das ist es, was die Welt braucht, um ein wenig besser zu werden. Das ist meine Meinung. Aber leider ist Weihnachten nur einmal im Jahr.

Und was wünschst du dir, liebe Leserseele? Was darf ich dir zu Weihnachten bringen? Nun, da ich schon mal hier bin, darfst du mir deinen Wunsch ins Ohr flüstern.

Oh, Harry, der Erdenengel, hat seinen Wunsch schon geäußert, er tut das immer ziemlich früh. Damit er das bekommt, was er möchte, hat Harry einen Trick. Er pustet den Wunsch nicht ins Universum, sondern tütet ihn ein.

Harry schnürt gefühlvoll ein Päckchen und gibt in Gedanken das hinein, was er möchte. Dann schmückt er das Ding und gibt jeden Tag viel Gefühl hinein, indem er an das Päckchen und seinen Wunsch denkt und es lieb hat.

Ja, unser Erdenengel ist wie ein Kind. Das hat Vorteile, so kann er nämlich von Santa Claus nicht übersehen werden. Nun, ich übersehe in Wirklichkeit niemanden, ich mag die stillen Bitten genauso wie die lauten Stoßgebete.

Santa Claus ist nur ein Name, in Wahrheit bin ich ein großes Lichtwesen, ein Heiliger sozusagen.

Nun, was wünscht du dir, liebe Leserseele? Ich beuge mich zu dir hinab, und du flüsterst mir deinen Wunsch ins Ohr, ok?

Oho, das ist wirklich herzallerliebst. Ich werde alle meine lichtvollen Helfer zusammenrufen, um rechtzeitig bei dir zu sein mit deinem Geschenk. Ja, das ist doch Ehrensache. Schließlich bin ich nun hier bei dir, ich bin Santa Claus. Und ich gebe dir mein Wort darauf, dass ich mein Möglichstes tue, um dir deinen Wunsch zu erfüllen.

Da du vorhin so gefühlsvoll in mein Ohr geflüstert hast, möchte ich, dass du weißt, dass ich dir schon zugehört habe, als du noch ein Kind warst. Erinnerst du dich an die nächtlichen Bitten? Kurz bevor du eingeschlafen bist, hast du deine Wünsche in das Universum gepustet. Ein Wunsch ist wie eine lebendige Blume, die eure Fürsorge und Hinwendung braucht, wenn sie blühen soll. Die Erwachsenen haben vergessen, die Wunschblume zu umsorgen. Die Menschen kümmern sich stattdessen um ihre Bedenken und Befürchtungen und pusten dadurch das ins Universum, was sie gar nicht wollen.

Ja, in der Tat, wer fühlen kann, kann auch erschaffen. Wunscherfüllung ist also eigentlich ganz leicht. Ihr dürft nur nicht vergessen, dass ihr das mit eurer Energie füttern solltet, was ihr auch wirklich leben wollt. Oh ja, die Wünsche sind lebendig. Sie brauchen eure gefühlsvolle Zuwendung, um Realität zu werden.

Jeder Mensch ist Santa Claus. So gesehen könnte ich auch endlich in Rente gehen. Du sagst, ich darf nicht wegbleiben, die Menschen brauchen mich?

Ich komme gerne zu euch, liebe Freunde. Und ich liebe meine Kinder. Sie sind der Grund, warum ich meine müden Knochen jedes Jahr durch die vielen Schornsteine zwänge.

Du bist so süß, wenn du lachst, dann geht mir das Herz auf.

So lass und gemeinsam erschaffen, lass uns deinen Wunsch ins Universum pusten. Damit dein Geschenk auf jeden Fall bei dir ankommt, brauchst du nur eins tun: Hauche dem, was du dir wünschst, Leben ein.

Wie? Nun, indem du deinen Wunsch beseelst mit all dem, was dir zu Verfügung steht. Mach dein Geschenk lebendig. Du machst das, was du möchtest, lebendig, indem du die Wunschblume fütterst, nicht die Angstblume.

Schau, Kinder sind die besten „Wünsche-in-das-Universum-Puster", die es gibt. Denn Kinder haben den Dreh raus. Sie können sich so sehr mit der Vorfreude beschäftigen, dass sie jeden Tag mit einem glücklichen Lächeln auf den Lippen einschlafen.

Kinder haben noch nicht gelernt, ihre Gefühle zu unterdrücken. Kinder zeigen ihre Gefühle. Sie springen herum, rennen durchs Haus, rutschen am Treppengeländer runter, sausen zur Keksdose. Wenn niemand hinschaut, wenn die Erwachsenen sie nicht mit Argusaugen beobachten, um aus ihnen angepasste Kinder zu machen, dann sind sie die besten „Wünsche-in-das-Universum-Puster", die es gibt.

Kinder sind die besseren Erwachsenen, findest du nicht auch?

Die Erwachsenen sollten mal wieder sein wie die Kinder. Einfach nur sein. Mit allen Sinnen genießen und sich mit Wonne erfahren. Tränen fließen lassen, aufstampfen, wenn einem danach ist. Lachen, bis der Bauch wehtut. Zettel schreiben, wenn man jemanden lieb hat. Rumalbern bis zum Abwinken. Essen, was man wirklich will. Sich Zeit nehmen für ein Bad mit extra viel Schaum. Die Musik laut aufdrehen und sich zum Lieblingssong bewegen. Hingebungsvoll tanzen und nicht darauf warten, dass jemand zum Tanz auffordert. Einfach sein, ganz ohne die starren Benimmregeln, die man ihnen beigebracht hat.

Gib dich so, wie du bist, nicht so, wie man dich haben möchte. So pustest du deine Wünsche ins Universum, indem du volle Kraft voraus lebst und nicht mit angezogener Handbremse durchs Leben schleichst.

Brav sein kann auch ganz schön zur Last werden, stimmt's?

Ich denke, nun haben wir genug gepustet, dein Wunsch ist angekommen.

Liebe Freunde, ich bedanke mich bei euch. Möge der Weihnachtszauber euch das ganze Jahr beglücken. Hiermit schenke ich euch das Leuchten von Santa Claus.

☆☆☆

Erzengel Uriel: Willkür, eine moderne Folter

Manchmal seid ihr der Willkür ausgesetzt, ohne dass ihr etwas dafür könnt. Dann wird euch etwas unterstellt, man benutzt euch, um Stärke zu demonstrieren.

Rechthaberei und Willkür, wenn man das gegen euch verwendet, haben Erdenengel schlechte Karten. So scheint es wenigstens.

Dabei geht es nicht darum zu siegen, sondern es geht vielmehr um Gerechtigkeit. Denn wenn Erdenengel eins nicht abkönnen, dann ist es Ungerechtigkeit.

Die Energiefelder der schlafenden Schäfchen haben es in sich. Da bleibt einem die Luft weg, wenn man mit der Energie der schlafenden Schäfchen überschüttet wird, ist es nicht so?

Hast du schon einmal Willkür erlebt? Wurdest du schon einmal ungerecht behandelt?

Ja, ich weiß, da stellen sich sogar uns Erzengeln die Haare auf. Immer wieder bist du mit Menschen in Kontakt gekommen, die sich dir gegenüber rücksichtslos verhalten haben. Weißt du, sie haben nur ihre eigenen Interessen im Sinn und nehmen keine Rücksicht auf allgemein geltende Regeln und Menschlichkeit.

Die hereinströmenden göttlichen Energien und die steigende Schwingung der Erde bringen viel Gutes mit sich, aber auch solche Auswüchse, dass sogar wir Erzengel manchmal nach Luft ringen.

Nicht dass wir ratlos wären, nein, wir wissen ja, worum es geht. Nämlich um das Aufeinanderprallen von Schwingungen, die sehr unterschiedlich sein können. Aber trotz unseres Wissens ist es selbst für uns erstaunlich, was Menschen alles tun, um nicht aufwachen zu müssen.

Aber dann wachen sie doch auf. Sie kommen plötzlich in Kontakt mit einer Frequenz, die so lichtvoll ist, dass sie aufwachen und sofort um sich schlagen.

Ein Phänomen dieser verkörperten Lichtwerdung ist, wie unterschiedlich die Menschen auf das Licht reagieren. Einige nehmen das Licht der Schöpfung in Liebe an, andere wehren sich dagegen und schlagen um sich. Weißt du, liebe Leserseele, wenn ich von schlafenden Schäfchen spreche, dann tue ich das nur, weil damit sofort klar ist, was ich meine. Ich will niemanden an den Pranger stellen. Ich will nur, dass du weißt, was los ist. Und was du tun kannst, sollte dir wieder einmal Ungerechtigkeit widerfahren. Manchmal ist es besser, sich klar und deutlich auszudrücken, damit keine Missverständnisse entstehen.

Meist ist der Anfang von einer Willkür ein Missverständnis in der Kommunikation. Jedoch, ist der Anfang erst einmal gemacht, hat man dich ungerecht behandelt, dann sind viele Emotionen im Spiel. Du magst es nicht, wenn du angeschrien wirst, oder? Da scheint jede Verteidigung zwecklos. Wenn du in der Situation auf dein Recht pochst, dem anderen entgegenbrüllst, dass du das jetzt ungerecht findest, wird es nur noch lauter.

Ja, mein Engel, darum bin ich jetzt hier. Ich möchte dich in den Arm nehmen und dich sanft wiegen. Und ich möchte dir zeigen, wie du dich verhalten kannst, solltest du wieder mit einem trotzigen Schäfchen in Kontakt kommen.

Wenn Menschen plötzlich erwachen, wenn sie in Kontakt kommen mit lichtvollen Energien, die sie, fast würde ich sagen, aus Versehen inhaliert haben, dann bleibt manchmal kein Stein mehr auf dem anderen. Was verständlich ist, weil sie ja sofort anfangen, das zu transformieren, was schon so lange ihr Chakrensystem verschmutzt hat.

Sinnbildlich erklärt ist es, als wenn ein Fisch im Teich lebt, in dem das Wasser auf der einen Seite ganz klar ist. Und auf der anderen Seite ist das Wasser eher schlammig. Auch wenn der Fisch das trübe Wasser liebt, wird er trotzdem irgendwann in Kontakt kommen mit dem klaren Wasser auf der anderen Seite. Weil es ein Teich ist, ist es auch ein Wasser.

Ihr lebt alle auf der einen Erde, und ihr werdet alle vom Licht der Schöpfung versorgt. Manche Menschen nehmen das Licht an, andere wiederum noch nicht. Nun, daran ist nichts verkehrt, jeder darf so sein, wie er will. Ihr habt alle das Recht, euren Seelenplan sofort in die Erfüllung zu bringen oder etwas später damit zu beginnen.

Aber hat der Fisch erst einmal Kontakt mit dem Wasser auf der anderen Seite des Sees, wird er anfangen wollen zu pendeln. Mal hält er sich im sauberen Wasser auf, ein Weilchen nur, um ein wenig mehr Licht zu haben. Dann wechselt er wieder in den Urgrund, dahin, wo das Wasser eher trüb ist und das Licht gedimmt.

Und genau das ist das Problem, denn sobald der Mensch erwacht ist, sobald er das Licht der Schöpfung angenommen hat, kann er eins nicht mehr tun: sich umentscheiden! Ihr könnt nicht pendeln zwischen Dualität, dem Schlaf des Vergessens und der verkörperten Lichtwerdung.

Wenn ein Mensch Verhaltensmuster anwendet, die der Dualität angehören, dann wird er fürchterlich um sich schlagen müssen, damit der Schlamm, der aufgewirbelt wird, nicht wieder runterziehend wirkt.

Sie schlagen um sich, sie fordern mit ihrem Verhalten deine Aufmerksamkeit, weil sie dein Licht brauchen. Das Licht, das sie gerade nicht von ihren Engeln annehmen können, weil es ihnen zu lichtvoll, zu hell ist. Himmlische Engel können eins nicht tun: Sie können ihr Licht nicht dimmen.

Irdische Engel sind seit jeher daran gewöhnt, dass man versucht, ihre Schwingung zu reduzieren. Für irdische Engel ist es sehr unangenehm, wenn sie ihr Licht aus freien Stücken dimmen, sie tun es darum eher selten. Freiwillig tut ihr es nicht, was verständlich ist. Wenn ihr Willkür, Ungerechtigkeit erlebt, dann zwingt man euch förmlich dazu, euer Licht mit denen zu teilen, die es nur von euch annehmen können.

Sie zwingen euch ihre Willkür auf, um nicht mehr vom Licht abgewandt leben zu müssen. Sie fordern euch heraus und geben erst Ruhe, wenn sie eure ganze Aufmerksamkeit haben. So nutzen sie euer Licht, sie tun es unbewusst, damit sie nicht mehr in den Dämmerschlaf der Dualität gleiten müssen.

Was passiert, wenn die Erdenengel Zwang spüren? Ja, sie hüllen sich in ihr schützendes Licht-Ei und kommen erst wieder heraus, wenn die Luft rein ist.

Oh, das ist eine gute Strategie, daran ist nichts verkehrt. Aber das erklärt, warum andere so vehement an euer Licht-Ei klopfen. Es erklärt, warum sie euch förmlich in einen Dialog zwingen. Und um eure Aufmerksamkeit heischen mit einem Verhalten, das wahrlich zu wünschen übrig lässt.

Was also tun? Die Antwort ist: Würde, Ruhe bewahren.

Wenn ihr euch auf die Energie eures Gegenübers einlasst, dann öffnet ihr euer Licht-Ei, und das fühlt sich im Fall von Ungerechtigkeit grau und ermüdend an.

Darum ist es wichtig, Würde zu bewahren. Bleib bei dir. Lass dich nicht auf dieses Wichtigtuer-Gerangel deines Gegenübers ein. So bleibst du klar und verlierst die Verbindung zu dir selbst nicht.

Wer andere unterdrückt, um sich selbst zu schützen oder sich mächtig zu fühlen, der braucht vor allem eins, und zwar einen Spiegel, der ihm zeigt, wie man sich korrekt verhält.

Wie bewahrt man Ruhe und bleibt in der Mitte? Ja genau, mit Gelassenheit.

Gelassenheit erreichst du, indem du dich in einer Krisensituation statt auf das Gekeife deines Gegenübers auf deinen eigenen Atem konzentrierst. Konzentriere dich auf das Wesentliche. Das hat durchaus mit Selbstbeherrschung zu tun, ja. Aber es ist sehr wirkungsvoll. In Stresssituationen ist es wichtig, ganz besonders ruhig zu werden, runterzufahren. Atme möglichst ruhig und werde im Verlauf des Kontakts immer ruhiger.

So verlierst du die Kontrolle nicht und bleibst in der Energie der Liebe. Sowohl erzeugst du Abstand und kannst in deinem Licht-Ei bleiben, das wiederum wirkt wie ein Ruhepol.

Wenn du die Notbremse ziehen möchtest, dann verlasse die Situation. Dass jemand sich dir gegenüber grenzüberschreitend verhält, kannst du nicht immer vermeiden. Aber du kannst selbst entscheiden, was diese Grenzüberschreitung mit dir macht.

Wenn du Wut im Bauch hast, dann ist ein klärendes Gespräch nur schwer möglich. Denn wenn „General Wut" erst einmal Fahrt aufnimmt und losdonnert, ist das Risiko groß, dass du dich später für deine Worte entschuldigen musst.

Sollten trotzdem die Wogen über dir zusammenschlagen, dann nehme ich dich in meine liebenden Arme. Ich beschütze dich mit meiner würdevollen Erzengelenergie. So kann dir das Gezeter der Person, die an dein Licht-Ei will, nichts anhaben.

Und schließlich sind wir Erzengel auch noch da, um zu schlichten und Frieden in die Situation zu bringen. Die Geistige

Welt ist gänzlich unparteiisch. Wir haben allerdings ein großes Faible für Gerechtigkeit. Wir schützen dich, wir begleiten dich. Gib uns bitte den Raum, indem du gelassen, in der Würde, bei dir selbst bleibst. Dann können wir auch eingreifen und schlichten. Liebe Leserseele, ja, ich meine genau dich, die du diese Zeilen nun liest. Wie sehr wir dich lieben, wie sehr...

In Ehrfurcht vor dem Erdenleben,
sei gesegnet, dein Erzengel Uriel

Sarinah:

Nachdenklich und von diesem Gefühl der Liebe erfüllt, die Erzengel Uriel für uns hat, lehne ich mich zurück und halte für einen Augenblick inne. Erzengel können so klar sein, sie sind die besten Mentoren, die es gibt.

Liebe Leserseele, ich möchte etwas zu dieser erstaunlich intensiven Seelenverbindung erfahren, die wir haben. Und ich will dazu jemanden befragen, der uns diese Seelenverbindungen auch aus irdischer Sicht erläutern kann. Er ist nicht mehr unter den Lebenden, und trotzdem hören ihm alle zu. Wenn er sich zu Wort meldet, dann ist es, als würden die Engel für einen Moment voller Ehrfurcht den Atem anhalten.

Sein Name ist in der Geistigen Welt und auf Erden wohlbekannt. Er gehört zu den berühmten Räten des Lichts. Dass er kurz nach seinem Tod in diesen Kreis der weisen Räte aufgenommen wurde... allein das zeigt schon, wie viel er zu Lebzeiten für das Licht getan hat.

Sein Name steht für Völkerverständigung, Gerechtigkeit, Freiheit und Gleichberechtigung. Er war der Willkür seiner Wärter förmlich ausgesetzt. Mir fehlen die Worte, um zu beschreiben, was dieser Mann zu Lebzeiten alles erdulden musste. Trotz seiner schweren Jahrzehnte in Haft kämpfte er weiter gegen Apartheit und Hass. Man sperrte ihn ein, um das weitere Erwachen der Erdbevölkerung aufzuhalten. Doch die Ritter der Finsternis erreichten damit das Gegenteil. Denn bei seiner Freilassung ging ein Jubelschrei um die Welt. So stieg das Lichtpotenzial der Massen erheblich an. Er wurde nach seiner Gefangenschaft der erste schwarze Präsident Südafrikas. „Der Fortschritt kann nicht aufgehalten werden“, das war sein erster Satz, den ich von ihm vernahm, damals, als ich das erste Channeling mit ihm hatte. Es ist eine große Ehre für mich, ich bin sehr berührt.

Herzlich willkommen, Nelson Mandela, die Seele von Nelson Mandela.

☆☆☆

Die Seele von Nelson Mandela: Seelenverbindungen

Ich danke dir, liebe Sarinah. Ich danke euch, liebe Leserinnen und Leser. Euer Wissensdurst, das Licht der Schöpfung, das euch so wundervoll umgibt, hat mich hierher gerufen.

Wisst, Seelenverbindungen sind heilig, sie können nicht getrennt werden. Niemand kann eine Seelenverbindung aufheben, selbst Gott würde das nicht tun.

Es ist sehr wichtig, dass Seelen verbunden sind. Manchmal ist es eine Verbindung, die ruht. Dann, Jahre später, wird dieser Kontakt aktiviert.

Ich bin die Seele von Nelson Mandela. Ich melde mich zu diesem Thema zu Wort, weil ich anhand meines Lebens zeigen kann, wie Seelenverbindungen funktionieren.

Als ich am 18. Juli 1918 in Mvezo, Südafrika, geboren wurde, stand bereits fest, wer mich in meinem Leben begleiten würde. Die Eltern, die Familie, die Ehepartnerin, die Kinder. Die Freunde, ja, sogar Feinde und Widersacher, alles wählt man selbst anhand der Seelenplanung.

„Und es geschieht genau nach deinem menschlichen Willen!" Das ist der Satz, der mir zu Lebzeiten fürchterlich wehgetan hätte. Hätte ich damals schon gewusst, was ich heute weiß, wäre ich womöglich nicht durch diese harte Zeit der Gefangenschaft, der Erniedrigung gegangen. Es wäre aber auch die immense Lichtflutung bei meiner Freilassung ausgeblieben.

Seelenpläne gehen immer mit voller Kraft in Erfüllung. Wenn der Mensch über den freien Willen massive Entscheidungen trifft, die keine Erfüllung bringen, hat er die Möglichkeit, seine Seelenaufgaben durch eine Wiedergeburt zu vollenden. Seelenpläne kann niemand ändern oder auflösen, sie sind heilig. An meinem Beispiel seht ihr, wie wichtig es ist, dass niemand in vorgeburtlich geplantes Leben hineinpfuschen kann.

Seelenverbindungen sind nicht zu vergleichen mit konventionellen Beziehungen.

Wenn Seelen sich in der Geistigen Welt verabreden, um auf Erden zusammenzufinden, dann hat das diesen wichtigen Grund: tiefe Liebe in der Unendlichkeit.

Es gibt nichts, was heilsamer im Leben ist, als tiefe Liebe in der Unendlichkeit. Aus menschlicher Sicht gibt es nichts, was schmerzhafter ist, als Liebe in der Unendlichkeit, die nicht gelebt werden kann.

Aber eine Seelenverbindung besteht immer. Eine Seelenverbindung IST Liebe in der Unendlichkeit! In dieser heiligen Liebe gibt es keinen Mangel, keine Entfernung und kein Versagen.

Die irdische Liebe hat zu kämpfen mit allerlei Problemen. Eine Seelenverbindung kämpft nie, sie IST einfach, sie ist die Liebe in Perfektion.

Und genau das ist der Grund, warum manche Seelenpartner sich abwenden, statt zu ihrer Liebe zu stehen. Sie fühlen, dass eine Verbindung, die nicht gelebt wird, die rein über die Seele besteht, um ein Vielfaches einfacher ist. Keine Missverständnisse, keine Trennung, keine Mühseligkeiten, die der Alltag mit sich bringt. Kein Streit ums Geld, kein Gerangel um Nichtigkeiten. Das spüren manche Seelenpartner. Und dann tun sie etwas, was sehr wehtut: Sie entscheiden sich gegen eine gelebte Seelenliebe.

Kann eine Seelenverbindung als Partnerschaft auf Erden überhaupt gelebt werden?

Ja, natürlich. Es gibt nichts Schöneres als eine Liebe, die heilt, die das Bewusstsein nährt. Darum bin ich jetzt hier, um für die Seelenliebe zu plädieren.

Es gibt unterschiedliche Seelenverbindungen, so, wie es auch unterschiedliche Freundschaften gibt. Manche Seelenverbindungen sind eher inaktiv, andere sehr innig und aktiv.

Menschen kontrollieren und forcieren gern. Aber Seelenverbindungen lassen sich weder beeinflussen, noch lassen sich diese Verbindungen für niedere Zwecke ausnutzen.

Eine Seelenliebe IST einfach. Sie besteht, auch wenn kein Kontakt über die menschliche Ebene vorhanden ist.

Genau das war mein Glück, sonst hätte ich die Jahrzehnte in Isolation und Gefangenschaft nicht überstanden. Denn ich fühlte, ich wusste, dass meine Seelenliebe bei mir ist. Sie heilte mich, wenn ich nachts krank wurde und Fieber bekam. Sie nährte mich mit ihrer Liebe, hielt mich und wiegte mich in ihren Armen. Wenn der Tag noch so hart war, wenn die Arbeit, zu der ich gezwungen wurde, mich auslaugte – wenn ich abends in meine Zelle gebracht wurde, wusste ich, dass jetzt unsere Zeit begann.

Meine Seelenliebe war auch tagsüber bei mir. Aber nachts waren wir ungestört, dann hatten wir Zeit für uns. Niemand konnte mir diese besondere Verbindung nehmen. Was nur dir allein gehört, etwas, was „nur" über die Seelenebene besteht, kann niemand aufhalten oder verbieten.

Das machte diese Verbindung zu meiner Seelenliebe so wertvoll, sie war da, immerdar, jeden Tag und jede Nacht. Meine Wärter hatten nicht die Macht, diese geistige Liebesverbindung zu trennen. Allein mein freier Wille hätte die Macht gehabt, diese Verbindung zu ignorieren.

Ihr könnt über den freien Willen entscheiden, was mit einer Seelenverbindung geschehen soll. Ihr könnt sie auf inaktiv stellen oder aktivieren. Aber kein Mensch kann eine Seelenverbindung trennen oder auflösen. Nicht einmal Gott würde das tun.

Was ihr laut Seelenplan verankert habt, ist so wertvoll, ja, sogar heilig, und hat immer einen Sinn. Es ist gut, dass niemand in eure Seelenabsprachen hineinpfuschen kann.

Wenn irgendwer meine Seelenverbindung hätte trennen können, wäre das für mich ein Fiasko gewesen. Dann hätte ich die lange Zeit, in der ich unschuldig in Haft war, mit Sicherheit nicht überlebt.

Und ich bin heute mit dem klaren Bewusstsein, das ich nun habe, in der Lage zu erkennen, dass ich keine Chance gehabt hätte, meinen Seelenplan in die Erfüllung zu bringen. Ich hätte keine Chance gehabt, so viel für das Licht, für Gerechtigkeit, Frieden, die Menschenrechte zu tun. Wenn diese heilige Seelenverbindung nicht bestanden hätte, wäre das für mich ein Fiasko gewesen und für meine farbigen Mitbürger ebenso.

Wohlgemerkt, ich spreche über eine Liebe, die in der Unendlichkeit zelebriert wurde, das Reinste, was es gibt. Klar sehnte ich mich oft danach, meine Liebe wahrhaftig als Mensch in den Armen zu halten, aber das war erst nach meiner Freilassung möglich. Trotzdem rettete mir meine Seelenliebe in dieser schweren Zeit der Isolation mehr als einmal das Leben. Sie war bei mir und versorgte mich mit dem, was ich brauchte. Und sie nährte mich mit ihrer Liebe. Sie war immerzu da.

An meinem Beispiel könnt ihr erkennen, wie Seelenverbindungen funktionieren. Seelenlieben sind universell, sie bestehen ganz ohne den irdischen Zwang der konventionellen Geschlechtlichkeit. Seelenlieben lassen sich nicht in ein gängiges Muster pressen, sie leben nicht angepasst, sondern sie leben sich selbst.

Liebe Leserinnen und Leser, mein Name steht für Gerechtigkeit, Menschenrechte, Kampf gegen Rassentrennung, Frieden und Liebe. Ich tat zu Lebzeiten mein Möglichstes, um gemeinsam mit meinen Brüdern und Schwestern gegen die Apartheid zu kämpfen. Und ich werde gemeinsam mit den berühmten Räten des Lichts weiterhin alles tun, um die Erde zu einem besseren Ort zu machen. Dazu brauchen wir aber eure Hilfe. Und damit wir Hand in Hand, Herz an Herz, zusammenwirken können, auch darum sind diese Bücher entstanden.

So seid gesegnet mit der göttlichen Energie der Geistigen Welt.

In Liebe, Nelson,
die Seele von Nelson Mandela

Sarinah:

Ich bin tief berührt. Während ich aufschrieb, was Mandela sagte, weinte ich die ganze Zeit vor Glück. Meine Worte reichen nicht aus, um zu beschreiben, wie viel Liebe und Dankbarkeit die berühmten Räte des Lichts für uns haben.

Um meine Liebe, Achtung und Dankbarkeit auszudrücken, lebe ich das, was ich schreibe. In Liebe, wie oft habe ich das vernommen und auch selbst gesagt. Durch den Kontakt mit denen, die sich hier zu Wort melden, bekommen diese Worte einen tieferen Sinn.

Mir ist es wichtig hinzuzufügen, dass eine Seelenliebe, die erst mal „nur“ über die geistige Ebene besteht, ein Vorzeichen für eine gelebte Liebe ist. Bitte glaubt an eure Empfindungen und Träume. Nicht nur weil dadurch Realität entsteht. Die Vorzeichen, was wir fühlen und wovon wir träumen, sind kein Zufall. Wir können mit dem menschlichen Verstand nicht ergründen, was genau unser eigener Seelenplan an Informationen enthält. Aber wir können es fühlen. Seelenpläne gehen mit voller Macht in Erfüllung, das betonte die Seele von Nelson Mandela immer wieder.

Seine Botschaft für uns ist, dass wir nicht den Kopf in den Sand stecken sollten, wenn das Leben zur Zerreißprobe wird. Wir dürfen zuversichtlich sein. Tata, wie Mandela sich selbst nannte, als ich das erste Mal Kontakt mit ihm hatte. Tata hat es uns vorgelebt, er sagte: „Wenn du eine Zeit erlebst, die dich in die Knie zwingt, wenn du dir sehnlichst etwas herbeiwünschst und traurig bist, weil es sich noch nicht erfüllt hat, dann verliere den Mut nicht. Denn die Erfüllung deines innigsten Wunsches geschieht, sonst wäre die Energie dafür nicht da."

Liebe Leserseele, ich möchte dir danken für dein Vertrauen, und vor allem möchte ich dir danken, dass du mit meiner Seele in Verbindung bist. Das ist für mich das Allerschönste, denn dadurch entsteht eine Vertrautheit. Die Vertrautheit, die mir den Raum gibt für das, was jetzt kommt.

Ich sage nur so viel: Lass dich verwöhnen, genieße es mit vollen Zügen. Es ist mir ein Herzensbedürfnis, dir das nachfolgende Geschenk gemeinsam mit Erzengel Michael zu überreichen. Ich weiß, wie hart und unfair das Leben sein kann, ich weiß es…

Erzengel Michael: Nach Hause kommen

Wer auf dem Weg ist zur lebendigen Lichtwerdung, kommt auch an seine Kraftreserven.

Darum bin ich jetzt hier. Ich, Erzengel Michael, führe euch nun in das Fühlen. Doch bitte ich euch, schaltet dazu euer Herz ein. Der Verstand möchte sich auch mal ausruhen. Es geht gerade nicht darum, etwas zu verstehen, es geht um das Herz, und das Herz braucht Liebe. Liebe kann man nicht ergründen, nur fühlen.

Die Erde ist kein Egoplanet, das ist Vergangenheit. Die Erde ist vielmehr ein Fühlplanet. Das ist ein Grund, warum ihr verkörpert hier seid, weil ihr somit fühlen könnt.

Wenn der Körper müde und erschöpft ist, aber die Gedanken bis tief in die Nacht Salto schlagen, dann ist es Zeit, nach Hause zu kommen. Hier wirst du geheilt und geliebt, hier findest du Kraft, Geborgenheit und Ruhe.

Kennst du den sichersten Ort auf der Welt? Es ist der Ort, der dir vertraut ist. Niemand kann hier Zutritt verlangen, dich stören, dich da rausholen, weil du etwa vergessen hast, das Mittagessen zu kochen.

Hier bist du zu Hause. Sobald du in die Absicht gehst, dich zurückzuziehen, zu dir zu kommen, in dich hineinzufühlen, hast du den Schlüssel in der Hand. Lausche und atme, liebe Leserseele, es beginnt.

Der sicherste Ort der Welt ist dein Seelenraum. Hier findest du genau das, was du brauchst.

Wie gelangst du in deinen Seelenraum?

Lehne dich ruhig, gemütlich zurück und genieße. Schalte dabei das Herz auf Empfang und lass dich von Erzengel Michael berühren.

Konzentriere dich bitte auf nichts außer auf das Atmen. Lausche dem Geräusch, das entsteht, wenn du ein- und ausatmest.

Höre dir selbst ganz konzentriert beim Atmen zu. So wirst du langsam ruhiger, und dein Verstand macht Pause. Durch das bewusste Ein- und Ausatmen, durch deine volle Aufmerksamkeit auf dieses Geräusch, das dich jeden Tag in den Schlaf wiegt, wird dein emotionales Herz aktiviert, und es ist froh, dass es aktiviert wird. Dein Herz braucht dich, und du brauchst dein Herz.

Ein Mensch kann weiter existieren, wenn der Verstand nicht mehr funktioniert. Aber ohne Herz hat noch kein Mensch überlebt.

Jedes Wesen sehnt sich nach Liebe und nach Berührt-Sein. Der lebendige Aufstieg ins Licht bringt eins mit sich, und zwar eine immense Chance auf vollkommene Regeneration. Vorher aber tritt alles ans Licht, kommt an die Oberfläche, was erkannt, gewandelt und geheilt werden will.

Das sind Zeiten, die für dein Körper-, Geist- und Seelensystem sehr anstrengend sein können. Kaum ist etwas geheilt, folgt der nächste Schub. Und jede Energieunausgewogenheit, jedes Zipperlein zeigt sich so mächtig, dass du förmlich hinsehen musst.

Du heilst auf allen Ebenen, nicht nur körperlich. Alte Glaubenssätze, destruktive Gedanken über dich selbst, emotionale Verletzungen können mit der Zeit richtig wunde Stellen im Körper, auf der Seele, der Haut bilden.

Übrigens, ja, Seelen sind voll bewusst. Aber auch die Seele braucht Heilung, weil sie im irdischen Körper lebt und daher viel aufnimmt, viel auf sich nimmt. Sobald der Körper stirbt, begibt sich die Seele in der Geistigen Welt in einen Heilungstempel. Darum sind diese Bücher so wertvoll, weil ihr schon zu Lebzeiten Zugang zu den Heilungsräumen habt. Heilungsräume gibt es viele, der Seelenraum ist einer davon.

Aber nun ist alles gut, nun bist du bei mir, bei Erzengel Michael. Ich nehme dich zärtlich in meinen Arm. Ich wiege dich in meinen Armen und küsse zärtlich deine Stirn. Ich liebe dich so sehr, liebe Leserseele, so sehr…

Während du weiter dem Geräusch deines Atems lauschst, werden die Töne, die dich sonst ablenken, leiser. Nun kannst du endlich auftanken. Dein Atem hört sich an wie die Brandung eines Meeres. Die Wellen kommen und gehen automatisch. Du musst nichts dafür tun, nichts muss gesteuert werden, du darfst endlich loslassen.

Du bist an dem sichersten Ort der Welt, das Geräusch deines Atems hat dich hierher geführt. So, wie du jeden Tag mit dem Klang deiner Atmung in einen erholsamen Schlaf gleitest, ganz automatisch und ohne Anstrengung, so begleitet dich dein Odem jede Nacht bis in die Tiefen deiner Seele.

Du ruhst in dir selbst, du bist deine Seele. Deine Seele braucht den Körper nicht, aber dein Körper braucht deine Seele. Unbeseelt, ohne Herzschlag, kann kein Mensch überleben.

So berühre ich, Erzengel Michael, nun dein Herz. Ich hülle dich zärtlich ein und segne dich mit dem weißen Licht der Schöpfung.

Während du dem Geräusch deiner Atmung lauschst, dem Atem, der kommt und geht wie die Wellen des Meeres. Während du spürst, wie sich dein Brustkorb dehnt und entspannt, öffnet sich der Zugang zum sichersten Ort der Welt, deinem Seelenraum. Die Seele ist unsterblich, die Seele ist in inniger Berührung mit der Quelle allen Seins. Die Quelle allen Seins ist das Zuhause aller Seelen.

So berühre ich dich, ich heile und segne dich.

So sei es.

In Liebe, dein Erzengel Michael

Sarinah:

Wie schön es ist, von Erzengel Michael berührt zu werden. Wie oft er mir dadurch schon geholfen hat. Ich erinnere mich an eine besondere Begebenheit, bei der ich aus Unachtsamkeit schlimm gestürzt wäre. Doch Erzengel Michael hat mich blitzschnell gehalten. Es war keine Energie, die mich aufgefangen hat. Ich habe seine Hände an meinem Rücken gespürt. Aber manchmal sind wir so im Verstand, dass wir zweifeln, nicht vertrauen, nicht spüren können. Die Engelberührungen kommen jedoch immer an. Sobald das Herz wieder bereit ist, findet eine Neuausrichtung statt, und schon ist es wieder da, das Gefühl, das Wissen, dass wir unermesslich geliebt sind.

Unermessliche Liebe, danach sehnt sich jeder. Liebe hat viele Fassetten, und eine davon ist die Nächstenliebe. „Weißt du eigentlich, wie schön die Liebe ist?", fragte mich vor kurzem Erzengel Michael, und ich antwortete: „Ja, ich weiß es." Aber es zu wissen ist nur die halbe Miete. Wirklich kostbar wird Liebe erst, wenn sie blühen darf. Wenn Liebe gepflegt wird, dann blüht sie und erfreut das Herz.

Liebe pflegen fängt bei uns selbst an.

Und nun, liebe Leserseele, ist es Zeit, das Wort an Mutter Maria zu übergeben. Sie möchte dir etwas mitteilen.

☆☆☆

Mutter Maria: Liebe ist ein natürliches Bedürfnis

Sicher ist es nicht leicht, eine langjährige Partnerschaft zu leben. Schließlich weicht irgendwann das Gefühl der Verliebtheit, und dann?

Vertrauen und Vertrautheit können wunderschön und wärmend sein, sowohl ein wenig darüber hinwegtrösten, wenn es nicht mehr jeden Tag rote Rosen regnet.

Das, was sich einstellt, wenn die Verliebtheit nachlässt, ist Liebe. Im idealen Fall. Schließlich könnt ihr die Gefühle eures Partners nicht beeinflussen. Oder doch? Nun, aus der Sicht der Erzengel ist Liebe ein Gefühl. Gefühle kann man ein wenig hervorkitzeln, aber wenn nichts mehr da ist, was dann?

Manche Menschen verbergen die Liebe für den Partner tief in sich. Sie tun es unbewusst, es ist nur eine Schutzmaßnahme. Sie tragen Liebe in sich, aber sie sperren alles weg, was ihnen sonst die Sicherheit und die Kontrolle nehmen könnte.

Ich bin die heilige Mutter Maria, und ich habe lange darüber nachgedacht, warum Liebe nicht gleich Liebe ist.

Warum fühlen manche Menschen so, andere wieder anders? Weißt du es?

Menschen sind nun mal unterschiedlich, sagst du?

Weißt du, liebe Leserseele, ich bin zu der Erkenntnis gekommen, dass ihr eigentlich kein Problem habt, jemanden zu lieben. Ihr habt vielmehr ein wenig Furcht, euer Licht voll und ganz anzunehmen und euch selbst zu lieben. Die Menschen sind Liebe, sie haben es nur vergessen.

Es ist leicht, sich zu lieben, wenn alles passt, wenn das Leben erfolgreich und sonnig ist. Aber das Leben ist nun mal nicht immer sonnig und schön.

Mir ist aufgefallen, dass ihr die Liebe zu einem anderen Wesen sehr stark mit dem äußeren Erscheinungsbild verbindet. Das ist etwas, was Engel nicht tun. Engel sind ja Liebe, so ist ihr Gegenüber auch geliebt, egal, ob jung oder alt, dick oder dünn, groß oder klein.

Bisweilen ist es so, dass geliebte Menschen wiederkommen, wiedergeboren werden. Sie suchen sich aber auch oft ein Aussehen und Charakterfähigkeiten aus, die nichts mit dem Vorleben zu tun haben.

Wer ein ganzes Leben brav und angepasst war, wer nicht anecken wollte und immer nur gab, der will doch bei der Neuinkarnation nicht wieder die alten Schuhe tragen. Das ist verständlich. Trotzdem ist die Seele die gleiche, nur in einem anderen Körper mit etwas anderen Charaktereigenschaften.

Es passiert sehr oft, dass Wesen, die sterben, sofort den Wunsch haben, wiederzukommen. Auch wenn Haustiere über die Regenbogenbrücke gehen, haben sie oft den Wunsch, sofort zur selben Familie wiederzukommen.

Die Menschen neigen in Sachen Liebe dazu, das äußere Erscheinungsbild als *Non plus Ultra* zu sehen. Ihr seid so sehr verwurzelt mit dem Körper, dass ihr vergesst, dass das Wichtigste unsichtbar ist. Tief drinnen ist immer Liebe. Schau dir die Seele deines Gegenübers an, schau in sein Herz.

Um in die Seele eines anderen Wesens blicken zu können, musst du nicht sonderlich spirituell sein. Seelen sind wie ein offenes Buch, die meisten jedenfalls. Wenn du lesen willst, dann ist es von Vorteil, dich zu öffnen und selbst still zu werden. Du musst also nur eins tun, wenn du in die Seele, das Herz deines Gegenübers blicken willst: dich vorbehaltlos dafür öffnen.

Seelen sind Liebe, sie kommen alle aus der Quelle allen Seins. Und jede Seele kehrt dahin zurück.

Liebe ist das natürlichste Bedürfnis, das es auf Erden gibt. Es gibt nichts, was euch mehr Kraft spendet, als Liebe zu sein und Liebe zu teilen. Und es gibt nichts, was mehr wehtut als Nichtachtung, Liebesentzug. Ihr beschenkt euch mit Liebe, und ihr bestraft euch mit Liebe.

Als ich neulich am geöffneten Fenster zum Erdgeschehen stand, sah ich mit Wehmut, wie schnell die Menschen vergessen, dass Nächstenliebe ein Menschenrecht ist.

Und weißt du, warum sie es vergessen? Es ist der Stolz. Sie vergessen, Nächstenliebe zu leben, weil sie sich selbst viel zu wichtig nehmen. Sie nehmen sich selbst zu wichtig, sie sehen nur noch sich, leben in ihrer Welt.

Sich zu achten ist etwas Wundervolles, aber dieser versteckte Stolz, dieses „Ich bin mir selbst am Nächsten" führt zu Begrenzungen.

Wer nur noch sich sieht, alles aus dem eigenen Blickwinkel betrachtet, wird versuchen, anderen ihre Fehler aufzuzeigen. Aber es geht nicht darum, im Recht oder unfehlbar zu sein. Es geht um Güte.

Es geht um gelebte Güte und nicht darum, anderen Begrenzungen aufzuerlegen. Die Menschen denken, sie weisen andere in ihre Schranken und vergessen ganz, dass sie alles wieder selbst erleben, was sie ausgesandt haben.

Ihr könnt die kosmischen Gesetze nicht zu euren Gunsten biegen, noch kann das Gesetz der Resonanz außer Kraft gesetzt werden. Wer davon ausgeht, dass er jemanden zu Recht in die Schranken gewiesen hat, dass der andere die-

sen Denkzettel braucht, möge bitte nicht vergessen, dass das Gesetz der Resonanz kein Recht und Unrecht kennt.

Du erlebst also genau das wieder, was deinem Energiefeld entspricht. Dein Energiefeld ist von dir gemacht, es enthält alle Details, denen du deine Aufmerksamkeit gewidmet hast.

So ist es ganz leicht, den Hebel wieder auf Fülle und Güte zu stellen. Möchtest du Liebe, Fülle, Nächstenliebe erleben? Dann sei ganz und gar Liebe, Fülle und Nächstenliebe.

Liebe ist ein natürliches Bedürfnis. Kein Mensch kann ohne Liebe leben. Selbst die, die dauernd harte Strafen an andere austeilen... die urteilen, bewerten, begrenzen und sich selbst im Schein des Recht-Habens sonnen, selbst diese Menschen brauchen Liebe.

Und sie vergessen ganz, dass es nicht darum geht, anderen ihre persönliche Meinung oder Weltanschauung aufzuzwingen. Es geht im Dasein um die weise, gütige Liebe.

Möge mein Mantel der gütigen Liebe euch zärtlich einhüllen.
Möge in den Herzen der Menschen Güte wohnen.

Es segnet euch die heilige Mutter Maria.

☆☆☆

Erzengel Michael: Wenn das Leben auf dem Kopf steht

Wenn das Leben auf dem Kopf steht, sehen die Menschen den Wald vor lauter Bäumen nicht. Wer im Sorgen-Karussell feststeckt und weiß, dass dies Realität erschafft, aber nicht rauskommt aus dem Karussell der destruktiven Aussendungen, scheint richtig festzustecken. Da braucht es ordentlich Kraft, um das Blatt zu wenden.

Wenn das Leben auf dem Kopf steht, dann ist es, als wenn das Dasein alles auf den Tisch packen würde, was euch nicht guttut. Alles, was nicht mit dem eigenen Seelenplan konform geht, wird sichtbar, wird gelebt.

Und dann sollt ihr in der Lage sein, den Verhaltensweisen, die euch schaden, nicht wieder Leben einzuhauchen? Respekt, liebe Leserinnen und Leser, das ist ein Mega Kraftakt. Vor allem, weil man in heftigen, persönlichen Transformationsphasen kraftlos wird und wenig Sicht auf die Dinge hinter den Dingen hat.

Je mehr da zutage tritt, umso heftiger schüttelt es euch, und umso mehr braucht ihr die Hilfe der Geistigen Welt. Wir sind für euch da, auch wenn ihr uns nicht sehen könnt. Das ist auch ein Grund, warum dieses Buch entstanden ist. Es soll helfen, in die Klarheit zu kommen und den Kontakt zur Geistigen Welt herzustellen, zu intensivieren.

Nun stell dir vor, deine Abwasserrohre im Haus sind verstopft. Du rufst den Fachmann, der dir bestimmt helfen wird. Dass er dein Problem löst, daran hast du keinen Zweifel, das weißt du.

Also reinigt der Fachmann deine Abwasserrohre im Haus sehr gründlich. Er stellt sogar sicher, dass dein Abwassersystem jetzt perfekt funktioniert. Dann packt der gute Mann all das auf deinen Tisch, was deine Rohre verstopft hat. Er geht mit dir jedes Detail durch und erklärt dir, dass du erneut eine Verstopfung deines Abwassersystems hervorrufst, wenn du die Dinge, die auf dem Tisch liegen, wieder reinpackst.

Du nickst und beteuerst, dass das logisch klingt und du mit Sicherheit nicht in die alten Verhaltensweisen zurückfallen wirst, und sagst: „Ja, ich habe verstanden."

Der Fachmann zieht zufrieden ab, und du säuberst dein Haus von oben bis unten. Zufrieden lehnst du dich zurück, denn nun hast du endlich wieder ein gutes Abflusssystem.

Doch mit der Zeit vergisst du, was der Profi dir gesagt hat. Du achtest nicht mehr auf seine Warnung. Und dann fängt es an. Die alten Gewohnheiten kommen zurück. Langsam und leise schleichen sich die belastenden Verhaltensweisen wieder ein. Manchmal wiederstehst du, ein anderes Mal siegt die Gewohnheit.

Und so passiert es: Dein physisches Haus, dein Körper und die Psyche leiden darunter, und das Leben steht wieder Kopf.

Was tun? Den Fachmann rufen? Nun, der würde dir helfen, ja. Aber wirklich befreit und voll in der Klarheit, im Fluss, bist du doch erst, wenn *du* etwas veränderst. Das Leben ist wieder leicht, und du brauchst nicht um das zu kämpfen, was du brauchst, wenn du etwas tust.

Nun, das Beispiel mit den Abwasserrohren ist ein Synonym. Es soll zeigen, was mit dem Körper und der Psyche passiert, wenn euer Verhalten nicht mit dem eigenen Seelenlicht in Übereinstimmung ist. Liebe Freunde, haucht bitte den Verhaltensweisen, die euch in den Mangel geführt haben, nicht wieder Leben ein. Das Leben ist ein Geschenk, geht achtsam und respektvoll damit um. Bitte verurteilt euch nicht selbst, setzt euch nicht unter Druck. Druck und Urteil tun weh, machen schwer und blockieren die Fülle.

Uns Erzengel ist aufgefallen, dass manche Lichtträger immer wieder in die Rechtfertigungsfalle tappen. Sie rechtfertigen ihre Gepflogenheiten. Dabei ist es so einfach: Alles, was du selbst nicht erleben willst, das sende auch nicht aus. Hauche nur dem Leben ein, was du auch wirklich erleben willst.

Wenn dein Leben Kopf steht und man es dir schwermacht, ist das ein sicheres Zeichen, dass du was tun solltest? Ja, richtig: erkennen, wandeln, umdenken, lichtvoll handeln, Licht sein.

Nun, du hast die Fäden selbst in der Hand, du bist der Regisseur deines Daseins.

Niemand, wirklich niemand, ist so mächtig, dass er dich zu Fall bringen könnte, außer du selbst!

Du hast dir schon so oft Realität erschaffen, die zur Stolperfalle wurde, nicht wahr? Aber was in die eine Richtung geht, geht auch in die andere Richtung. Das ist ein uraltes kosmisches Gesetz.

Nun schau auf dein Dasein, schau dir genau an, was du nicht mehr erleben möchtest.

Einige Beispiele dazu:

- Du wirst dauernd bewertet.
- Du findest es nicht gut, dass andere dich runterziehen, indem sie dich oder deine Arbeit abwerten.

- Du brauchst mehr Geld, du findest deinen Geldfluss mühsam.
- Du möchtest nicht um die Fülle kämpfen müssen.
- Dein Körper hat Schwachstellen, die dir zu schaffen machen.
- Du findest, dass andere dich fürchterlich behandeln, weil sie nicht auf deine Kontaktversuche reagieren.
- Du möchtest endlich ganz in der Fülle sein.

Schau dir genau an, was das Leben auf deinen Tisch gepackt hat. Was möchtest du wieder einstecken, und was nicht?

Du möchtest, dass du und deine Arbeit anerkannt werden? Dann überlege es dir gut, bevor du andere mit dem Daumen nach unten bewertest. Klar kannst du das tun, aber dann hauchst du dem Leben ein, was du selbst nicht mehr erleben wolltest.

Du findest den Geldfluss mühsam? Dann sei selbst die Fülle. Wie das geht? Fülle in allen Lebensbereichen stellt sich ein, wenn du Liebe bist und Liebe an andere austeilst, und das ganz ohne Kalkül. Rechnungen bezahlen zu müssen ist verständlicherweise nicht so schön. Du kannst das nicht ändern, aber du kannst entscheiden, was das mit dir macht. Gibst du gern oder eher ungern? Nur wenn du die Hand öffnest, kann dir auch gegeben werden. So fließt das, was du gibst, wieder zu dir zurück.

Die Schwachstellen deines Körpers sind nichts anderes als Baustellen. Wer zum Beispiel einen Nabelbruch hat, brauchte ein zusätzliches Überdruckventil. Überdruck entsteht durch Zerrissenheit. Zerrissenheit entsteht durch Differenzen, Auseinandersetzungen, Dispute, Zerwürfnisse. Querelen, auch mit dir selbst, führen dazu, dass dein Körper Baustellen braucht.

Warum? Damit du lernst, deine Baustellen in die Heilung zu bringen. Je mehr Schwachstellen dein Körper hat, umso mehr schreit er nach Liebe. Nichts bringt euch mehr an den Rand eurer Kräfte als euer eigener Körper. Nichts lehrt euch mehr, in den Zustand der Fülle zu kommen, als euer eigener Körper.

Du möchtest endlich ganz in der Fülle sein? Das bist du doch längst. Du hast nur vergessen, dass Fülle Fülle anzieht. Und Mangel zieht Mangel an.

Wenn du zum Beispiel aussprichst, dass das Leben schwer ist und das Geld nichts mehr wert, dass du früher besser gelebt hast, dann manifestierst du dir den Mangel. Wenn die Luft dünner geworden ist, weil die Gesellschaft der Menschen dies erschaffen hat, dann kannst du diese Realität zwar nicht allein verändern, weil es die Aufgabe der Gemeinschaft der Menschen ist, aber du kannst entscheiden, was die dünne Luft mit dir macht. Du entscheidest kraft deiner inneren Ausrichtung, mit dem, was du denkst, fühlst, sagst und tust. So stellst du den Hebel entweder auf Mangel oder auf Fülle. Stell bitte einfach sicher, dass das, was du brauchst, auf irgendeine Weise zu dir kommen darf. Sende nur das aus, was du auch wirklich erleben willst.

Dein Leben steht plötzlich Kopf, weil man dir statt Nähe und Verständnis die kalte Schulter zeigt? Dann sei ganz ohne Erwartung, achte und liebe dich selbst. Nichtachtung und Liebesentzug tun nicht nur sehr weh, sondern verstopfen auch euer Chakrensystem. Daher ist es sehr wichtig, nur das an andere auszuteilen, was selbst erlebt werden will. Die Gabe, in Liebe loszulassen, ist sehr heilsam und bringt mit etwas Geduld die erwünschte Nähe. In Liebe loszulassen hat nichts mit Trennung zu tun, sondern mit der veränderten Haltung, was Begrenzungen anbelangt.

Destruktives Reden ist weitverbreitet, die Menschen ahnen nicht, dass sie sich damit selbst ein Bein stellen.

Die Fülle hält alles bereit, was du brauchst. Der Mangel beinhaltet all die Lernerfahrungen, die du brauchst, um wieder in die Fülle zu kommen.

Das Besondere daran ist, dass sogar die Boten des Lichts sich abmühen, wenn sie schon mal in ihren eigenen Aussendungen feststecken.

Selbst wenn die Boten des Lichts erkannt haben, was zu verändern ist, warum sie im ermüdenden Lebenskreislauf feststecken, gelingt es ihnen nicht immer sofort, ihr lichtvolles Wissen umzusetzen.

Daran seht ihr, dass ihr euch nicht selbst die Schuld geben solltet. Es gibt keine Fehler, es sind nur Erfahrungen, die du brauchst, um zu wachsen. Wie heftig sich zum Beispiel Schubladen-Denken, niederdrückende Bewertungen, Vorurteile, Neid, Betrug, Zweifel, Drill und Missgunst auswirken können, spürt der Mensch erst, wenn er selbst leidet.

Selbst wenn ihr diese Verhaltensweisen nicht gegen andere, sondern nur gegen euch anwendet, lebt ihr nicht in der Fülle, sondern wendet euch gegen das Licht.

Und dann wird das Dasein schwer. Das Leben stellt euch auf den Kopf und schüttelt alles aus euch heraus, was euch nicht guttut. So habt ihr die Chance, anders zu handeln, umzudenken.

Wenn der Fluss des Lichts geblockt ist, dann reagieren sogar die Gerätschaften in eurem Umfeld. Im Haus fallen plötzlich viele Reparaturen an. Die Geräte, die euch immer gut gedient haben, funktionieren plötzlich schlechter oder gar nicht mehr. Selbst wenn ihr die Gerätschaften entrümpelt und neue anschafft, haben diese auch Macken. Weil es ja nicht fließen kann, solange ihr nicht im Fluss des Lichts, der Fülle seid.

Dann reagiert alles in eurem Umfeld. Der Arbeitgeber, der immer zufrieden war, meckert an euch herum. Die Kollegen sind euch plötzlich nicht mehr wohlgesonnen. Die Arbeit bringt nicht den gewünschten Erfolg. Finanziell läuft es nicht besonders. In der Liebe klappt es auch nicht. Und zum Schluss wird auch noch der Körper krank. Die Psyche leidet.

Das sind Beispiele dafür, wie sich Verhaltensweisen auswirken, die noch aus der Zeit der Dualität stammen. Und wenn ich von Verhaltensweisen spreche, dann meine ich nicht nur das, was ihr tut, sondern auch das, was ihr gedanklich aussendet.

Und wie kommt man da wieder heraus, wenn sogar Boten des Lichts, die ja wissen, was zu tun ist, festzustecken scheinen? Nun, ein guter Mentor, der euch den Weg zeigen kann, der euch erinnert, wachrüttelt, Kontakt herstellt zur Geistigen Welt, ist in diesen Zeiten Gold wert.

Festzustecken, sich in einer Lebensschlaufe zu befinden, in der man sich selbst verliert. Wenn das Leben mühsam wird, ist das keine Schande, sondern es dient dem Erkennen. Leid ist wie eine sichere Treppe in ein höheres Bewusstsein.

Etwas in einem Ratgeber zu lesen, sich daran halten zu können, ist klasse. Aber wirklich wertvoll wird es erst, wenn ihr dadurch euren persönlichen Weg aus der Krise findet. Dann hinterlasst ihr energetische Fußspuren, und diesen Spuren können wiederum andere Menschen folgen. Ihnen helft ihr somit auch, und zwar immens.

Dieser Lichtdienst ist sehr geehrt in der Geistigen Welt, denn euren energetischen Spuren folgen tausende Menschen.

Um die Leichtigkeit des Seins ins Dasein zu bringen, wenn ihr Fülle leben wollt, braucht es das Erkennen. Wo hapert es, wo sind die Zusammenhänge mit meiner inneren Einstellung? Mit meiner Denkweise, mit dem, was ich sage, was ich tue?

Es ist eigentlich ganz leicht. „Was du nicht willst, das man dir tu, das füg auch nicht dir selbst und, noch weniger, jemand anderem zu."

Liebe Leserinnen und Leser, ich möchte nicht mit dem Finger auf jemanden zeigen. Es liegt mir fern, zu bewerten oder zu rügen. Ich will nur, dass ihr mit dem, was ich sage, in Resonanz gehen könnt, damit euch klar wird, was ihr tun könnt, um ein erfülltes Leben zu haben.

Wenn ihr nur sehen könntet, was für wundervolle, mächtige Erdenengel ihr seid. Erdenengel haben ein großes Resonanzfeld. Sie leben das, was in der Gesellschaft verändert, geheilt werden sollte. Chapeau, liebe Freunde, wie wundervoll euer Dienst am Licht doch ist. Seid euch gewiss, ihr werdet unermesslich geliebt und beschützt.

So sei es.

Es segnet euch in Liebe,
euer Erzengel Michael

☆☆☆

Der Erdenengel Harry: Das Licht- und Liebe-Ding

Die Menschen suchen nach Ruhe, nach Möglichkeiten, um Kraft zu tanken. Wer in sich ruht, wird selbst im stressigen Alltag auf Menschen treffen, die wie Balsam sind für die Seele. Diese Menschen weisen uns den Weg, um auftanken zu können.

Die Menschen suchen aber auch nach Liebe. Wer sich selbst ganz und gar angenommen hat und liebt, wird überall der Liebe begegnen.

Eigentlich müssen wir uns nicht anstrengen. Um Liebe und wunderschöne Begegnungen zu haben, genügt es, wenn wir selbst die Liebe sind. Wenn wir wunderbare Begegnung für andere sind, dann umarmt uns das Leben, statt uns wehzutun.

Es ist eigentlich ganz leicht. Aber das Ding mit dem Licht und der Liebe ist nicht so leicht zu leben. Der Alltag hat Tücken. Besonders, wenn man aus dem Kreislauf des selbst erschaffenen Leids nur schwer herauskommt. Denn wenn sich Lebenskreisläufe wiederholen, statt sich zu erneuern, werden wir müde. Und sind der Körper und die Psyche erst mal erkrankt, ist es schwer, sich kraft der Gedanken gesund zu machen.

Ich weiß es aus eigener Erfahrung. Ich weiß aber auch, wie man da wieder herauskommt.

Oh, ich bin es, der Erdenengel Harry. Ich bin ein Mensch wie ihr. Und an meinem Beispiel könnt ihr sehen, dass es zu schaffen ist.

Mit Hilfe von dem Licht- und Liebe-Ding kannst du leben wie Gott in Frankreich. Ohne das Licht der Schöpfung kannst du Fürchterliches erleben.

Verzeiht mir meine saloppe Ausdrucksweise. Manchmal muss man die Dinge beim Namen nennen, damit es keine Missverständnisse gibt.

Missverständnisse, Stolz, der Drang, gut dazustehen, das alles kann fürchterlich wehtun, vor allem dann, wenn es um unseren Wunsch nach Erfüllung und Liebe geht.

Statt das zu bekommen, was wir uns wünschen, verlassen uns dann unsere Lieben. So scheint es wenigstens, denn sobald Vergebung ins Spiel kommt, ist die Chance auf einen Neuanfang da.

Die Geistige Welt kennt kein „Ich verlasse dich." Und wir leben mehr denn je in der Schwingung der Geistigen Welt.

Warum also können wir nicht immer das süße Leben eines Engels haben?

Was zum… ist mit diesem Licht- und Liebe-Ding, dass es manchmal so hakt?

Oh, auch ich habe die Verantwortung für mein Wohlergehen an andere abgegeben, bis ich erkannt habe, dass niemand besser für mich sorgen kann als ich selbst. Sobald das erkannt ist, sind auch diese süßen Engel wieder zu spüren, und so ganz nebenbei wird auch das Leben wieder leicht.

Oh, Engel sind nie weg, sie warten nur huldvoll ab, bis man etwas selbst erkannt hat. Niemals würde ein Erzengel hergehen und dir eine Entscheidung abnehmen, denn sie dürfen uns ja nicht die Verantwortung abnehmen. Das ist genau der Punkt, an dem wir uns so verlassen fühlen: Wenn wir eine Entscheidung treffen müssen.

Müssen, ja, denn ohne dass du dich selbst für oder gegen etwas entscheidest, kommt kein neuer Wind in dein Leben. Wenn nichts mehr geht und das Leben sich anfühlt wie Kaugummi, dann hilft nur eins, und zwar Entscheidungen treffen.

Aber das ist tückisch, denn Entscheidungen, die über den Verstand getroffen werden, erschaffen eine Realität, die eher kalt und schwer ist. Der Verstand, der Zweifel schiebt sich dimmend zwischen Mensch und Himmel.

Entscheidungen, die über das Herz getroffen werden, sind immer gut und richtig, auch wenn es nicht sofort ersichtlich ist. Manchmal dauert es ein wenig, bis wir den Segen einer Lebensumstellung erkennen.

Eine Lebensumstellung ist schön und gut, wenn man es selbst in der Hand hat, aber eine aufgezwungene Lebensumstellung geht meistens mit einer Krise einher.

Aufgezwungen werden uns Veränderungen doch erst, wenn wir selbst zu lange brauchen, um uns zu entscheiden.

Es geht eigentlich nur darum, zu sich selbst zu stehen. So manche Krise kann abgewendet werden, wenn Worte auch eingehalten werden.

Die Angst, dass wir uns falsch entscheiden könnten, die Angst vor Verlust oder dass man uns nicht mehr mag und akzeptiert, wenn wir tun, was unser Herz sagt. Das alles macht uns verletzlich und lässt uns zaudern.

Da ist es gut, einen Erzengel zum Freund zu haben. Erzengel sind immer in deiner Nähe. Sie sind für dich da, wenn du Fragen hast, und sie führen dich liebend gern in die Liebe, in die Klarheit. Wie kommuniziert man mit einem Erzengel?, fragte ich mich dereinst selbst. Und eines Tages erhielt ich die Antwort, indem mir das erste dieser Buch der Seelenverträge in den Schoß fiel.

So kannst du selbst erkennen, wo es hakt, aber handeln darf ein Erzengel nicht für dich. Das Tun ist unsere Aufgabe.

So, nun habe ich aber genug gewartet. Er sagte, er ist gleich da.

Ah, da kommt Erzengel Uriel ja…

☆☆☆

Erzengel Uriel: Des Glückes eigener Schmied sein

Das liest sich sicher leicht. Umzusetzen ist es aber nicht so leicht, denn sonst wären alle Menschen längst ihres eigenen Glückes Schmied.

Nun, die Energien dafür sind längst auf der Erde vorhanden. Wer eine Situation lichtvoll verändern möchte, hat es durchaus selbst in der Hand.

Und weil ich möchte, dass ihr euch später an das, was Erzengel Uriel gesagt hat, erinnern könnt, lade ich euch ein. Liebe Leserinnen, liebe Leser, lasst uns gemeinsam etwas tun, nämlich PUTZEN!

Oh, Harry, hiergeblieben – unser Erdenengel wollte sich davonschleichen, sobald er das Wort putzen vernommen hatte.

Aber es hat einen Grund, warum ich euch das Reinemachen ans Herz lege. Es geht um diese ewigen zähen, sich wiederholdenden Lebenskreisläufe.

Es ist schwer für die Menschen, aus ihren Bedenken auszusteigen. Gerade dann, wenn es um etwas geht, was ihre Existenz gefährdet.

Warum wollt ihr eure Besorgnis mit Energie füttern? So erlebt ihr ja immer wieder die Situationen, die euch ein Gräuel sind.

Diese sich ewig wiederholenden Lebenskreisläufe machen die Menschen jedoch müde. Da ist es verständlich, dass ihr nicht mehr rausfindet aus der Transformationsflut. Sei das Glück selbst, teile Glück und Freundlichkeit mit anderen. Du lebst, was du innerlich bist. Das ist logisch, aber es braucht manchmal auch einen ordentlichen Schubs in die richtige Richtung. Und weil ich der Meinung bin, dass wahrlich Hilfe nottut, putzen wir jetzt das weg, was euch daran hindert, voll in der Fülle zu leben.

Es geht tatsächlich um ein energetisches Reinemachen. So kommt bitte mit, es ist höchste Zeit, dass wir anfangen.

Damit unser Harry nicht entwischt, nehme ich ihn nun an die Hand. Wir wenden uns dahin, wo unsere Hilfe dringend gebraucht wird, nämlich in euren Schmerzkörper. Dieser befindet sich im menschlichen Energiefeld. Gerade bewusste Menschen haben die Angewohnheit, sich ihren eigenen Angst-Schmerz-Kosmos zu bilden. Sie baden darin und vergessen ganz, dass andere Menschen auch ihren eigenen Kosmos haben. So könnt ihr euch nicht mehr helfen und berühren, weder mit Worten, noch mit Gefühlen. Jeder fühlt nur den eigenen Schmerz, die eigene Ernüchterung und Enttäuschung.

Dabei sind Berührungen so heilsam und hilfreich. Klar ist es verständlich, dass sich Menschen im eigenen Schmerzfeld aufhalten, sich richtig einmauern darin. So habt ihr es ja gelernt.

In dieser Zeit der stetig steigenden Energien könnt ihr aber anders verfahren. Ähnlich wie bei einer energetische Hausreinigung könnt ihr nun euren Angst-Schmerzkörper putzen. Und ihr könnt dann dafür sorgen, dass Anhaftungen ausbleiben.

Wie das geht?

Kommt mit, ich zeige es euch.

Weil ich weiß, dass es euch leichter fällt, etwas umzusetzen, wenn ihr einige Beispiele habt, lasst uns gemeinsam schauen, was ihr tun könnt, damit der Schmerzraum sauber bleibt. Wobei ich das Wort Putzen nur erwähne, weil ich weiß, dass ich dann eure volle Aufmerksamkeit habe. Eigentlich geht es um das energetische Reinigen der Problemfelder.

Nun halten bestimmt einige Leser den Atem an, ich kann euer neugieriges Näschen förmlich über das Buch huschen sehen.

Doch bitte ich euch, liebe Leserschaft, lasst mal locker und geht aus der Erwartungshaltung heraus. Bitte haltet inne, um einige tiefe Atemzüge zu machen, so wie jetzt... ja, so ist es gut. Tief und bewusst atmen, nichts läuft euch davon, auch das Putzen nicht. ☺

Nun bitte ich euch um eins: Stellt euer System darauf ein, etwas in Erwägung zu ziehen. So öffnet ihr euch für Neues, und der Verstand kann mal Pause machen.

Jetzt gehen wir gemeinsam in den Raum, in dem eure Probleme aufbewahrt werden. Diesen Raum habt ihr selbst eingerichtet. Jeder Mensch hat diesen Schmerzraum, schließlich seid ihr schon mit diesen Energien überschüttet worden, als ihr kaum geboren wart. Kaum geboren, und schon fangen die beschwerlichen Dinge an. Babys haben es gut. Sie wissen noch nichts von den heftigen Erlebnissen des Lebens. Doch dann werden die Kindlein groß, und die Probleme häufen sich.

Erzengel Michael hat es vorhin schon angedeutet. Der Grund, warum ihr mit den Energien des Schmerzes in Berührung kommt, ist folgender: Das erkennende Bewusstsein und das Finden eines Lösungswegs. Kann man ein Problem über das Bewusstsein lösen, sodass es sich auch in der Realität in Luft auflöst? Aber ja, ihr Lieben, das ist der Dreh und Angelpunkt. Sobald eine Erkenntnis da ist, haben Dualitäts-Verhaltensweisen nicht mehr diese Anziehungskraft. Dann fällt es euch leichter, **anders zu handeln**. So macht euch das Erdenleben zu wahren Meisterinnen und Meistern.

Es geht nicht darum, dass andere euch bewundern, zu euch hochsehen, sondern ihr solltet euren Mitmenschen den Weg zu einem leichteren Leben weisen. Das geschieht energetisch, ihr müsst also nicht missionieren.

Aber wie löst man ein Problem rein über die Energie des höchsten Lichts?

Jetzt sind wir wieder beim Thema, dem Putzen des Schmerzkörpers. Liebe Freunde, nun zeige ich euch, wie wir Erzengel putzen.

Wir reinigen, indem wir nicht nur darüberwischen, so, wie die Menschen es zum Beispiel beim Staubwischen tun. Und kaum ist der Staub entfernt, ist er wieder da. Klar, weil an der Oberfläche zwar gereinigt wurde, aber das Staubzeug hängt doch in der Luft.

Wir Erzengel entfernen erst die Staubteilchen aus der Atmosphäre, wir tun das gründlich, bis alles rein ist. Erst dann befreien wir die Oberfläche vom Schmutz. Aber um euch wirklich zu helfen, genügt es nicht, das herkömmliche Verfahren anzuwenden. Denn ihr habt ja oft das, was euch beschwert hat, wieder zurückgeholt, und dann war euer Schmerzkörper wieder damit belastet.

Um dauerhaft frei zu sein von allem, was das Leben schwer macht, genügt es nicht, von außen darüberzuwischen, sondern ihr solltet euer Leben von diesen üblen, anhaftenden Dingen befreien.

Wir Erzengel reinigen energetisch, das Putzen ist der irdische Ausdruck dafür. Es ist jedoch durchaus gut, etwas Bodenständiges zu tun. Wenn die Hände beschäftigt sind, wird der Verstand irgendwann müde, und das Herz beginnt zu sprechen.

Der Raum, in dem wir uns jetzt befinden, ist also der Schmerzraum. Wir sollten sofort die vielen Schmerzteilchen, die in eurer Erinnerung festkleben, ins Licht führen. Damit habt ihr euch das Leid immer wieder zurückgeholt. Erinnerung kann etwas Wunderbares sein, aber auch grauenvoll, wenn es um beschwerliche Erlebnisse geht.

Und nun führen wir die Schmerzteilchen ins Licht, indem wir uns gewahr werden, dass wir Licht sind. Es sind auch alle beschwerlichen Dinge lichtvoll, sie brauchen nur Licht und Liebe, damit sie sich auflösen können.

Wenn ihr wahrlich Licht und Liebe seid und lebt, dann ist alles um euch herum einer energetischen Reinigung unterzogen. Das ist der Punkt. Die meisten Menschen haben trotz heftiger Probleme tiefe Ängste vor Veränderungen. Angst, dass ihr Leben sich von Grund auf ändern könnte. Bedenken, wenn zum Beispiel das Geld nicht vom Amt, sondern durch eine Selbstständigkeit kommen soll.

Aber warum denn? Wer sich mit dem eigenen Höheren Selbst verbindet, sich mit hohen Energien umgibt, meditiert, sich bewusst durchs Lesen darauf einstellt, sich mit Erzengeln und Aufgestiegenen Meistern anfreundet, muss doch vor nichts Angst haben! Und vor allem wirkt es nach, in Verbindung mit hohen Energien zu sein. So ist es wirklich verständlich, dass ihr nicht nur von Licht und Liebe lesen möchtet, sondern es auch sein wollt.

So verändert sich euer Leben zu euren Gunsten, zum höchsten Wohl aller Beteiligten.

Eine Reinigung mit dem Licht hinterlässt keine Lücken. Alles, was von euch geht, wird mit Licht gesegnet. Wer Angst hat vor Verlust und Veränderungen, darf das Vertrauen überprüfen.

Das Putzen eures Schmerzkörpers ist also ganz einfach. Öffnet die Tür zur Geistigen Welt ganz weit. Gleichzeitig öffnet euren Schmerzkörper, indem ihr uns einfach allumfassend vertraut.

Wir Erzengel dürfen vieles, aber wir dürfen euch nicht von dem erlösen, was ihr noch braucht, um zu lernen. Wir dürfen nicht in eure Energiefelder eindringen, wenn ihr uns nicht unendlich vertraut.

Die meisten Menschen sagen, dass sie der Geistigen Welt vertrauen, sie leben das Vertrauen aber nicht.

Wer die Tür zum Licht nur einen Spalt breit öffnet, um zu sehen, wie es sich im Leben auswirkt, wer nur ein wenig lichtvoll lebt, wird immer wieder durch Vorkommnisse daran erinnert, dass ein Spalt zu wenig ist.

Ein wenig lichtvoll leben ist genauso unbefriedigend, als wenn ein Erzengel nur ein wenig Erzengel wäre.

Wer nach dem Sinn des Lebens sucht, wer erwacht, darf ganz viel Licht in sein Leben lassen, darf vollkommene Heilung erfahren, nicht nur ein bisschen. Das ist wundervoll, ein wahrer Segen.

Das Tor zur Geistigen Welt geht automatisch auf, wenn du dein Sein komplett auf das lichtvolle Handeln ausrichtest. So werden nach und nach auch deine beschwerlichen Gedanken zu Licht.

Du tust niemandem weh, du beleidigst niemanden, du hältst dich sogar im Streit zurück? Oh, das ist vorbildlich, aber wie behandelst du dich selbst? Wie gehst du zum Beispiel mit dir um, wenn deine Waage dir eine Zahl anzeigt, die dir nicht gefällt? Gängelst du dich selbst, indem du dir eine Diät verordnest?

Alles, wirklich alles, was du aussendest und tust, auch wenn du dich selbst beleidigst und dich runterstufst, kehrt zu dir zurück.

Die Menschen stufen gerne anonym herab und vergessen ganz, dass sie damit auch ihren eigenen Schmerzkörper füllen. Warum? Nun, das Gesetz der Resonanz kennt keine Rechtfertigung.

Das ist Putzen mit Erzengel Uriel. Ich beleuchte mit meinem Licht alles, was sich in Licht auflösen will. Erst dann heile ich.

Ich zeige dir, wie dein Schmerzkörper entstanden ist, wie du ihn selbst heilen kannst. Und du darfst dafür sorgen, dass dein Schmerzraum sauber bleibt, indem du das Licht- und Liebe-Ding lebst, wie es einem Erdenengel gebührt.

Liebe Leserseele, du heilst, indem du dich ganz ins Licht stellst, stell dich bitte richtig hinein, nicht darunter.

Leben muss nicht heilig sein und langweilig, ohne sich menschlich zu erfahren. Leben sollte aber so sein, dass du alles mit deinem Licht erhellst.

Leben sollte in allem, was du tust, lichtvoll sein. Ganz und gar Licht, nicht nur ein bisschen. Klar kannst du dich beim Bäcker über das Brot beschweren, das dir nicht schmeckt. Aber du solltest deine Meinung freundlich, loyal und gerecht kundtun, genauso, wie du es selbst erleben möchtest.

Ein anderes Beispiel: Du warst beim Frisör, und dir gefällt das, was er gemacht hat, nicht. Klar kannst du hingehen und schimpfen, dein Geld zurückverlangen. Du kannst dich auch anonym beim Chef deines Frisörs beschweren. Aber damit wirbelst du den Staub wieder auf und füllst deinen eigenen Schmerzkörper wieder. So kommt es erneut zu Vorkommnissen, die dir das Leben schwermachen. Behandle andere Menschen so, wie du in der gleichen Situation selbst behandelt werden möchtest.

Wenn du ein gutes Leben haben möchtest, darfst du dich selbstverständlich auch querstellen. Aber bitte immer so, dass du damit nicht dir selbst in die Quere kommst. Was würde ein Erzengel tun? Andere abstrafen, wenn ihm etwas missfällt? Nein, sicher nicht, wir richten nie, wir feilschen auch nicht.

Es ist also ganz einfach, das eigene Dasein auf Fülle einzustellen. Nutzt bitte das Gesetz der Resonanz für und nicht gegen euch.

Wenn du mit etwas glücklich, zufrieden bist, dann lobe ruhig, was das Zeug hält. Gelobt wird auf der Erde sowieso viel zu selten. Bedenkt bitte: Ehrliche Anerkennung heilt die Wunden im Feld der Disharmonien.

Um des Glückes eigener Schmied zu sein, solltet ihr selbst Licht und Liebe sein. Ihr solltet für eure Mitmenschen des Glückes Schmied sein. Wer Freundlichkeit und Glück teilt, wird Freundlichkeit und Glück ernten.

Der Verstand erschafft eine Realität, die eher kalt und schwer ist. Der Verstand, die Überheblichkeit, der Zweifel schieben sich dimmend zwischen Mensch und Geistige Welt. Das mitfühlende Herz aber erschafft eine Realität, die mit Fülle und Liebe gesegnet ist. Es geht im Leben nicht darum, der Stärkere zu sein, sondern um die Fähigkeit, vergeben zu können. Güte ist ein Attribut der Göttlichkeit, und ihr seid göttlich.

Ihr Lieben, ich möchte, dass ihr wisst, wie sehr ich euch liebe. Ich weiß, wie hart der Alltag sein kann. Ein geregeltes Leben mit Abläufen, die sich immer wiederholen, ist bestimmt gut. Das kann aber auch dazu führen, dass man sich selbst nicht mehr fühlt, noch weiß, was zu tun ist, um eine gewünschte Verbesserung herbeizuführen. Und dann braucht es einen Erzengel, der auch mal ein wenig wachrüttelt.

Schöne Worte sind nicht immer klar. Und klare Worte sind nicht immer schön.

Aber nun ist es gut, das Schmerzfeld ist gereinigt und gesegnet. Ihr dürft mit einer veränderten Haltung und Handlung dafür sorgen, dass zukünftige Anhaftungen ausbleiben. So lasst uns den energetischen Staubwedel zu Seite legen. Unser Erdenengel Harry möchte sich gerne zu Wort melden.

Liebe Freunde, es segnet euch mit der bedingungslosen Liebe der Quelle allen Seins, euer Erzengel Uriel.

Harry:

Im Allgemeinen drücke ich mich lieber vor solchen Putzaktionen, aber ich liebe eure Anwesenheit. Und ich liebe alle Erzengel, sie können so lieb sein und so klar. Da ist es leicht, selbst zu erkennen, wo es hakt, und schon fließt es wieder.

Das Geld ist auf der Erde ein großes Thema. Wie oft bin ich da selbst schon an die Grenzen meiner Manifestationskraft geraten. Die Manifestation hat aber keine Grenzen, außer wir begrenzen uns selbst.

Nun, wir sind am Ende dieses Buches angekommen, und darum möchte ich etwas tun, vielmehr, ich lade euch ein.

Da ich weiß, wie sehr ihr diese Zusammenkünfte im himmlischen Raum liebt, lade ich euch ein, mit mir zu kommen. In einem lichtvollen Umfeld ist es leicht, volles Bewusstsein zu haben.

Darum haben diese lichtvollen Zusammenkünfte durchaus Sinn.

Wie ich sehe, sind Erzengel Uriel, Marix und Sarinah im himmlischen Raum der Begegnung im Wintergarten versammelt.

Lasst uns zu ihnen gehen, liebe Leserinnen und Leser. Wir setzen uns zu ihnen und lauschen, was Uriel gerade erzählt.

Ich höre, wie sie lauthals lachen, weil Marix zeigt, wie er sich morgens umständlich die Zähne putzt.

Uriel sieht begeistert zu. Erzengel sind sehr interessiert an dem, was die Menschen tun, um adrett, sauber und gepflegt zu sein.

Oh ja, Erzengel können auch herrlich rumalbern, sie sind die lustigsten Erzähler von Witzen, die es gibt.

Während wir uns zu ihnen auf die Couch setzen und uns gemütlich zurücklehnen, werfe ich in die Runde, dass es im Leben oft so ist, dass plötzlich ein kalter Guss von oben kommt. Dann erschrecken wir, und das Unerwartete wird von uns als gefährlich eingestuft. Und doch, zum Schluss geht die Geschichte für uns gut aus.

Weißt du, liebe Leserseele, jetzt, wo wir so gemütlich zusammensitzen, möchte ich dir sagen, dass ich sehr glücklich bin. Ich bin unendlich glücklich, dass ich dich kennenlernen durfte. Der gemeinsame Raum, der sich beim Lesen öffnet, diese Energie tut unendlich gut. Die liebevolle Aufmerksamkeit unserer himmlischen Freunde ist mehr als heilsam.

Wir sind alle tief berührt und dankbar, dass du zu uns gekommen bist.

So sei liebevoll umarmt von uns allen.

In liebender Erwartung auf ein baldiges Wiedersehen,
dein Erdenengel Harry.

Schutzengel:

Am Ende dieses Buches angekommen, sagt Harry? Das ist doch nicht sein Ernst? Es kann doch nicht vorbei sein?

Es ist, als hätten wir erst vor kurzem angefangen, dieses Buch gemeinsam zu erleben.

Wie schön ist es, wenn ich, dein Schutzengel, dir so nahe sein darf. Und trotzdem ist es nun schon wieder Zeit, ein komplett neues Lebenskapitel aufzuschlagen.

Aber wir, die wir uns hier im Buch zu Wort melden, wir sind immer an deiner Seite, indem wir dich teilhaben lassen an dem, was bei uns im Himmel so los ist. Und indem du uns teilhaben lässt an deinem Leben. So verbindet sich unser Sein, und wir wirken zusammen. Wir sind zusammen, wir sind eine Familie.

Liebe Leserseele, es erfüllt mich mit Stolz, wenn ich dir über die Schultern sehen darf, während du diesen Zeilen folgst. Ich weiß, wie sehr du dich gewandelt hast. Du bist ein Heldenengel, so, wie ich auch.

Während ich mich wieder zu euch geselle, schließlich ist das Treffen im himmlischen Wintergarten noch nicht beendet, während ich mich also zu euch setze, bete ich innerlich, dass sie uns doch erhören möge und noch ein wenig bei uns bleibt. Um den Zeitpunkt des Abschieds hinauszuzögern, möchte ich, dass Sarinah das tut, was sie immer tut, um ein Buch ausklingen zu lassen.

Nämlich den Reigen der Sätze, die Botschaften, die Begegnungen zusammenzufassen, indem sie das Nachwort schreibt. Glück, heute schein Sarinah es nicht eilig zu haben. Sie fühlt diesen süßen, ziehenden Abschiedsschmerz sicher auch.

Also lauschen wir noch eine Weile und hören zu, was Sarinah gerade erzählt…

Sarinah:

Die Geistige Welt liebt euch, wie oft haben wir diesen Satz vernommen. Doch diese Liebe zu fühlen, macht die Botschaften doch erst reell und kostbar.

Wir befinden uns im himmlischen Raum der Begegnung, hier haben wir zusammen gelacht und geweint. Und ja, wir haben gemeinsam mit Erzengel Uriel Kuchen gebacken.

Liebe Leserinnen, liebe Leser, wir haben so vieles miteinander erlebt, und ich danke euch von Herzen für euer Vertrauen.

Mir fehlen die Worte, um auszudrücken, wie stolz ich auf euch bin. Wir haben so viel erkannt, losgelassen, gewandelt und geheilt. Unser gemeinsamer Weg ist jedoch noch lange nicht zu Ende. Auch wenn ich jetzt dieses Buch sanft ausklingen lasse, gehen wir doch mit denen Hand in Hand durchs Leben, die uns schon seit jeher begleitet haben.

So lehne ich mich zurück und genieße einfach eure Anwesenheit. Ja, ich spüre diesen süßen Abschiedsschmerz wie jedes Mal, wenn ein Buch zu Ende ist.

Aber wir sehen uns ja gleich wieder, denn Seelverbindungen sind immerdar.

Und es ist mir eine Ehre, ich schreibe mit tiefer Freude weiter…

☆☆☆

Nachwort

So fanden sie sich, die Seelenfamilie von einst, diejenigen, die in früheren Inkarnationen schon zusammen durch dick und dünn gegangen waren. Die sich auch durch ihre Aufenthalte im Himmel kannten, sie fanden sich. So schließt sich der Kreis. Auch wenn die Seelenfamilie in alle Richtungen verstreut lebt, wichtig ist doch dieses Gefühl des Gehalten-Seins.

Es ist mir eine Ehre, dass ich durch die Seelenverträge diesen heilenden Raum für euch öffnen durfte. Durch das Lesen der Botschaften der Geistigen Welt bündeln wir unser Licht. Wir richten unsere Aufmerksamkeit auf Themen, die geheilt werden wollen. So erschaffen wir die neue, lichtvolle Realität.

Wir wirken also tatsächlich gemeinsam. Ja, wir sind lebendige Engel. Wenn wir in der unendlichen Liebe, im Fluss sind, wenn wir darin baden, dann geht es uns sehr gut.

Lebendige Lichtwerdung ist genial, wunderschön, und dann passiert das Leben.

Das Licht der Schöpfung ins Leben zu integrieren, ist eine wahre Berufung. Es ist ein Wunder, wir entstehen tatsächlich neu. Der Phönix aus der Asche-Effekt, kennt ihr das?

Unser Körper wird elastischer, kristalliner, wir erneuern uns selbst sowie die Welt um uns herum.

Liebe Leserinnen, liebe Leser, hiermit tue ich etwas, was ich noch nie getan habe. Ich beende dieses Buch und bitte euch gleichzeitig, noch ein wenig zu bleiben. Lasst uns zusammen das Treffen im gemeinsamen himmlischen Raum genießen.

Während Erzengel Uriel erzählt, wie es im Himmel ist und wir alle gemütlich beisammen sitzen, fängt unser neues Lebenskapitel an.

Ich danke euch für die gemeinsame Zeit und euer Licht. Und ganz besonders danke ich dir, liebe Leserseele. Lass uns zusammen ein neues Buch, ein neues Lebenskapitel anfangen.

Niemand ist eine Insel, sagte Erzengel Michael. Wir sind eine Familie.

In Dankbarkeit und Liebe,
Sarinah Aurelia

Über die Autorin

Sarinah Aurelia gab 2008 ihren Beruf auf, um mit ganzer Kraft für das Licht zu wirken. Es entstand ein lebhafter, lichtvoller und liebevoller Kontakt zu der Galaktischen Föderation des Lichts, den Erzengeln und geistigen Mentoren.

Die Durchsagen bieten die Möglichkeit, die Hände denjenigen entgegenzustrecken, die uns mit Sehnsucht dort erwarten, wo einst der Ausgangspunkt für unsere Reise auf die Erde war.